高校教学模式创新与实践研究
（五）

何聚厚　主编

陕西师范大学出版总社

图书代号　JC21N1666

图书在版编目（CIP）数据

高校教学模式创新与实践研究. 五 / 何聚厚主编. —西安：陕西师范大学出版总社有限公司，2021.8
ISBN 978-7-5695-2361-4

Ⅰ.①高… Ⅱ.①何… Ⅲ.①高等学校—教学模式—教学改革—研究—中国　Ⅳ.①G642.0

中国版本图书馆CIP数据核字（2021）第149925号

高校教学模式创新与实践研究（五）
GAOXIAO JIAOXUE MOSHI CHUANGXIN YU SHIJIAN YANJIU（WU）

何聚厚　主编

责任编辑	杨　凯
特约编辑	梁　莹
责任校对	曾学民
装帧设计	鼎新设计
出版发行	陕西师范大学出版总社 （西安市长安南路199号　邮编710062）
网　　址	http://www.snupg.com
经　　销	新华书店
印　　刷	西安日报社印务中心
开　　本	787mm×1092mm　1/16
印　　张	20.75
字　　数	506千
版　　次	2021年8月第1版
印　　次	2021年8月第1次印刷
书　　号	ISBN 978-7-5695-2361-4
定　　价	97.00元

读者购书、书店添货或发现印刷装订问题，请与本社联系。
电　话：（029）85307864　85303622（传真）

序 言

作为一所国家重点建设的师范大学,一所以培养基础教育卓越教师为己任的师范大学,不断探索教育教学艺术、不断提高教育教学质量、确保人才培养的质量,是陕西师范大学的优良传统。20世纪80年代,陕西师范大学教授张熊飞在长期进行教育理论与实践研究的基础上,创立"诱思探究教学学科论",对教学改革产生了深远影响。至今,"诱思探究教学"已被推广到全国31个省(市、自治区)的2500多所学校。20世纪90年代,在陕西师范大学原校长王国俊教授的主持下,对学校多年积淀下来的名师课堂教学艺术进行了梳理和提炼,编著出版了《讲授艺术论》和《讲授艺术通论》,系统论述了"什么是讲授艺术、怎样实现讲授艺术、如何评估讲授艺术",直至今天,依然是许多教师津津乐道的"课堂宝典"。进入21世纪,以聚焦思维结构的智力理论为基础,着眼于课堂教学中的思维活动,胡卫平教授提出"思维型课堂教学理论",成为陕西师范大学教师教学发展的重要理论指导,也成为全国基础教育领域争相学习和应用的著名教学理论。2015年,该理论被《国际思维教学手册》收录,这是中国唯一被该手册收录的教学理论。

我校多年来卓有成效的教育教学改革和教育教学理论的探索,取得了丰富的教育教学成果,育人效果十分显著。2012年,我校成功申报到国家级教师教学发展示范中心(全国30个),以此为契机,7年多来,我校按照国家要求,以提升高等学校中青年教师和基础课教师业务水平和教学能力为重点,不断完善教师教学发展机制,切实提高教师教学能力和水平,建设了一只高素质教师队伍。

为引导我校教师将新思维、新理念、新方法、新技术应用到教学过程,通过教学模式创新与应用实践,实现提升教学质量、促进创新人才培养的目标,2015年起学校每年拨出专项经费,设立"教学模式创新与实践研究"的校级教学改革项目。从项目申请,到立项实施、结题验收和总结,教师教学发展中心组织专家为教师提供全方位、专业化的教学发展服务指导。专家与项目组共同探讨、解决教学模式创新与实践过程中的问题,协助教师设计并实施科学的教学研究过程,培养教师教学学术能力。

为更好地发挥教改项目对教学模式创新与实践研究的示范引导作用,教师教学发展中心将结题报告汇编成册出版,供各教学单位领导、项目主持人、参与人互相交流学习。

这些教改项目紧扣新时代高等学校教育教学的主要问题，大胆创新，教学形式多样，特色鲜明，成果的推广和产生的实际教学效果显著，从校内外交流的效果来看，反应强烈。

在"教学模式创新与实践研究"项目支持下，许多教师特别是青年教师在课堂教学模式创新、信息化技术应用等方面有了很大进步和提高，从无基础、无经验的新手迅速成长为教学骨干。近5年主持"教学模式创新与实践研究"项目教师中，共有101人次在国家级、省级及学校各类教学大赛中屡屡获奖。如计算机科学学院马浩淼获全国第二届青年教师教学大赛理科组三等奖、陕西省第二届青年教师教学大赛特等奖；国际商学院刘杰获陕西省第四届青年教师教学大赛一等奖；国际汉学院张喆获陕西省第三届青年教师教学大赛二等奖；教师专业能力发展中心衣新发、新闻与传播学院余海龙、体育学院王棣获陕西首届课堂教学创新大赛一等奖；马克思主义学院宋吉玲、体育学院康杰获第二届陕西省微课教学比赛一等奖；国际商学院梁锶获陕西第三届高校教师微课比赛一等奖等。

正是由于我校本科教育教学改革成效显著，2017年6月，陕西高校"课堂教学观摩周"活动在我校举行。活动基于"深化课堂教学改革，提高人才培养质量"的主题，采取开放课堂的形式，观摩重点为"课堂教学改革与创新"。全省89所普通高校的585名教师参与，观摩人次数达1890人次，有效促进了陕西各高校间的交流和分享，传递了陕西师范大学多年来课堂教学改革的经验和成就。2018年12月，全国首创、万众瞩目的"陕西高校首届课堂教学创新大赛"又在我校拉开帷幕。大赛确立的"课堂革命，陕西行动"主题如一股清泉，很快流向了陕西各高校每一位教学管理者和教师的心田，并在全国引起强烈反响。

高校课堂是人才培养的主战场，"金课"的诞生地。课堂教学是一门艺术，是一种创造性的劳动。新时代、大众化教育的时代，高等教育教学强调要以学生为中心、以学习为中心，这就要求教师只有真正做到因材施教、传道有术、授业有方、解惑有法，循循善诱，潜心教学，课堂教学才会产生事半功倍的效果，才能让学生在轻松、愉快的氛围中掌握知识。

开展教学模式创新与实践研究，何聚厚教授操心较多，悉心策划，认真组织，不断总结经验，他本人也取得了很大的成绩，成为教学改革的知名专家。但教学模式创新与实践研究在我校各个学院的开展尚不平衡，有些教师参与热情还不够高。希望今后在已有课堂教学改革成效的基础上，总结经验、持续推进，调动更多教师参与教学模式创新，不断提高教师专业素质，以培养学生的创新能力，完成新时代所赋予的立德树人重要使命，为办人民满意的教育做出新的更大的贡献。

党怀兴
2021.7

目 录

基于创新思维与能力培养的混合教学模式创新篇

创客教育教学模式及实践研究 ·················· 刘 博（003）
人工智能背景下深度学习实践教学探索与创新 ·················· 马 苗（013）
基于微信的信息技术教师教学技能翻转课堂教学实践研究 ·················· 张麦侠（021）

基于现代信息技术的数学类课程教学模式创新篇

突出以生为本和专业贯通的离散数学教学过程创新研究
·················· 裘国永 王昊曈 冯苗苗 李 骏（029）
基于问题引导的探究式课堂教学实践 ·················· 刘 妮（040）
数学可视化思维课堂的研究报告 ·················· 石 茂 杨梦祥 韩启增（047）
现代信息技术背景下复变函数课程的任务驱动教学方法研究 ·················· 梁洪涛（053）

现代信息技术环境下人文类课程教学模式创新篇

外国教育史课程的PAD教学模式研究 ·················· 黄春梅（059）
基于任务驱动的互动式教学模式研究 ·················· 肖 阳（070）
混合模式下对外汉语汉字教学创新与实践研究 ·················· 张 喆（076）
翻转课堂视域下民俗学教学模式创新研究报告 ·················· 孔 军（082）
大数据背景下研究生数据探究能力培养的思考 ·················· 赵豪迈（088）

基于现代信息技术的英语课程教学模式创新篇

基于"云班课"的大学英语翻转课堂教学模式创新与实践研究 ·················· 杨关锋（093）

大学英语教学模式实践研究 …………………………………… 黄　梅（099）
运用有声思维培养非英语专业大学生英语阅读策略元认知意识的实证研究
　……………………………………………………………………… 兰　军（106）
英美电影与文化课程教学模式创新与研究 …………………… 曹春阳（120）
基于OBE理念的大学英语写作教学模式实践研究报告 ……… 齐丽莉（124）
微课在大学英语专业语法教学中的应用研究 ………………… 张春娟（131）
会话叙事视域下语言教学实践研究 …………………………… 朱冬怡（137）
基于项目驱动的交替传译教学模式研究 ……………… 高　芬　杨　帆（143）
英语诗歌在大学英语文化教学中的应用研究 ………………… 吕竞男（150）
大学英语外媒阅读教学中的"翻转课堂"模式的应用及反思 …… 杨　蕾（156）
基于OBE理念的综合英语课程教学模式研究 ………………… 朱丽英（161）
OBE教育模式和思维型课堂教学实践研究 …………………… 郭英杰（167）
基于文本图示建构的发散思维能力培养 ……………………… 刘　薇（172）
基于TED演讲的大学英语口语教学模式创新研究 …………… 杨盛兰（181）

基于现代信息技术的俄语课程教学模式创新篇

РКИ理论下网络辅助俄语语法教学研究 ……………………… 王　翠（191）
基于"产出导向法"的信息化教学模式研究 ………………… 段李敏（197）
基于微信平台的综合俄语教学模式创新研究 ………………… 宋晓婧（204）
"互动式课堂情景教学+多媒体网络平台"教学模式的构建结题报告 …… 徐　华（210）

基于现代信息技术的混合式教学模式创新篇

基于"运动APP+学习型团队"的混合式大学体育教学模式应用研究报告
　……………………………………………………………………… 文　艺（217）
基于SPOC理念的金属有机化学教学模式探索与实践
　……………………………… 简亚军　张伟强　高子伟　高玲香　张国防（230）
基于CDIO工程教育理念的电工学课程教学改革与实践 … 宋树杰　黄小丽　刘玉芳（237）
微项目学习翻转课堂创新与实践 ……………………………… 董瑞杰（243）

基于OBE教育理念下的教学模式创新篇

基于OBE导向的卓越历史教师教学素养提升研究 ……………蔡　娜（249）
基于OBE教育理念下的自动控制原理课程教学改革 ……………陈春娥（255）
基于OBE理念的体育专业英语课程教学实践研究………………杨　竞（261）
基于信息技术及OBE教育模式下的大学体育教学模式创新与实践研究 …陈丽霞（267）
基于核心素养发展OBE导向的公费师范生中学化学实验教学模式研究
　　………………………………………………………………严文法　李彦花（278）
教育信息化条件下食品工程原理课程教学改革与实践
　　………………………赵武奇　高贵田　张清安　李小平　黄小丽（284）

美术与艺术类课程教学模式创新篇

隶书教学模式创新与实践研究 ……………………………………黄耀明（295）
美术理论课堂多元式教学创建与实践 ……………………………高　明（303）
高师美术学科思维型教学实践研究 ………………………………李　丽（311）
绘画技法类课程开放性教学模式研究 ……………………………王乔乔（318）

基于创新思维与能力培养的混合教学模式

创新篇

创客教育教学模式及实践研究

刘 博*

摘要：随着信息化时代教育变革的到来，提升一流人才培养与创新能力，建设高素质专业化创新型教师队伍，已被列入国家的教育发展战略。创客教育是融合了现代信息技术，以"探究体验、开拓创新"为教学理念、把"创造中学习"当成主要的学习方式从而培养创新人才的新型教育模式。因此本研究是通过创建创客空间，开展创客教育教学实践，探索不同层次的创客教育教学模式，培养合格的中小学创客型的教师。

关键词：创课教育　混合模式　STEAM　PBL

在《中国教育现代化2035》中，明确指出加快信息化时代教育变革，提升一流人才培养与创新能力，建设高素质专业化创新型教师队伍。因此本研究是通过创建创客空间，开展创客教育教学实践，探索不同层次的创客教育教学模式，培养合格的中小学创客型的教师。

一、项目的理论基础

"创客"一词来源于英文单词"maker"，是指出于兴趣与爱好，努力把各种创意转变为现实的人。他们是一群坚守创新，持续实践，乐于分享并且追求美好生活的新人类。简单地说，创客就是玩创新的一群人。2015年3月5日，李克强总理在《政府工作报告》中指出，把"大众创业，万众创新"打造成推动中国经济前行的"双引擎"之一。"创客"于是与"大众创业，万众创新"联系在了一起，特指具有创新理念、自主创业的人。创客运动与传统教育碰撞过程中，"互联网+"理念逐渐渗透于创新理念中，从而不断改变传统教育模式、教育方法、教育理念，此时创客教育逐渐产生。对于创客教育的概念，杨现民在剖析创客教育价值潜能的文章中提到，创客教育是融合了现代信息技术，以"探究体验、开拓创新"为教学理念、把"创造中学习"当成主要的学习方式从而培养创新人才的新型教育模式。传统教育有着工业化的烙印，是

---

① 陕西师范大学教模式创新与实践研究基金2019年度项目。
* 刘博，博士，陕西师范大学计算机科学学院讲师，研究方向为多媒体技术、中学信息技术、纳米网络。

一种基于知识传授的教育，而创客教育是一种基于解决问题、具有问题导向性的教育模式，因此它更加能适应现代经济社会的发展。从创客的特征来看，培养创新人才、实现国民整体的创新能力提升的有效途径就是加强创客教育。

二、项目的实施方案

1. 建立创客空间

创客空间是创客交流、共享知识、制作的场所，但对于学校而言，创客空间还是课程实施的必要环境。在此环境中，教师要将创意带进课堂，鼓励学生发明创造、奇思妙想、讨论交流，课程设计中也要注重学生动手实践、分享交流、大胆尝试，让学生成为学习、创作的主人。

2. 编写创客教育实训手册

依据实验器材分为软件实验、硬件实验和软硬结合实验等三大类，每类实验根据教学内容的难易程度，又可分为初级组、中级组和高级组。每组设定5个实训案例进行教学。可以根据教学对象的不同有选择的分类教学。

3. 开展创客教育教学实践

在上述研究的基础上，准备通过实证研究来验证创客教育教学实践的效果。针对不同阶段的学生采用探究式、合作式教学方式，结合STEAM教育理念，分层分段进行验证。基于创客平台指导大学生双创以及挑战杯竞赛；通过实践的教学与反馈，改进与提升，从而实现课堂教学创新与变革，有效提升教育教学质量，培养学生核心素养，为开设创客教育全校公共选修课做准备。

4. 探讨创客型教师应具备的素质

创客教育注重创新及实践能力的培养，这与当下推行的"做中学、玩中学""以学生为中心""学生主体、教师主导"的理念相吻合，进而越来越引起教育者的思考和共鸣，创客教育进入课堂势在必行。教师在这样一个教育大环境下，要积极从传统的教育者角色转型成一名优秀的创客教师。

三、项目的主要任务及落实情况

1. 创客实训平台的创建

我们已经初步开发了一套创客教育的实训平台（见图1），此平台是基于Arduino套件开发而成的，目前正在申请专利。Arduino是一款起源于意大利具有便捷灵活、简单易学等优点的开源电子原型平台，它包含硬件和软件两部分：硬件是USB接口Simple I/O拥有开放源代码的电路板，软件是使用类似Java、C语言为主要编程语言的Arduino

IDE开发环境，编写好的程序可以在硬件电路板上烧录运行。

图1 创客教育的实训平台

2. 编写创客教育实训手册

依据实验器材分为软件实验、硬件实验和软硬结合实验等三大类（见图2），每类实验根据教学内容的难易程度，又可分为初级组、中级组和高级组。每组设定5个实训案例进行教学。可以根据教学对象的不同有选择的分类教学。

```
实验一    小猫跟我走..........        实验一    LED 灯闪烁实验..........      实验一    小猫喵喵..........
实验二    变幻莫测的海洋......        实验二    按键实验..............      实验二    小猫打招呼..........
实验三    大鱼吃小鱼..........        实验三    无源蜂鸣器实验........      实验三    小猫快走..........
实验四    流水灯..............        实验四    有源蜂鸣器实验........      实验四    小猫撞墙..........
实验五    手势控制的流水灯....        实验五    三基色 LED 七彩跳变....      实验五    小猫跟我走..........
实验六    舞者................        实验六    滚珠开关实验..........      实验六    小猫边说边跑........
实验七    自己制作 Scratch 2.3 系统.  实验七    PWM 调光实验..........      实验七    鱼儿水中游..........
实验八    自己制作 Scratch 2.7 系统.  实验八    光控 LED 实验..........      实验八    多条鱼儿水中游......
实验九    感知冷热的小猫......        实验九    点阵实验..............      实验九    大鱼吃一条小鱼......
实验十    欢乐跷跷板..........        实验十    累加器实验............      实验十    大鱼吃小鱼..........
实验十一  天热开电扇..........        实验十一  1602 液晶显示文字......      实验十一  钢琴王子..........
实验十二  智能温控电风扇......        实验十二  红外遥控接收实验......      实验十二  我的架子鼓........
实验十三  地动仪..............        实验十三  DHT11 数字温湿度传感器.      实验十三  炫酷街舞..........
实验十四  小猫报数............        实验十四  矩阵键盘..............      实验十四  听我的音乐........
实验十五  智能车库............        实验十五  人体红外线感应........      实验十五  苹果颜色..........
```

图2 实验内容

3. 基于创客平台的大学生双创项目实践

基于创客平台指导大学生双创项目，如图3所示。利用创客教育实训平台，让学生参与到一些新型创客项目的设计与实践中，例如：手机和蓝牙模块通讯、手势控制的流水灯、智能温控电风扇等。培养学生独立思考、创新与创客意识，通过实践，将设想变为现实。

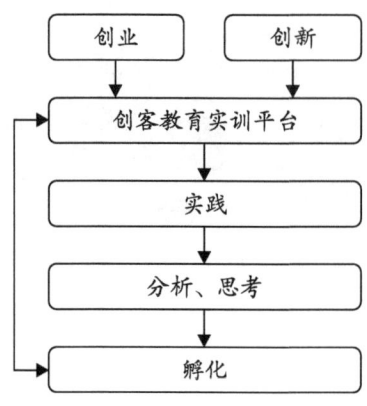

图3 基于创客平台的实践模式

4. 开设创课教育全校公共选修课

为全校本科生开设创课教育公共选修课。主要采用探究式教学方式，结合STEAM教育理念，通过创客教育实训平台，让学生参与到一些小型创客项目的设计与实践中，培养学生的互联网思维与创客意识。

（1）创建网上课程。网上课程的开发本是下一阶段的研究目标，2020年由于疫情的特殊情况，本课程需要全部在线上远程展开，基于一边建设一边使用，一边开发一边完善的原则，项目组的成员积极参与学校和教发中心组织的培训与讲座，经过讨论与对比，最后选择了超星平台作为课程的学习平台，进行网上课程的建设与开发。课程界面如图4所示。

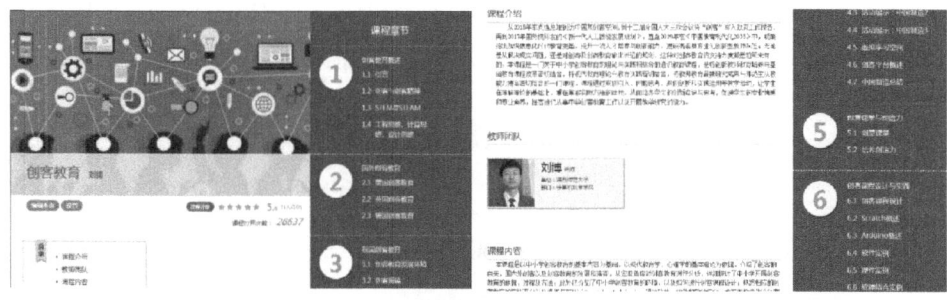

图4 课程界面

2021学年第一学期前十二周的线上教学共发布视频25个，阶段性测试1次，作业7次，集中答疑讨论5次。课程效果通过超星平台视频学习点击率和"时长+考勤+作业+课堂测试+实践"来考核，其中作业占比约20%，实践约50%，其他总占比30%。

（2）搭建辅助教学平台。我们采用"腾讯课堂+腾讯会议+QQ群"作为课堂辅助教学工具（见图5）。利用腾讯课堂进行课程直播，在直播中运用签到、调查、讨论区、实时回答学生的问题等进行互动；利用腾讯会议进行基于PBL的项目汇报与展示；建立了专门的课程QQ群，通过QQ群来回答学生在创客课程学习、资源寻找中遇到的问题。

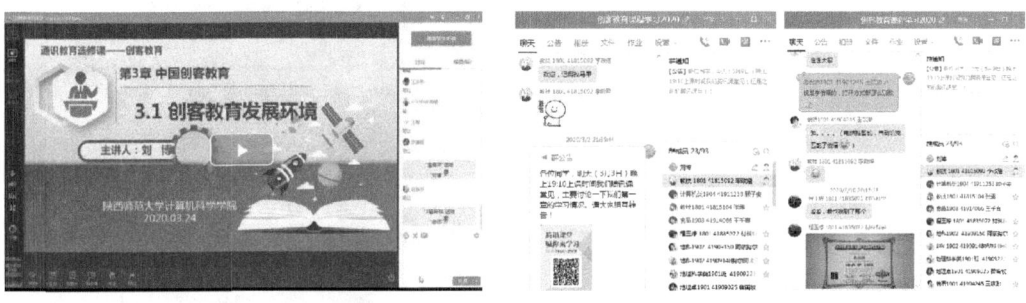

图5 "腾讯课堂+腾讯会议+QQ群"的辅助教学平台

（3）教学实践。在"创客教育"课程教学中采用线上线下混合模式进行教学，学生提前观看学习网站上的课程要求与微课视频；线下通过专门的课程QQ群探讨遇到的问题，再带着问题进行课程直播学习；在直播中利用讨论区、举手等方式直接反馈遇到的问题，还原平时课堂环境，促进学生学习（见图6）。

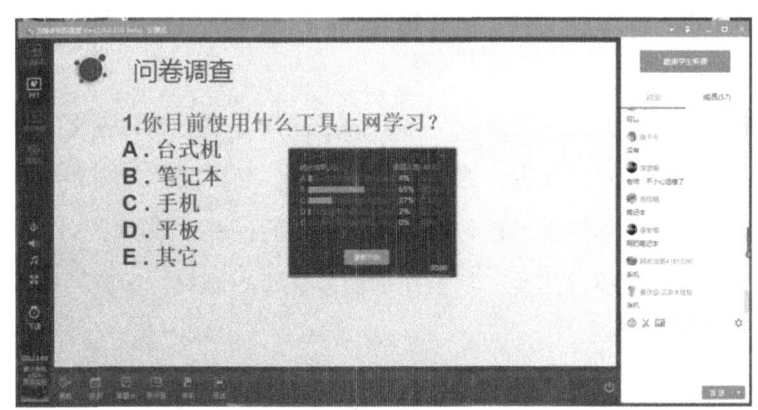

图6 线上直播交互界面

采用基于PBL的教学模式（见图7），将"中国制造"这一话题分16组（共86人），每个学习小组首先需要在课下完成对他们将要开展的项目模块进行搜集资源、探讨问题、整理制作报告等；然后在线上课堂（腾讯会议）进行汇报；最后通过（学习平台）组内评价、组间互评、教师评价来评定成绩。这样充分利用各类资源，最终形成自己的特色混合课堂，呈现给学生，学生反应效果良好。

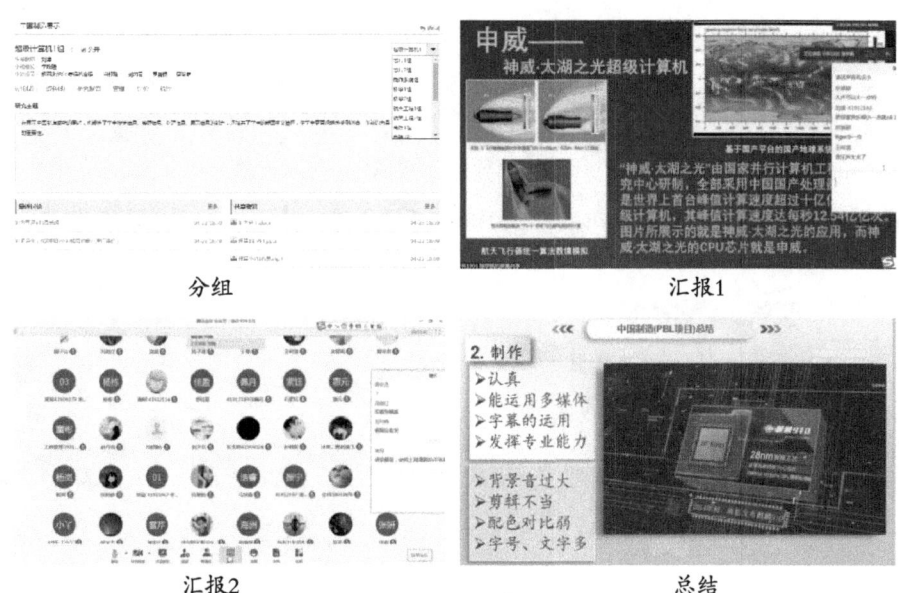

图7 基于PBL的教学模式

（4）创客教师。积极探讨以学生为中心的教学模式，在教学中探讨创客型教师应具备的素质。创客教育注重创新及实践能力的培养，这与当下推行的"做中学、玩中学""以学生为中心""学生主体、教师主导"的理念相吻合。通过创客教育与活动的开展，让师生展开思考与变革，促使我们从传统的教育者角色转型成一名优秀的创客教师。

首先，要让学生人人成为创客，创客教师必须先于学生成为创客。每一个学科课程都应该是创客课程，教师要提升课程整合的能力。学科内学习需要整合，学科之间需要整合，要让学生的学科学习过程成为知识创造的过程。教师要从一个知识的传授者蜕变为一个创客型教师。其实，基于推进创客教育的要求，学校的每一位教师都应该是创客型教师。

其次，创客教师需要有一种超前意识。在高科技飞速发展的今天，教师不能只停留在对原有知识的认知上，要不断学习，不断完善自己，不断充实自己。现在的学生视野更开阔,他们不仅能在学校里学习知识,还能通过电视、网络等多种途径学到更多的知识。图8是笔者给学生在课堂上介绍的通过互联网搜集的国外创客教育的相关材料。

图8　国外的创客教育

再者,创客教师需要不断地提升自己。随着多媒体教学的应用,课堂教学愈发富有生机和活力。这要求教师在日常的工作中,要不断地更新自己的教学观念,改变自己的教学行为,并把自己日常所学的教学内容和教学方法运用到自己的教学实践中,努力提高教育质量,让学生快乐成长。

最后,一名优秀的创客教师应具备现代化的教育思想、教学观念,并且应掌握现代化的教学方法和教学手段,能够熟练运用信息工具(网络、电脑)对信息资源进行有效的收集、组织和运用(见图9)。

图9　国外虚拟学习空间

四、项目研究的创新性教学成果

本项目取得的成果主要有以下几项：

（1）2019中国互联网+大学生双创大赛陕西赛区中两组项目分获银奖和铜奖（见图10）。

学校金奖　　　　　　　　陕西赛区铜奖

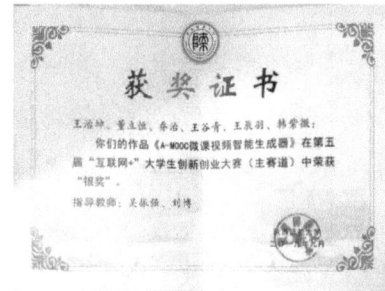

学校银奖　　　　　　　　陕西赛区银奖

图10　获奖证书

（2）编写完成创客教育实验手册（见图11）。

图11　创客实验手册

（3）创建了创客教育课程网站。

自线上教学开始以来，学生平均每次课程的到课率以及作业完成率都在95%以上，因为各种原因缺席的，后续也都能补交。通过回看课程资源以及课程录像，弥补了第一次没有学懂的内容，学生反应较好。

本课程在超星平台对学生提供的主要学习资源是微课，每次课程针对微课内容会布置针对性作业，不定期测试也主要考察其中重要知识点的掌握情况，因此考核主要围绕微课的使用和掌握情况，相关占比达到60%；提交独立完成的创客作业能紧贴日常生活，既考核了学生对创客教育的理解，培养了创新意识，锻炼了实际动手操作能力，又提升了学生的学习兴趣，如图12、图13所示。

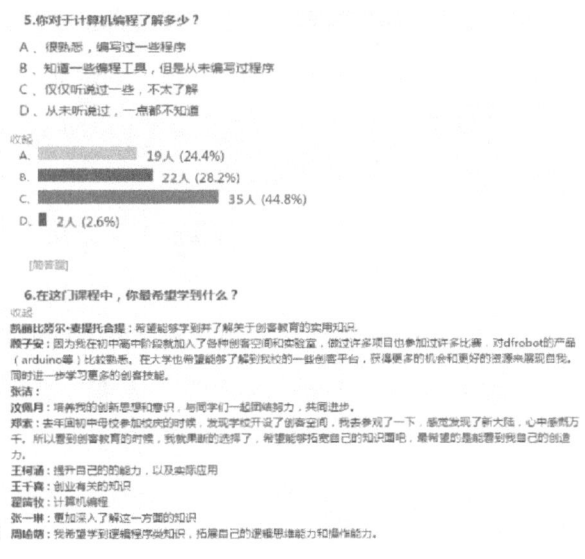

图12　课堂调研

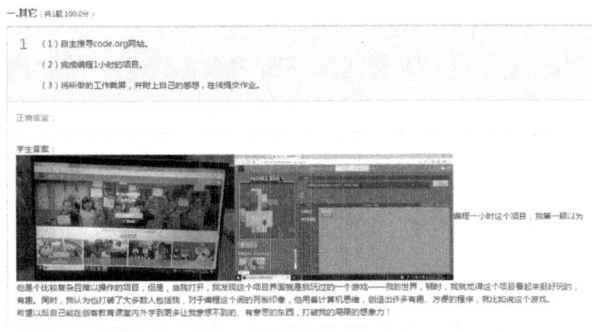

图13　作业反馈

（4）参加教学研究沙龙等6次（包含网上），具体如下：

①2019年5月28日第55期教学沙龙"基于创新思维与能力培养的混合教学模式实践"。

②2019年7月4日中国高校第一届教学学术年会——教学学术视野下的教学故事。

③2019年9月30日国家级教学名师蒋宗礼教授做题为"走内涵发展之路——提高本科生培养质量和水平"的报告。

④2020年2月11日何聚厚教授的"如何开展在线直播混合式教学"的报告。

⑤2020年3月19日空中教学沙龙——在线教学经验分享Ⅰ。

⑥2020年3月26日空中教学沙龙——在线教学经验分享Ⅱ。

五、项目研究中存在的问题及今后的研究与实践设想

（1）由于空间资源紧张，只是在智慧教室实验室开辟了一角，摆设了两张仅能容纳4人的工作台，作为创客空间的活动场所；同时，由于经费有限，无法再继续扩充创客实验平台。后续准备与学院进一步沟通，完成创客空间的扩建，同时寻求获得其他项目经费的支持。

（2）创客教育实训手册已经编写校对了软件实验部分，硬件实验和软硬结合实验还未完成编写与校对。

（3）课程网站的建设目前还比较简单，内容不够丰富。网上课程的开发原本不是本项目的研究内容，但2020年由于疫情的特殊情况，本课程需要全部在线上远程展开，因此基于一边建设一边使用，一边开发一边完善的原则，仓促进行了网上课程的开发。通过本次教学实践会发现一些问题，在假期以及下一轮的教学实践中将进行修正。

（4）在网络在线教学环境下，由于网络问题，有的学生不能及时打卡和学习；缺乏学习的主动性和线上教学的参与性，例如在学生展示环节，非汇报小组表现的就不积极等；网络不稳定造成直播中成果展示环节效果不理想；需要使用创客试验箱的实践部分无法进行。因此，建立有效的学习监督机制，督促学生线下自学，线上积极参与课堂教学，提升课堂教学效果，及时掌握学生的学习动态都是需要进一步研究和解决的问题。同时，还需要深入研究如何开展混合模式下的教学设计，进一步优化基于微课的教学案例选择，结合STEAM教育理念，采用基于PBL的教学模式，加强基于问题驱动的思维训练等等。继续进行创客教育教学模式及实践的深入研究，提高教学质量，达到使学生乐于学习，善于学习的良好效果。

人工智能背景下深度学习实践教学探索与创新[①]

马 苗[*]

摘要： 本项目在教学模式上，转变教学观念，以学生为中心，启发学生思考，激发其学习兴趣，同时将该课程教学中的理论知识融入现实问题中，体现理论联系实际的教学理念，让学生在解决实际问题的过程中学习近年来人工智能领域的主流方法和技术——深度学习，加深对知识的理解，培养自主学习和与人合作的能力，提高对所学知识的运用能力和解决现实问题的动手实践能力。

关键词： 人工智能 深度学习 以生为本 实践教学

一、项目研究的理论基础及实施方法

1. 当前高校开展实践教学的现状

（1）实践教学方法单一，形式多于实际，效果不佳。现行的实践教学多是依据专业教学计划来组织教学工作，实践教学环节主要包括：实验、教学实习、毕业实习、课程设计和毕业设计等几个方面。大部分的实验课安排在教学计划之内，结合理论课程开设。教学模式是教师讲解示范，学生照葫芦画瓢，按照规定在一定时间内完成相应任务。这种教学模式虽在一定程度上锻炼了同学们的动手能力，但却被动呆板，其实际效果不理想。

（2）社会支持和关注度不足，政府重视不够，结果不理想。以毕业实习所联系的实习基地为例，目前国家还没有出台鼓励社会、行业以及企事业单位支持高校实习教学和社会实践的政策法规，对于大多数社会企事业单位来说，由于人员紧张、工作任务繁重、竞争压力大、安全因素等原因，不愿意接纳实习学生。即使碍于情面，接收了实习生，也仅安排学生进行参观等浅表实习，学生很少能有参与和动手的机会，所以实习效果差强人意。

[①]陕西师范大学教学模式创新与实践研究基金2019年度项目。
[*]马苗，博士，陕西师范大学计算机科学学院教授，研究方向为图像处理、视频理解及教育科学等。

（3）实践教学场地和设备紧缺、经费不足。建设实践教学场地或购置实践教学设备都需要一定的资金，要使实践教学的效果达到最佳，优良的设备和场地是其首要条件。近年来，高校虽然不断加大对实践教学经费的投入，但是，与招生规模、学科门类的增加相比，实践教学生均经费投入仍显不足。由于实践教学环节多、任务重、成本高，实践教学生均经费投入不足，使得实践教学管理中存在以下问题：①无法保证较高的设备完好率、更新率；②实验耗材得不到及时的补充；③实验项目得不到更新，实验精品教材匮乏，实验教材建设落后于其他教学环节改革的步伐；④实验室建设分散、规模偏小、功能单一。

（4）实践教学师资短缺、队伍建设滞后。开展实践教学，必须要有足够经验且接受过相关训练的专业教师。但目前许多教师基本上是从学校毕业就直接到学校任教，缺乏一定的实践经验，因此，他们在传授知识时更多的是将课本上的知识直白地陈述，缺乏理论联系实际的教学，无法让学生从所谓的实践教学中获得真正的实践经验。

2. 本项目研究的理论基础及实施方法

（1）掌握学习理论。美国心理学家、教育家布鲁姆认为，学生如果有足够的时间和适当的学习资源，几乎所有人都能够掌握几乎所有的学习内容。这就是掌握学习理论，其核心思想反映了主动学习和翻转课堂的基本思想。

（2）最近发展区理论。苏联心理学家维果茨基认为，教育对人的发展能起到主导作用和促进作用，发展的水平包含两种：一种是已经达到的发展水平；另一种是可能达到的发展水平，两者间的距离即"最近发展区"。以之为依据设计和实施教学过程和教学模式，建立起教学与发展之间的桥梁。课前教师通过发布视频等方式，对基本简单的知识进行讲解，课堂教学的重点就落在以学生为主体的课程内容的学习、深化、扩展与创新。

本项目转变教学观念，以学生为中心，通过精心组织教学内容和教学方式，以丰富的实验案例和国内外优质课程资源呈现，鼓励学生以团队的形式，给予学生足够的学习时间和发展空间，让学生自身主动学习思考，完成对知识的再加工，同时将该课程教学中的理论知识融入现实问题中，体现理论联系实际的教学理念，从而使学生加深对知识的理解，掌握自主学习和与人合作的能力，提高对所学知识的运用能力和解决现实问题的动手实践能力。

二、项目完成的主要任务及落实情况

以现代信息技术为支撑,以基于学习产出的教育模式OBE为导向,坚持以生为本,通过先进的教育教学理念、教学方式,开展深度学习课程的教学模式探索与创新实践。通过对学生学习规律、教学理念、教学思想、教学规律的探究,培养学生主动学习、积极思维的能力,构建以"学生学为中心"的互动型、探究型课堂,有效提升教育教学质量,培养学生核心素养,力争打造具有我校特色的"金课"。

项目完成的主要任务及落实情况主要体现在以下几个方面:

(1)参编教材——《机器学习与深度学习》(电子工业出版社2020年出版),项目组成员完成了其中3章的内容。教材目录及完成章节内容如图1、图2所示。

《机器学习与深度学习》

电子工业出版社

第1章 引言
第2章 简单模型
第3章 贝叶斯学习
第4章 决策树
第5章 支持向量机
<u>第6章 集成学习(陈昱苾)</u>
第7章 聚类
第8章 知机与神经网络
第9章 卷积神经网络
第10章 循环神经网络
<u>第11章 对抗神经网络(马苗)</u>
<u>第12章 深度强化学习(陈昱苾)</u>

图1 教材目录

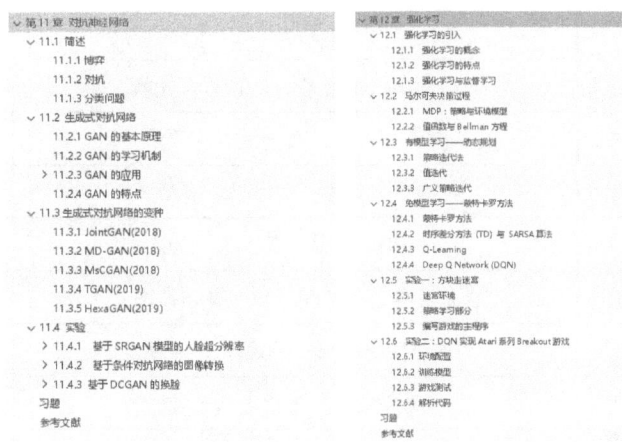

图2 项目组完成的相关章节内容概要

（2）撰写《深度学习》项目案例实验。

实验可配套使用学院采购的深度学习软件平台，实验素材共计3.5万字，均有完整的程序。每个实验均由6个部分组成，即实验简介、实验目的、实验要求、实验原理、实验步骤和实验结果。各代表案例如下：

实验1：基于AlexNet模型和CIFAR-10数据集的图像分类

实验2：基于VGGNet模型和CASIA WebFace数据集的人脸识别

实验3：基于Faster R-CNN模型和Pascal VOC数据集的物体检测

实验4：基于FCN模型和SIFT-Flow数据集的语义分割

实验5：基于R-FCN模型和Pascal VOC数据集的物体检测

实验6：基于SSD模型的教室内学习者定位与检测

实验7：基于YOLO2模型和Pascal VOC数据集的物体检测

实验8：基于Celeb A数据集和DCGAN模型男女人脸转换

实验9：基于LSTM模型的图像内容描述

实验10：基于CNN的图像风格转换

（3）构建以学生为中心的共享课堂资源。

项目组进行了以学生主动学习为中心的"深度学习共享课堂"。课堂选择人民邮电出版社出版的图灵程序设计丛书——《深度学习入门》作为参考书目，以学生为中心，通过项目小组（见表1）的形式开展自我学习和知识分享，在任课教师组织下，有序地以每组为单位进行公开课讲解展示阶段性学习成果（见图3）。

表1 深度学习教学过程中项目案例实验分组

组号	组长	组员	讲解内容
1	李富有	李梦阁、朱婷婷、张文丽、钟楠	第1章
2	刘健文	刘博、王晟、孙一曼、李景景	第2章
3	孔维轩	陈奕含、林雪、苟元帅、贾新磊	第3章
4	宋海林	罗颖韬、卞晨、王悦悦、杨晨	第4章
5	贾宇航	余玲玲、周玉莹、田卓钰、高杰	第5章
6	丁宇	任仰、王宁宁、张凯云、彭颖	第6章
7	李泽华	王文安、彭学俊、王艺进	第7章
8	白昊文	梁旭东、张同、胡浩武、丁振瑜	第8章
9	杨柳	韩静、孔金铭、王楠、谌鸿静	附录

图3　翻转课堂中学生成果展示

三、项目研究的教学创新性成果和应用实效

为了客观有效地评价本项目研究的教学创新性成果和应用实效，设计了调研问卷，如下所示。

深度学习理论及应用调研问卷

学号：_____　　姓名：_____　　您的位置：_____

1. 在线学习的过程中，网络情况如何？
   A. 能够满足学习需要　　B. 基本满足学习需要　　C. 无法满足学习需要

2. 通过课程学习，对基于深度学习的基本方法、原理的了解和掌握情况？
   A. 优　　　　B. 良　　　　C. 中　　　　D. 差

3. 课程实施是否以学生主动学习为主，教师导学为辅？
   A. 是　　　　B. 否

4. 通过课程学习对提高自己的团队协作能力作用如何？
   A. 优　　　　B. 良　　　　C. 中　　　　D. 差

5. 通过课程学习是否提高了自己的工程实践能力？
   A. 是　　　　B. 否

6. 通过课程学习是否提高了自己对相关国内外研究现状和前沿的掌握？
   A. 是　　　　B. 否

7. 通过课程学习对提高自己的实际动手能力作用如何？
   A. 优　　　　B. 良　　　　C. 中　　　　D. 差

8. 针对该课程，每周花费的课下时间是多少？
   A. 1小时以上　　B. 半小时左右　　C. 10分钟左右　　D. 不花费时间

9. 课程学习整体效果如何？
   A. 优　　　　B. 良　　　　C. 中　　　　D. 差

10. 对任课教师有何建议？

在全班学生范围内进行细致调研后的统计结果如下所示。

深度学习教学效果评价问卷结果

第1题 在线学习的过程中,网络情况如何?[单选题]

选项	小计	比例
能够满足学习需要	33人	80.49%
基本满足学习需要	7人	17.07%
无法满足学习需要	1人	2.44%

注:本题有效填写为41人。

第2题 通过课程学习,对基于深度学习的基本方法、原理的了解和掌握情况?[单选题]

选项	小计	比例
优	17人	41.46%
良	22人	53.66%
中	2人	4.88%
差	0人	0%

注:本题有效填写为41人。

第3题 课程实施是否以学生主动学习为主,教师导学为辅?[单选题]

选项	小计	比例
是	41人	100%
否	0人	0%

注:本题有效填写为41人。

第4题 课程学习对提高自己的团队协作能力作用如何?[单选题]

选项	小计	比例
优	24人	58.54%
良	16人	39.02%
中	1人	2.44%
差	0人	0%

注:本题有效填写为41人。

第5题 课程学习是否提高了自己的工程实践能力？[单选题]

选项	小计	比例
是	41人	100%
否	0人	0%

注：本题有效填写为41人。

第6题 课程学习是否提高了自己对相关国内外研究现状和前沿的掌握？[单选题]

选项	小计	比例
是	40人	97.56%
否	0人	2.44%

注：本题有效填写为41人。

第7题 课程学习对提高自己的实际动手能力作用如何？[单选题]

选项	小计	比例
优	18人	43.9%
良	20人	48.78%
中	3人	7.32%
差	0人	0%

注：本题有效填写为41人。

第8题 针对该课程，每周花费的课下时间是多少？[单选题]

选项	小计	比例
1小时以上	38人	92.68%
半小时左右	3人	7.32%
10分钟左右	0人	0%
不花费时间	0人	0%

注：本题有效填写为41人。

第9题 课程学习整体效果如何？[单选题]

选项	小计	比例
优	26人	63.41%
良	14人	34.15%
中	1人	2.44%
差	0人	0%

注：本题有效填写为41人。

第10题 对任课教师有何建议？[填空题]
略。

四、项目研究中存在的问题及今后的研究与实践设想

1. 项目研究中存在的问题

项目研究中存在的问题主要集中在以下几个方面：

（1）受新冠肺炎疫情的影响，本课程依据教育部、学校的安排，全面实施了网上教学，但因学生多是居家学习，网络信号的稳定性对学习效果产生了一定的影响。

（2）在团队小组学习的过程中，不同成员的分工不同，发挥的作用也不同，往往是主动性高的学生收获大，而主动学习程度弱的学生会产生依附团队的消极怠工情绪，使得以小组为单位进行的课程考核方式有可能失准。

（3）因居家教学的实验环境无法满足本课程对实验环境的要求，所以在实际教学中，还未能够在全班范围内将实践环节扎实而有效地落实到位。

2. 今后的研究与实践设想

今后的研究与实践设想主要体现在以下几个方面：

（1）不断完善和丰富课程的相关资源，尤其是实验案例的设计需要进一步多样化，使精选出来的项目有典型的代表性。

（2）坚持以学生的主动学习为主，使之在学习过程中，融入与实例相结合的项目讲解等模块，将对书本知识的再呈现，推进为对课本案例的再实现。

（3）强化基于过程的课程管理和过程性考核，加强课程的过程化管理，让学生评价结果更加合理。

（4）教学计划方面，在2020级学生的授课中继续利用本项目取得的阶段性成果推进教学模式改革，促进学生的工程实践能力进一步提升。

基于微信的信息技术教师教学技能翻转课堂教学实践研究[①]

张麦侠*

摘要： 随着教育不断地发展和师范教育地位不断地提高，师范生的能力培养必然会受到越来越多的关注，而作为教师核心素养的教学技能对教学产生着巨大的影响。结课作为点睛之笔，对于学生的新知学习和课外拓展有着重要的意义。但在实际课堂中教师进行结课时，普遍通过师生回顾和总结知识点结束课堂教学，这样的结课环节不仅缺乏趣味性，学生会失去学习的兴趣，而且与实际生活联系不紧密，课堂知识无法在生活中得到应用，长期下去就会出现学生所学内容与现实生活相脱节。而且新课标也提倡教师结合生活实际进行教学，如果可以通过一些系统指导和锻炼使师范生高效地从实际生活中找到与教学内容相关的切入点和落脚点，设计优秀结课案例，那么结课环节就能有效发挥其应有的作用。因此，本研究以结课入手，设计和开发该结课系统用以提高师范生的施教能力。

关键词： 结课系统　App Inventor　信息技术

结课技能是在完成教学任务后，结束课堂教学活动的教学行为。通过归纳总结、比较异同、设置悬念、巩固练习等方法引导学生总结自己的思维过程以及解决问题的方法，将所学新课知识点和学科能力进行系统强化使之稳固纳入自身认知结构，或是在概括出上一个问题主要内容的基础上巧妙地为讲授新课题创设教学意境，激发学生积极主动地继续学习。在一堂课中结束和导入是密不可分的；从另一个角度来讲，一节课的结束也是另一节课的开始，一堂课有终结，但教育活动是持续不断的。结课对于巩固新课知识和应用新知、拓展学生课外学习、吸引学生注意力、提高学生学习兴趣有着至关重要的作用。甚至从某种意义上讲，结课比导入更重要。导入是一节课的开端，讲解过程中亦能挽救和弥补；倘若结课失败，那对于启发学生思考和自主学习是事倍功半的。

[①] 陕西师范大学教学模式创新与实践研究基金2019年度项目。
*张麦侠，陕西师范大学计算机科学学院副教授，研究方向为学科教学论。

本研究的初衷是希望做一个对各教学环节进行教学能力训练的软件，但由于精力和能力有限，本研究最终选取结课技能作为该系统的主要培训技能。通过阅读和学习经过收集存储、整理加工处理的教学设计，帮助学生有目的、积极主动、有效地进行学习，培养和训练信息技术学科师范生的教学设计能力和结课技能；通过提供互动测试的课堂模式，使学生保持学习的兴趣和积极性，增加学习的紧张感，意识到自己存在不足之处，进而走出自己的舒适区，提高自己的课堂实操能力和教学反思能力；最终达到能够根据教学内容、教学目标和学生认知水平等信息选择适宜的、多样化的教学方法，设计精彩的结课，并且在将来的课堂教学中合理有效地运用结课技能。

本研究的理论成果将进一步丰富和发展信息技术学科师范生教学技能培养的方法，通过该APP为信息技术学科师范生的教学技能训练提供切合实际的学习支持，对师范生的教学设计能力和教学实施能力的培养做出贡献。

一、项目的理论基础

1. 信息化时代下教育教学发展趋势

21世纪，高速发展的科学技术影响着现代社会的变化，进而影响着人们的生活、学习、工作和交流方式。随着教育现代化、信息化和智能化的快速发展，传统的教学方法已经很难适应现代教育的要求。以计算机技术、通信技术、网络和虚拟现实技术为核心的信息技术革命促进了教育信息化。利用先进的信息技术，结合先进的教学理念、教学思想等进行教学已成为必然趋势和教育新课题。信息技术环境下的大量信息资源和资源库使教科书的意义发生了变化。这种变化不仅体现在非印刷材料（如光学材料、视频教材、网络课程等）的出现更重要的是不再受过去的限制。人们将使用更多的教材库、教学资源库、教学或学习包等，这不仅可以让学生体验到寻求知识的乐趣，还可以在海量信息中找到自己有用的信息。基于信息技术的教学技能培训是以学生为主体，以教师为主导的培训模式。信息技术环境下的课堂教学突出了生生、师生、学生和社会资源相互沟通与合作的特点。学习过程将更加突出任务和责任的划分、相互协作和共享。随着互联网以及移动智能终端的高速发展和快速普及，人们接收与反馈信息的方式发生了翻天覆地的变化，这同时也进一步推动了学习者学习模式的变化。移动学习正在逐渐成为教育领域的新发展趋势，移动教育APP已经进入人们的视野，正在成为学习者学习的主要学习平台和必备工具。教学辅助类APP的出现为传统的课堂教学模式改革提供了新的方向，例如，个性化学习资源的推送、丰富的资源共享交流、作业投票、碎片化学习等帮助学习者内化知识和知识深度交互等。

2. 师范生教学技能要求强化

新课程背景下，教师角色发生了转变。这对师范生自身身份的定位有着重要的影响。教师不再是课堂的掌控者，鼓励学生参与教学，从单纯地教会学生知识转向教会学生学习；学生不在处于被动地位，课堂从以教为中心转变为以学为中心。教师是学习的促进者、学生的合作者和交往者，终身的学习者，教育教学行为的研究者。师范生一味学习理论知识的现象也因此得到了改善，各师范院校不断增加在校大二、大三学生的教学技能课程，主要通过微格教学方法来锻炼学生的教学技能。只有重视信息技术在学科师范生教学实践能力中的培养，将师范生培养成经验丰富的教学能手，才能有效推进教师专业化发展，进而推动教育发展、社会进步。

二、项目的实施方案

App Inventor for Android简称App Inventor，采用云端开发，即利用基于 web 的图形化的用户界面生成器设计应用的用户界面，并通过拖拽将"块"语言拼在一起定义应用的行为。今天我们使用的高科技产品（如手机、平板电脑等）对大多数人来说是一个黑箱系统，其内部的运作机制复杂且让人难以捉摸。而App Inventor作为一款用于构建移动应用的可视化编程工具，将高科技产品的内部运行机制等内容简单化，大大地降低了 Android 设备应用开发的门槛，成功地将使用者和消费者的身份转变为创造者，让任何人都能亲自创建满足自己需求的应用。只要计算机可以通过浏览器访问互联网，就可以作为App Inventor的开发环境，其运行环境是除 IE 浏览器外的浏览器。通过使用一个谷歌账号或者 QQ 账号登录即可进入开发界面进行开发Android应用。App Inventor的开发过程易学。App Inventor的开发语言是可视化图形模块语言，减少了理解和编写具体代码的困扰。至于开发的移动应用的用户界面，使用者只需了解各组件的作用，按照自己的想法从组件面板拖拽组件到工作面板即可构成用户界面，选中组件列表中的相应组件可以修改其属性；关于逻辑设计方面，开发者通过搭积木的方式，并根据需要添加服务选项和调整相关参数来简单地进行程序外观设计和行为的设定，完成程序拼装。

该系统整体功能设计按照课前、课中、课后分为理论知识模块、课堂互动模块和交流反馈模块，具体组织结构如图1所示。知识理论模块是先提供理论知识学习，接着通过题库和章节练习进行检测，该模块是训练师范生的教学设计能力，即对课堂预设的能力。课堂互动模块主要锻炼和加强师范生随机应变能力和教学实施能力，通过随机抽题进行计时设计和随堂模拟试讲；待试讲结束，师范生自评、师生点评，此环节可提升学生的教学评价技能。交流反馈模块的主要目的是引导师范生写教学后记、反思日记等进行教学反思以及课后自主学习。

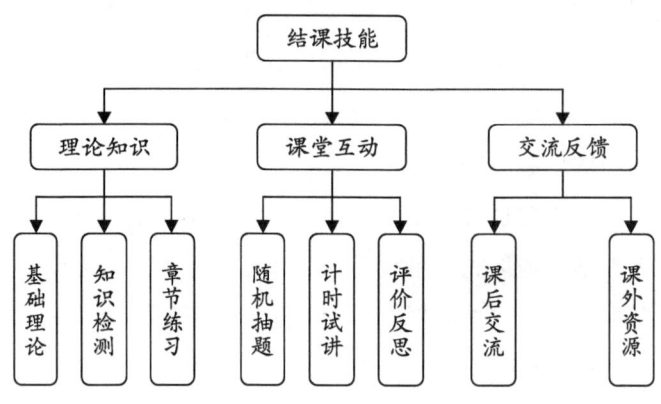

图1 结课系统APP组织结构

三、项目的主要任务及落实情况

1. 系统设计

我们利用App Inventor，采用云端开发，即利用基于 web 的图形化的用户界面生成器设计应用的用户界面，并通过拖拽将"块"语言拼在一起定义应用的行为。

2. 界面设计

此次设计的结课系统APP主要有七个界面，包括登录与注册界面、主界面、组成知识理论模块的基础理论界面、知识检测界面和章节练习界面、课堂互动界面和交流反馈界面。各界面之间的连接关系见图2。

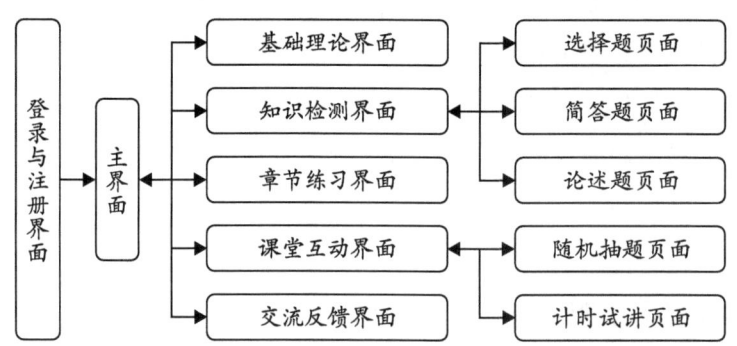

图2 各界面之间的连接关系图

3. 结课系统的测试

为了验证该系统在实际课堂中的实用性和实践中的训练效果和整体性能，在系统设计与开发完成后，对其进行了测试。系统测试内容主要包括系统性能、系统内容、训练效果测试三个方面。本研究共选择了30名计算机科学与技术专业师范生参加了本系统的试用和测试,并通过问卷调查了解使用该系统后的感受和建议。

测试者对系统性能方面给予了充分的肯定,认为该系统整体布局大方简单、排版布局清晰合理,操作简便,如果加以美化会更受欢迎(见图3)。

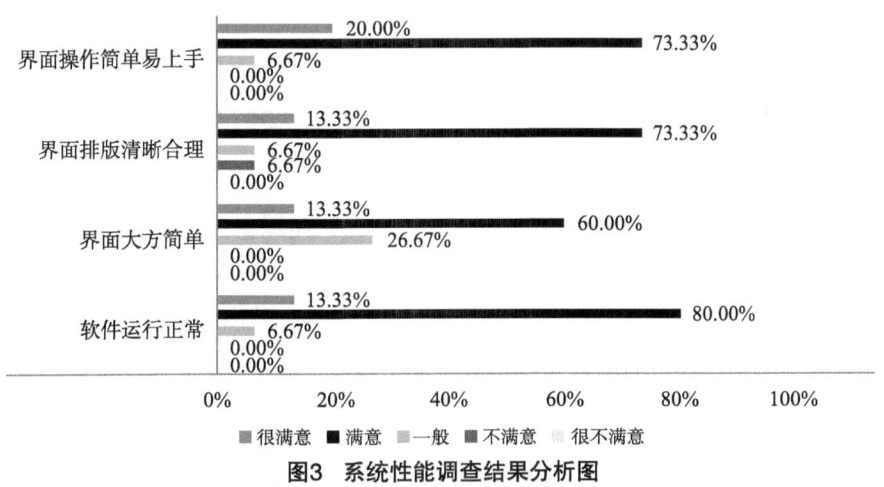

图3 系统性能调查结果分析图

测试者对本系统总的来说持肯定态度,认为有用、易用,但实用性一项得分不高,主要是因为系统案例还比较少,不具有普遍的代表性。希望案例可再丰富些、更具有代表意义。内容呈现方式除了以文字展现外,建议使用图片、动画等方式,增加具有新颖性的案例,提高实用性。希望增加练习题,目前题数过少。训练内容的问卷数据分析见图4。

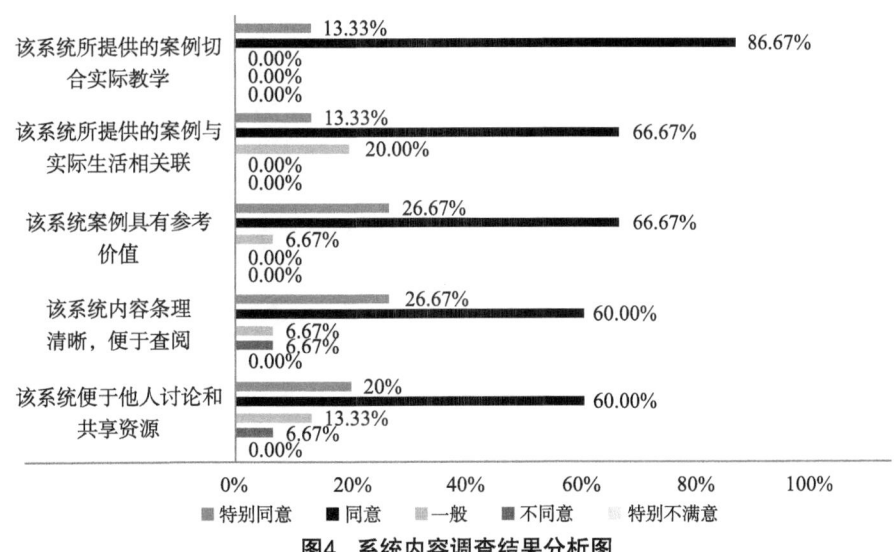

图4 系统内容调查结果分析图

测试者对课堂互动模块的设计给予较高的评价，认为该结课系统将理论与实践相结合，避免了以前空谈理论，缩短了理论与实践之间的距离；而且模拟试讲模式对训练者的教学技能提出了更高的要求，帮助训练者走出舒适区，增加自主练习；通过案例和实践学习，可以帮助训练者巩固和提高教学技能。训练者们对该系统基于肯定评价的同时，也为该系统提出了许多宝贵的建议。比如加入用户向管理员的反馈区；添加用户自己的教学设计的导出功能，便于用户学习等建议。

四、项目研究中存在的问题及今后的研究与实践设想

在功能方面，最初设计的部分功能并没有得到实现，尤其是讨论区部分还未实现，目前用户无法讨论交流，这部分需要加以完善。在课堂互动模块可以尝试添加语音识别器组件，收听用户的讲话，将语音转化为文字，减少手工输入教学设计耗费的时间；并添加文件共享功能，便于多客户端查看，适当增加点赞评论等功能。在内容方面，由于整理总结的关键词和对应案例较少，因此希望使用者可以参与结课关键词的补充和完善，丰富数据库。

在系统整体设计方面，如果该系统只有结课环节的训练，必然会导致使用者在进行教学设计时设计的结课环节很精彩而其他环节过于平淡无味，失去了结课的意义。

教学技能的训练和培养是一个动态发展的研究领域，国内外在这方面的研究方兴未艾。因此本研究的进一步工作就是将该系统逐渐扩展为教学各环节的训练系统，补充、丰富和完善内容，希望能为信息技术学科师范生的教学技能训练提供帮助。

基于现代信息技术的数学类课程教学模式

创新篇

突出以生为本和专业贯通的离散数学教学过程创新研究[①]

裘国永* 王昊瞳** 冯苗苗*** 李 骏****

摘要：离散数学具有高度抽象、概念复杂、内容繁多等特点，让学生学习有畏难心理。但离散数学与很多后续专业课程有着密切的联系。而传统的教学案例让学生无法体会它在专业知识体系中的重要性及应用。为了激发学生学习兴趣，提高教学效果，本项目研究设计了突出专业贯通的教学案例并分析实施效果。通过对2019级两个班的实践并分析学生反馈数据，我们发现所提出的教学案例能将离散数学与后续专业课程进行专业贯通，提高学生学习积极性。这可为离散数学的教学提供启示。

关键词：专业贯通 离散数学 教学案例

一、项目背景和研究内容

离散数学是现代数学中研究离散量的结构和相互关系的一个分支学科。计算科学的根本问题"能行性"问题决定了计算机本身的结构和它处理的对象都是离散型的，甚至许多连续型问题也必须在转化为离散型问题以后才能被计算机处理。由于计算机科学与技术所用到的数学多具有"离散性"和"能行性"两大特点，而离散数学恰好具备这样的特点。故离散数学是计算机类各专业学生的重要理论基础之一。

计算机科学与技术本质上是一门离散数学技术，离散数学课程对学生的学习有如下作用：①掌握学科各专业所要求的数学基础知识，为学习各专业课程，如数据结构、人工智能等课程等做好必要的数学储备；②熟悉和习惯使用构造性证明方法的思路并能应用到算法设计和分析以及问题求解过程中；③提高计算思维能力，能识别复杂工程问题中所涉及的数学、自然科学及计算机科学与技术专业的相关理论知识，并

[①]陕西师范大学教学模式创新与实践研究基金2019年度项目。
*裘国永，博士，陕西师范大学计算机科学学院副教授，研究方向为智能信息处理、信息技术教育等。
**王昊瞳，陕西师范大学计算机科学学院研究生。
***冯苗苗，陕西师范大学计算机科学学院研究生。
****李骏，陕西师范大学教师教学发展中心工程师。

将其所学知识用于计算机有关的复杂工程问题的分析与建模过程中。

然而离散数学具有概念多、理论性强、高度抽象等特点，一年级的学生也不知道它在本专业知识体系中的地位，加之教师传统的教学案例设计很难引起学生的学习兴趣。刚刚接触计算机专业的大学一年级学生经常以学习数学的方法来学习离散数学，无法领会离散数学知识体系的灵魂，不能进行知识的迁移。学生们难以了解离散数学在计算机专业中的应用方向及与其他计算机专业课程间的联系。这个问题主要是因为教师没有将教学与专业的实际应用及其他课程联系起来，这使得学生不了解离散数学的具体应用方向，不理解学习离散数学的意义。

专业贯通的教学是指从教学理念、教学模式、教学方式等环节的开放探索着手，构建以学生学习和发展为中心，融合不同课程的学习、打破或消解各门课程之间的界限的教学。

现代计算机人才的培养提倡各门课程之间的交叉与融合。离散数学作为计算大学科各专业的主要基础内容，融入它在其他专业课程内容的应用，有助于打破课程壁垒，让学生早早地进入到专业思维的培养过程中，从而有助于培养出全面的创新型计算机人才。因此，在离散数学的教学环节中，贯通其他专业课程，对于增强学生的学习兴趣、探索计算机专业各门课程之间的联系、明确专业具体应用等方面都具有十分重要的意义。

朱文兴提到，在离散数学的教学过程中，教师可以适当加入一些离散数学在计算机其他专业课程中的应用，这样可以提高学生对离散数学的认识和学习离散数学的兴趣。杨静通过前缀码问题将离散数学与通信专业相联系。钱建国将离散数学与算法相联系。张小峰等将离散数学与程序设计相联系。陈红波等将离散数学与数据结构相关联。王宝丽等将离散数学与人工智能相联系。

突出专业贯通的教学是为了打破离散数学"与后续专业课程脱节""侧重数学理论""专业课教师分工固定"等困境，培养学生的学科素养，为学生学习数据结构、人工智能等后续专业课程打下基础。

但是，在现有的教育实践中，我们还缺乏更系统地将离散数学知识点与其他专业课程有机联系起来的实践探究，缺乏专业贯通的教学案例研究和实施效果分析。

本项目致力于以专业贯通为目标的教学设计，激发学生的学习动机。引入与计算科学相关实例，精心设计教学案例，使得教学内容与后续专业课的学习、学科的前沿技术结合得更加密切，能让各专业课程成为一个有机统一体，从而让学生知道为什么要学而且要学好离散数学，激发学生学习兴趣，促进学生学习，提高学习效果。

二、研究方法与需求分析

本项目采用问卷调查、统计分析和行动研究方法进行研究。

第一次问卷调查在设计教学案例之前，抽取了151名已经完成课程学习的2016级本科生为调查对象，了解分析原来教学中在专业贯通方面存在的问题以及改进的建议，以提高突出专业贯通教学案例设计的有效性及其针对性。完成教学案例之后，抽取部分2016级本科生和2019级计算机类1903班和1904班102名本科生为调查对象，评估教学案例是否达到预期教学效果。

在问卷设计的过程中，通过将各个题目均设为必答题保证数据的完整性，通过提前确定调查对象名单、分类发放的方式以确保调查对象在专业、性别上较为均匀分布，同时保证调查对象的人数，从而保证调查的信度和效度。

由于课程知识体系庞大，为使调查更有针对性，所以以离散数学中有代表性的数理逻辑部分内容为例进行。调查结果采用定性分析和定量分析相结合的方法，定性分析体现在对学生提出的"数理逻辑对生活的帮助及教学建议"的分析上，定量分析体现在学生选择的"与离散数学有关的专业课程及教学方式"的分析上。

调查问卷包括以下三个部分（共7题）：①被调查者的基本情况，包括性别、专业和毕业去向（1—3题）；②被调查者对数理逻辑的基本认识，包括对后续专业课学习、就业的帮助（4—5题）；③对数理逻辑内容的教学建议，包括教学方式和教学案例的设计（6—7题）。

调查问卷的发放通过问卷星，开始于2020年1月8日，持续时间为一周。在问卷发布的过程中注意筛选符合调查条件的学生，学生们填写完完整问卷后才可提交。因此，本次问卷调查得到的数据都是完整的，从理论上说都是有效的。

本次问卷调查共回收问卷151份，其中男生占42.38%，女生占57.62%，计科专业50人，计创专业25人，软工专业56人，信管专业20人。

[第4题] 你认为学习离散数学中的数理逻辑内容对你后续学习、就业或者生活方面有什么帮助？

此问题为主观题，对学生答案进行词频分析可以得到高频词的词云图（见图1）。

图1 高频词的词云图

从图1可以看出学生提到的数理逻辑对后续学习、就业帮助的高频词大多与提升自身的逻辑思维和抽象思维能力有关，提到数理逻辑与后续专业课程有关的学生较少。这说明学生已经认识到数理逻辑课程对自身思维能力的提升有很大的帮助，但是，在未进行任何提示的情况下，大部分学生还未认识到数理逻辑课程对后续专业课程也有着重要意义。由此可见，教师在教学的过程中有必要将数理逻辑与其他专业课程结合起来，使学生认识到数理逻辑与计算机学科主流发展、前沿技术的密切联系。

[第5题] 你认为离散数学数理逻辑部分的内容和哪些后续专业课程有关系？

表1表明，有超半数的同学认为数理逻辑对后续专业课如数据结构、人工智能等专业课学习有所帮助，也有近半数的同学认为数理逻辑与操作系统有关。但是通过调查可以发现，对数理逻辑应用有着全面了解的学生较少，对数理逻辑的认识不充分、不全面。由此可见，教师可以对学生进行突出专业贯通的教学，有利于学生对本课程的全面认识和学习。

表1 第5题的统计数据

选项	小计	比例
数据结构	106人	70.2%
人工智能	98人	64.9%
计算机网络	79人	52.32%
计算思维	95人	62.91%
数据库原理	102人	67.55%
操作系统	73人	48.34%
其他	2人	1.32%

注：本题有效填写为151人次。

[第6题] 你认为如何讲解离散数学数理逻辑的内容可以使得学习效果更好？

表2表明，77.48%的同学认为讲解不同课程各部分内容之间的联系，使得专业知识相互贯通，可以使学习数理逻辑的效果更好。也有超过70%的同学认为在教学过程中教师有必要将知识多与实际问题相结合、增加课程实践。由此可知，学生对讲解各个课程之间的联系且增加实际问题应用的教学方式感到认可。

表2 第6题的统计数据

选项	小计	比例
采用翻转课堂的模式	112人	74.17%
与实际问题相结合	114人	75.5%
增加课程实践	106人	70.2%
讲解不同课程各部分内容之间的联系，使得学习内容相互融合	117人	77.48%

注：本题有效填写为151人次。

[第7题] 你认为在讲解数理逻辑的重要知识点（如范式、命题逻辑的推理、谓词演算的推理等）时教师应该如何设计教学案例才能达到更好的教学效果？或者你有什么建议供教师参考？

此题为主观题，对学生答案进行词频分析可以得到高频词的词云图（见图2）。

图2 高频词的词云图

在此列举几条较典型的建议，具体建议如下：

①结合实际问题，运用例子和知识点结合的方式讲解，采用应用引领知识的贯穿传授。

②感觉这方面理解更重要，多做习题，教师讲解的更生动一点就更好了，亲身体

验，只会做题，不太理解意义什么的，最好能具体地用实际应用讲解的清晰一些。

由图2及学生的具体建议可知，有一定比例的学生希望教师在讲解的过程中增加实际应用，多讲解案例、习题。通过分析，我们知道学生具有探索数理逻辑在相关课程中应用的好奇心，以及具有对增加与实际问题相结合的课程实践的需求。

因此，在设计教学案例时，教师需要增加所学知识的应用环节、尽量与实际问题相结合，通过教学案例将所学知识与其他课程有关联的知识结合起来，使得教学内容与后续专业课的学习、学科的主流发展和前沿技术结合得更加密切，提高教学的效果。

三、基于专业贯通的图论教学案例设计及应用效果

对离散数学的知识体系进行分析，结合培养目标、学生的知识水平以及学生对学习离散数学、突出专业贯通的要求，我们进行了教学案例设计。教学案例设计的原则如下：

（1）专业贯通原则。通过前期问卷调查分析发现学生对课程之间的联系认识不够，因此设计时应致力于突破课程之间的壁垒，将专业课程贯通，助力学生形成完善的知识体系。

（2）应用性原则。在设计时应注重将教学内容与后续专业课程及前沿问题相联系，促进学生对于离散数学部分内容的应用。

（3）以提高学科素养为目标的原则。教师应该以提高学生的学科素养、综合素质为目标。在教学中，不仅仅教授学生相应的概念、定理以及算法，更要在潜移默化中培养学生的抽象思维、逻辑思维，促进学生对专业前沿知识的了解，启发学生对职业蓝图的规划。

教学效果的分析对教学案例设计来说有着重要意义。通过对案例进行教学效果的分析，教师可以作出相应的改进，使得教学案例更加合理、完善。整个课程共设计了10个教学案例，与数理逻辑部分有关的分别是案例1——命题逻辑与系统规范说明的一致性，案例2——命题逻辑与机器证明。此次研究将对案例1和案例2采用不同的效果分析方案。

1. 案例1评价分析

案例1由已学习数理逻辑的计科院2016级学生给予评价与建议。

（1）评价问卷设计。

本次的调查问卷包括以下两个部分共6题：①被调查者的基本情况（1—2题）；②对案例1的评价，包括是否达到教学目标、优缺点及评分（第3—6题）。

（2）数据收集与分析。

2020年3月16日至2020年3月19日，项目组通过问卷星发放调查问卷的方式收集教学案例1教学效果的数据。对已学习数理逻辑的计科院2016级学生发放问卷，实际回收问卷共21份，被调查者中男生占52.94%，女生占47.06%，计科专业6人，计创专业5人，软工专业5人，信管专业5人。

[第3题] 你认为案例1的教学设计是否达到了其中所提到的教学目标？

[第4题] 你认为案例1的教学设计可以得多少分（满分10）？

由图3可知57.94%的学生认为案例1完全贴合教学目标，42.86%学生认为案例1比较好地完成了教学目标。由表3可知学生对案例1的平均评价分数为8.71分。

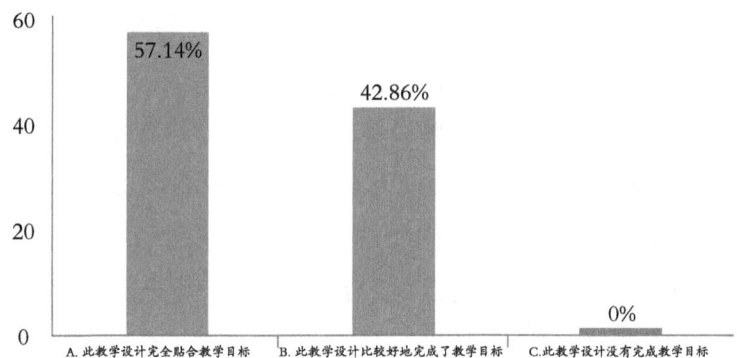

图3 教学目标是否达成教学目标的人数统计

表3 第4题的统计数据

选项	小计	比例
A.10分	2人	9.52%
B.9分	13人	61.9%
C.8分	4人	19.05%
D.7分	2人	9.52%
E.6分	0人	0%
F.5分	0人	0%
G.4分	0人	0%
H.3分	0人	0%
I.2分	0人	0%
J.1分	0人	0%

[第5题] 你认为案例2的教学设计有哪些可取之处？

此问题为主观题，在此列举几条较典型的回答：

①运用离散数学中的知识去解决后续课程中的问题，让学生直观地感受到离散数学在计算机方面的应用，为后续课程打好基础。

②这一部分属于离散数学中较为抽象晦涩的部分，它在计算机专业上的应用，可以很好地缓解学生的厌学心理。

学生的回答及评分表明，教学案例1较好地完成了突出专业贯通的教学目标，能够让学生直观地感受到数理逻辑相关知识在计算机专业中的应用，提高了学生的学习自主性。但是由评分也可知有部分学生认为案例1存在一些问题和不足，还不够完善。

[第6题] 你认为案例1的教学设计存在哪些不足，可以如何改进？此问题为主观题，在此列举几条较典型的建议，具体建议如下：

①导课是通过介绍系统规范说明的必要性导入的，命题逻辑知识点的讲解也主要是围绕如何解决系统规范说明相关问题，这样是否会局限命题逻辑知识点的应用，使学生忽视知识点本身的意义。

②导入时可以举一些不一致造成的不良后果的例子，体现课程重要性。

由学生提出的案例1的不足之处可知，案例1虽然突出了专业课程之间的联系，但在后续的案例设计中可以增加例题的多样性，在例题设计和作业布置方面可以进一步完善。

2. 案例2实施效果分析

2020年3月16日至2020年3月23日，项目组在陕西师范大学计算机科学学院2019级计算机类1903班和1904班实施了案例2，并对这些学生通过问卷星发放问卷，了解学生学习突出专业贯通的教学案例后对机器证明中归结法和人工智能的兴趣程度以及对专业贯通教学方式的兴趣程度，收集学生对案例2的评价与建议。

（1）实施效果问卷设计。

本次调查问卷包括以下三个部分（共5题）：①对专业贯通的案例2中其他课程的了解及兴趣状况（第1—2题）；②在学习案例2后对本课程的兴趣程度（第3题）；③对专业贯通教学方式的兴趣程度及建议（第4—5题）。

（2）数据收集与分析。

通过问卷星发放调查问卷，本次问卷调查实际回收问卷共102份，被调查者均来自即将在大学二年级进入计科、AI或软工专业的学生。

[第1题] 在学习了这一教学案例后,你对机器证明中归结法的了解程度如何?

[第2题] 你对人工智能这一专业课的兴趣程度如何?

由图4和图5可知,在学习案例2后,89.21%的学生已经对案例2中的归结法有了一定了解或非常了解,92.15%的学生对人工智能这一专业课产生了一定的兴趣。这说明案例2确实可以通过讲解命题逻辑中与人工智能领域相关联的知识点,来引起学生学习人工智能课程的兴趣,使学生了解到数理逻辑与其他课程之间的联系。但是,在学习完案例2后,也有9.2%的同学对机器证明中的归结法仍旧不熟悉,7.84%的同学对人工智能的课程不是很感兴趣。这说明在案例2中对归结法的讲解还不够,在设计中也缺少针对各个学生特点的分层教学。案例2还有待完善。

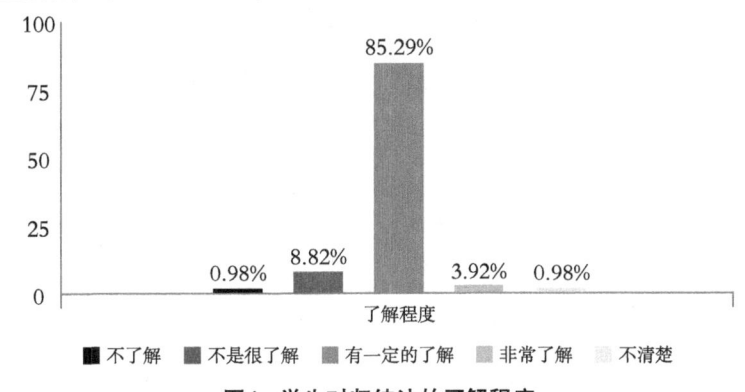

图4 学生对归结法的了解程度

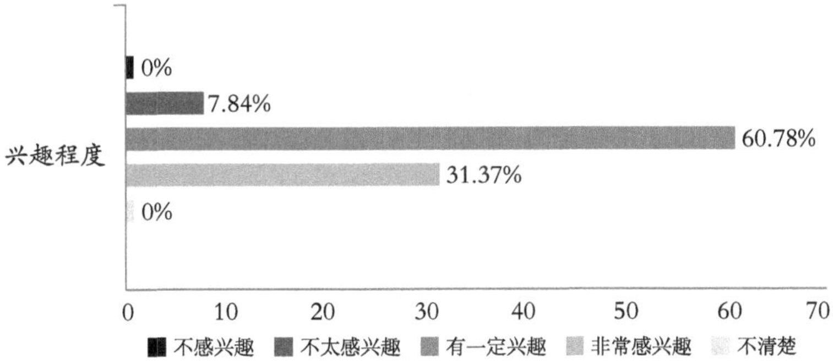

图5 学生对人工智能专业课的兴趣程度

[第3题] 知道了离散数学的学习对后续专业课的学习的重要性后,你对离散数学学习的兴趣程度如何?

由图6可知,经过突出专业贯通的学习后,有97.06%的学生对离散数学的学习产生了较高的兴趣。即对于大部分学生来说,在认识到离散数学对后续课程的重要性以及应用后，可以引起他们对学习离散数学的热情和兴趣。但是，与此同时，还有2.94%的同学对离散数学不是很感兴趣。这说明教师在设计突出专业贯通教学案例的同时，也应该兼顾其他教学方法，共同促进学生的学习。

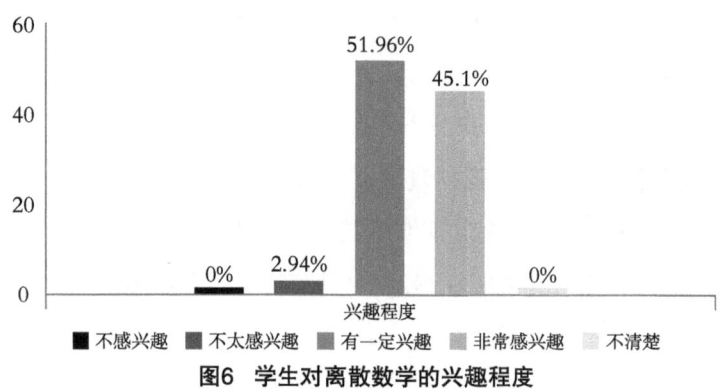

图6 学生对离散数学的兴趣程度

[第4题] 你对教师的这种专业贯通教学方式的兴趣程度如何？

[第5题] 为了让教学内容突出专业贯通，你有什么建议供教师参考？

此问题为主观题，在此列举几条较典型的建议，具体建议如下：

①多讲授和其他学科的相似性；多讲授如何运用知识去解决实际问题。

②希望老师能通过实例来让大家了解到离散数学应用在何处，比如让我们适时编写一些程序让大家学会将所学的离散数学知识进行运用。

③希望老师可以在平时讲课中多贯穿一些专业知识，在例题中多举一些与专业有关的例子，让同学对专业有更深入的了解，从而更加热爱这个专业。

由图7与学生提出的教学建议可知，学生对突出专业贯通教学方式的接受和喜爱程度较高，教学在突出专业贯通的同时应与实践相结合，结合多种教学方法进行教学。教师在设计教学案例时，要注重各门课程的融合与实际应用，兼顾新知识练习与旧知识的温习，激发学生学习的主动性。

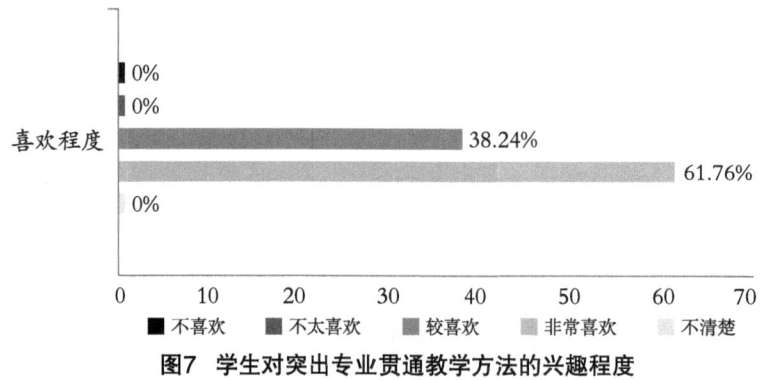

图7 学生对突出专业贯通教学方法的兴趣程度

对案例1的评价表明，案例1在突出专业贯通的教学方式下，较好地完成了本节课所提出的教学目标。与传统的教学方式相比，案例1将数理逻辑与软件工程课程联系起来，突出了数理逻辑在计算机专业体系中的重要性，缓解了学生学习数理逻辑的厌学心理，激发了学生学习数理逻辑和其他专业课程的兴趣。案例2的实施效果表明，学生在学习数理逻辑的同时也了解了人工智能等其他专业课程，激发了学生对人工智能等课程兴趣的同时，也提高了学生对数理逻辑的兴趣和学习的主动性。结合两个案例的评价和实施效果，我们可以得出突出专业贯通的教学方式确实有助于学生学习离散数学，提高学生学习的成就感和实践能力。但是，值得注意的是，案例1和案例2还有待完善，只注重突出专业贯通的教学方式也具有一定的局限性，教师应兼顾其他教学方式，多种教学方式相结合，共同提高教学效果。

四、研究中存在的问题及今后的研究与实践设想

本项目在力所能及的范围之内，提出了突出专业贯通的离散数学案例，旨在通过自身的研究进一步引起其他学者对数理逻辑教学的研究，提高数理逻辑教学效果。

但是此次研究还存在两点不足。第一，由于疫情的限制，教学案例未得到广泛的实施，调查分析和结论研究等并未深入，研究方法与研究思路过于单一。第二，教学案例的设计过于注重专业突出，忽视了离散数学知识与生活实际相联系，案例的设计也存在一定的不足。未来若想增加突出专业贯通离散数学教学案例的实用性，还需教师和学生不断实践并逐渐完善。在以后的教学过程中，教师可以逐步增加离散数学与其他专业课程、学科前沿之间的联系，激发学生学习的兴趣与主动性。随着离散数学教学研究不断地深入，各种提高教学效果的教学方式层出不穷。突出专业贯通的教学方式可以与其他教学方式结合起来，共同促进学生对离散数学课程的学习。

基于问题引导的探究式课堂教学实践
——以高等代数课程为例

刘 妮*

摘要：高等代数课程概念和定理繁多、内容抽象、逻辑性强，是数学专业的核心基础课之一。本项目旨在课堂教学中基于学生知识基础和认知规律，进行一些加强师生互动、生生互动的教学活动探索。比如，在抽象概念学习时创设合适的问题情境，在解决开放性问题时组织学生分组讨论、合作探究，在简单概念或知识点学习时让优秀学生讲解等。这些措施提高了学生学习兴趣、培养了学生团队合作与自主探究精神、促进了学生数学抽象和逻辑推理等核心素养的提高。

关键词：高等代数 合作探究 问题情景

当今时代科技高速发展，信息化步伐越走越快，社会发展需要能够终身学习的创新型人才，因而对输出人才的高等教育提出了越来越高的要求。面对新要求，在信息化时代背景下，大学数学课程作为培养学生理性思维的重要工具，其改革迫在眉睫。高等代数课程是数学专业的核心基础课程之一，其内容抽象、逻辑严谨、系统性强。如何在教学中激发学生的学习兴趣，发挥教师在教学中的主导作用，体现学生的主体地位，培养学生的自主学习能力，构建以学生的学习为中心的数学课堂是亟待解决的问题。

一、本项目研究的理论基础

（一）课程基本状况

1. 课程地位

我校本科数学专业师范生大学期间所学习的代数类课程主要有高等代数、初等代数、近世代数三门课程，其中高等代数架起了初等代数和抽象代数（近世代数）之间的桥梁，它一方面是初等代数的螺旋式提升和深化，另一方面又为学生学习更为抽象

---

① 陕西师范大学教学模式创新与实践研究基金2019年度项目。
* 刘妮，博士，陕西师范大学数学与信息科学学院副教授，研究方向为拓扑学。

的近世代数课程奠定了基础，对于学生将来从事基础教育具有深远意义。而对非师范生来说，高等代数是考研必考科目，这门基础课更是必须一开始就要学好，否则后期考研复习难度很大。高等代数课程概念抽象，结构严谨，逻辑性强，对于培养学生的思维能力具有重要作用，但同时该课程的学习又要求学生具备较扎实的计算能力和一定的逻辑推理能力，同时掌握一些基本的数学思想方法。这是我们在教学中必须面对的问题。

2. 学生特点

我们的学生都成长在信息化时代，各种多元化信息，新知识、新技术在他们身边喷涌而出，使学生们掌握了大量的信息资源，接触的领域也更加多元化，这使得他们视野开阔，个性张扬，心理和生理上成熟的更早了，对事物的批判性也更强，不习惯于"填鸭"式教学，对灌输的理论也不太认同。再加上现在教育民主化程度的不断提高，传统的教育方式和学习模式已不能满足要求。现在校园里的社团活动也更丰富了，这些更容易吸引学生们的注意力，使他们的某些需求得以释放。相比之下，大学数学课堂就显得非常枯燥，即便是数学专业的学生，对数学专业课的投入程度也是很有限的，这就对数学教师的教学水平和教学方法提出了更高的要求。该课程对象都是大学一年级的学生，在中学阶段可能受应试教育的影响，学生的自主学习意识薄弱。尽管他们获取精品课程、精品资源共享课、大学MOOC等优质资源的途径更加便捷，但是却很少会主动利用这些资源。笔者曾经给学生们多次推荐和分享一些优秀的高等代数在线课程，但关注者寥寥无几。

（二）教学理论基础

1. 建构主义理论

建构主义的提出在西方被认为是当代教育心理学的一场革命，建构主义是认知理论发展的一个重要分支。随着认知理论在教学领域逐步广泛的应用和心理学家对学习者学习过程和认知规律的深入研究，人们越来越强调学习者的主体地位，强调注意认知主体的内部心理过程，导致了建构主义理论的兴起。建构主义教学模式可以概括为：以学生为中心，在整个教学过程中由教师起组织者、指导者、帮助者和促进者的作用，利用情境、协作、会话等学习环境要素，充分发挥学生的主动性、积极性和首创精神，最终达到使学生有效地实现对当前所学的知识的意义建构的目的。

2. 互动教学理论

互动式教学模式的提出源自交往教学论思想的启发，而交往教学论强调师生关系在教学中的重要意义，提倡师生平等交往，认为教学过程是一种交往过程。互动式教学以交往与对话作为教学实施的核心与灵魂。在教学过程中通过不同观点的碰撞与交融，可以激发学生的主动性，使学生能正确的认识自己、评价自己，并自我建构知识、自觉调整思维和行为方式，培养应变能力，发展创造性思维。因此在教学中探索建立师生互动、生生互动的互动式课堂教学模式十分必要。

二、项目的实施方法

有效的教学应该是师生双方共同作用的结果，而学生的主体地位也只有在教师的合理引导下才能真正实现。由于高等代数课程内容的抽象性和逻辑的严密性，对于大部分同学来说，如果摆脱教师的讲授，只是通过设计一些具体的活动让学生去充分交流、自主探究是根本行不通的。因此只有精心策划课堂教学组织才能使课程设计更切合学生的认识规律，把传统数学课堂中"以教师的教为主"真正有效地转变为"以学生的学为主"。教师在抽象概念学习时可基于学生知识基础和认知规律，创设合适的问题情境，而在抽象定理证明时可从特例出发，先让学生通过联想猜测发现结论，然后再进行结论的证明。由于学生自主学习意识薄弱，课程进度安排紧凑，所以必须仔细选择合适的教学内容，进行相应的师生互动和生生互动的教学方式的实践，在本项目中我们选取了一部分内容进行分组合作探究、优秀学生讲授等教学方法的尝试。问题是数学的心脏，推动着数学不断发展，由于高等代数课程具有概念抽象、定理繁多等特点，项目具体实施方法为：

（1）在某些较抽象的核心概念或定理教学中尽力挖掘背景，创设合适的问题情境。在学习一些比较抽象的核心概念时加强对概念的剖析，引入前设置必要的、能引起学生兴趣的问题情境，概念引入后关注学生的情感体验，帮助学生及时辨析，实现概念的吸收与内化。在对复杂定理证明之前，通过列举特例引发学生思考和猜想，引出主要结论，然后再展开分析证明。

（2）秉持该启发时启发，该放手时放手的原则，加强对学生合作探究能力的培养。在一些稍具开放性的问题解决时，发挥学生主观能动性，分成六个学习小组进行探究，让不同学生的不同思维方式充分暴露，互相学习，互相借鉴，帮助学困生适当反思，督促其改变自己的学习状态。

（3）帮助学生树立学习自信心，发挥优秀学生的引领作用。在课堂教学中梳理选取一些比较简单的概念和命题，鼓励优秀学生自己讲，听课同学提问，教师讲评。这些活动可增强授课学生的自信心，提高他们的数学语言表达能力、书写能力、数学符号运用能力，对其数学思维提升也大有好处。

（4）建立能增强师生联系，促进师生交流的互动平台。在每个班级笔者都建立了本门课程的QQ群，在这里师生沟通没有客观上的障碍。作为课堂教学的延伸，笔者会经常分享一些学习资源、数学文章、数学趣闻等，当然，最主要的是可以进行作业布置、提交、批阅与统计、优秀作业的展示，不同思路多种解题方法的分享及典型错误的分析等活动，这样既延伸了课堂，又促进了师生交流互动。

三、项目的主要任务及落实情况

本项目的主要任务及落实情况主要可分为以下几个方面：

（1）为了提升课堂教学连贯性，更好地组织引导学生学习新概念和新理论，精心设计课堂引入的问题情境。在实际教学中我精心设置了一些问题情境，如在线性变换的特征值与特征向量、线性子空间的交与和的教学中设计了适当的数学问题情境；在线性极大无关组的定义与求法教学中设计了生活化的问题情境；在二次型及其标准形、线性相关与线性无关概念教学中联系几何学知识背景创设问题情景。

（2）在学习某些简单内容时，发挥学生的主观能动性，安排几名优秀学生讲解一些知识点。具体地，在线性变换的不变子空间一节学习时，安排了五位同学来讲解部分知识点。课堂活动照片见图1至图4。

图1 讲课场景1

图2 讲课场景2

图3 讲课场景3

图4 讲课场景4

（3）对于较为开放性的题目，在课堂上将学生分成学习小组，进行分组合作探究。在课后一道习题的解决和一个重要结论推广时让学生进行了分组合作。将全班同学按照位置就近组合的原则分为六组，具体活动照片见图5至图7。

图5 分组合作场景1

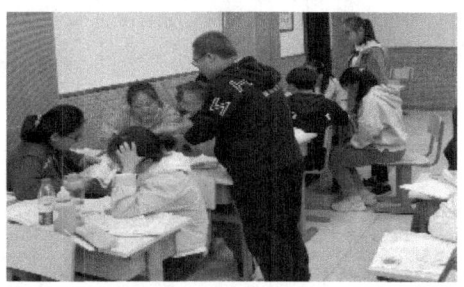
图6 分组合作场景2

图7 分组合作场景3

（4）在习题课或者课堂练习环节，改变以往全由教师讲的局面，让学生上黑板进行板演，然后进行讲评。部分学生完成较好，书写也很工整，也有同学做题很慢，需要特别关注，加强练习。

（5）搭建了辅助教学平台。建立了数学1801、数学1902，数学类1901三个班级的高等代数学习QQ群（见图8），分享学习资料和拓展资料，进行答疑，布置作业，批改作业，展示优秀作业，典型错误讲评等。

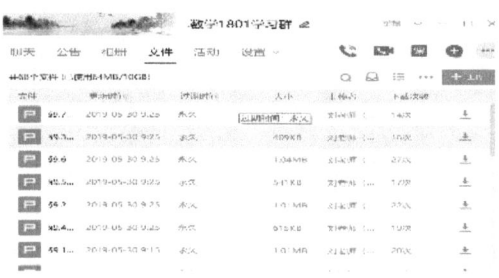
图8 高等代数学习QQ群

四、项目研究的创新性教学成果和教学实效

1. 本项目教学成果

（1）搭建高代学习QQ群辅助教学，分享学习资料和拓展资料，进行答疑，布置作业，批改作业，展示优秀作业，典型错误讲评等。

（2）设计了各章节内容课堂引入的问题情境，针对个别定理和命题找到了更符合学生认知的证明方法。完成了一节基于问题引导的课堂教学设计，并完成视频录制。

（3）设计了三份调查问卷，分别对本课程学习状况、疫情期间线上网课学习状况、课堂教学改革实践的意见与建议进行了充分的调查，了解了学生对于该门课程教学的看法与建议。

（4）通过开展学生讲课、分组合作、进行板演等教学，深刻地认识到对于但凡涉及学生个体参与完成的教学活动的设计，一定要在教师充分掌握班级学生学习水平的基础上开展才会更加有的放矢，不影响正常教学进度。这点可通过适当的测评来实现，所以日常教学中要加强过程性评价。

（5）参加教学研究沙龙4次，学习了其他优秀教师的宝贵的教学经验、先进的教学方法和教学理念，明确了未来努力的方向。

2. 本项目的教学实效

通过项目实施，笔者充分认识到教师需要不断提高自身的教学水平、加强对教学理论的学习，多参与教学研讨交流，并加强师生关系建设，才可以使课堂改革收到实效。利用问卷星，向全体授课对象发布了问卷调查，调查结果表明学生们对教师在新课学习时设置适当的问题情境认可度很高，同时也有相当一部分学生认为在引入时对旧知识复习最好再详细一点。对于分组合作探究习题解法认可度也比较高，认为既活跃了课堂气氛，又可以学习到同学的思路和方法；对于黑板板演和课堂提问，支持度一般；对挑选部分学生讲解部分简单概念或命题的活动认可度也较高。虽然有些学生反映主讲同学可能讲不清或不全面，这个顾虑实际上可以排除，学生讲课之前笔者会查看其准备情况，一般只有个别地方需要补充。

五、项目研究中存在的问题及今后的研究与实践想法

1. 项目研究中存在的问题

项目实施最大的困扰就是如何激发学生积极参与教师设计的一些教学活动，笔者通过调查也了解到，学生态度消极的因素有三个：一是自身基础较差，比较自卑；二是性格因素，有不少同学明确表示，即便会回答也不愿举手，不愿意当众表现；三是

由于课程评价模式不够多样化，平时成绩所占比例小，课堂表现所占分值微乎其微，也就是说课堂表现与学习评价没有真正相结合，对学生的激励不够。

2. 今后的研究与实践想法

通过项目实践笔者学习到了很多，也认识到自己还有许多需要加强的地方。今后打算在以下几个方面继续努力：

（1）加强自身专业学习与同行交流，提高对课程内容的理解深度和广度，设计出更加符合学生认知规律，符合数学知识生成的教案与课件。

（2）强化练习与检测，掌握学生学习情况，对学生进行分层，建立学生档案，为课堂教学互动活动做好学情支撑；同时做好学困生的帮扶，指导学生分组进行学习互助，提高学困生的学习效率。

（3）鉴于本院同一专业的同一课程实行统一考核的课程评价模式现状，将与课程负责人探讨，适当提高平时成绩所占权重，从而加大课堂表现的分值，适度激发学生对课堂互动的参与度。

数学可视化思维课堂的研究报告[①]

石 茂* 杨梦祥** 韩启增***

摘要： 虽然互联网及人工智能的快速发展为以学生为中心的在线教育教学带来了关键的支撑，但是教育改革最终还是要落足于课堂。课堂集中体现了教育思想和教育理念，是实现立德树人和教育培养目标的主渠道，是组织教育教学活动的主阵地。如何将思维型教学与可视化技术联系起来，借助于可视化技术，将课堂教学通过思维探求、思维讨论和思维反馈等过程串联起来，以期达到较好的教学效果，这就是我们关注的主要问题。

关键词： 思维型课堂 可视化 人工智能

2019年2月中共中央、国务院印发的《中国教育现代化2035》指出要"发展中国特色世界先进水平的优质教育"和"构建教育质量评估监测机制，建立更加科学公正的考试评价制度，建立全过程、全方位人才培养质量反馈监控体系"。面对这一要求，教育系统进行了积极的探索，新思想、新理念，新模式、新智慧和新经验，不断涌现，成果丰硕。但是我们认为无论是教学理念的更新，还是教学行为方式的转变；无论是课堂教学思想的解放，还是课堂教学模式的变革；无论是课堂教学旧模式的变革，还是课堂教学新模式的创新，教育改革最终还是要立足于课堂。课堂集中体现了教育思想和教育理念，是实现立德树人教育培养目标的主渠道，是组织教育教学活动的主阵地。只有围绕课堂建设方面实现突破，"怎么学、怎么教"等问题才能迎刃而解，教育改革才会取得实质性进展，才能真正做到有效、高效、卓越。

一、项目的理论基础

高效课堂的实践探索，是教学探索的一个永恒主题。"数学可视化思维课堂的教学实践"就是对实现新时期高等教育的高效课堂教学的一种有益探索。其依托的思维型课堂教学这一教学理论是由北京师范大学林崇德教授和陕西师范大学胡卫平教授两

[①]陕西师范大学教学模式创新与实践研究基金2019年度项目。
*石茂，博士，陕西师范大学数学与信息科学学院讲师，研究方向为应用逼近论、数学教育教学。
**杨梦祥，陕西师范大学硕士研究生，研究方向为学科教学（数学）。
***韩启增，陕西师范大学硕士研究生，研究方向为学科教学（数学）。

人共同提出并且进行了一定的深入研究。2014年，该理论被《国际思维教学手册》收录。同时随着信息技术的发展，可视化技术与课堂教学越来越密切。可视化起初是指科学计算可视化。其后，又出现了数据可视化、信息可视化、知识可视化和思维可视化。知识可视化指所有可以用来建构和传递复杂见解的图解手段，其研究的是视觉表征在改善两个或两个以上的人之间的知识创造与传递中的应用。思维可视化是指以图示或图示组合的方式把原本不可见的思维结构、思考路径及方法呈现出来，使其清晰可见的过程。思维导图作为知识可视化和思维可视化的视觉表征工具目前被大量的应用到初级阶段的教学实践中，以提高学生的思维表述能力。将思维导图扩展到高等教育与职业教育的思维型课堂，这是我们课堂实践的主要目标。

思维导图是由英国东尼·博赞提出来的，是一种将发散性思考可视化的方法。思维导图通过图形、线条、颜色、切片等可视化的方式帮助使用者将思维的过程呈现出来，以它独特的思维联结模式、仿生学的构建机制，表达使用者的思维。思维导图提供的是一种能够让人类左右脑协同工作的思维方式，通过左右脑的协同工作，可以最大化地释放大脑的思考能力，释放大脑能量。此外布林克曼认为数学思维导图还可以帮助学生构建新旧知识相联系的知识体系、提升学生的创造能力，甚至显示数学与世界上其他事物的联系。同时，思维导图可以将学生的思维可视化，使教师对学生的思维过程认识更加明晰，便于了解学生的学习进程与学习状态，从而采取更具针对性的方式帮助学生学习，对学生的数学思维能力进行训练，达到提高学生数学思维能力的目的。Oxman认为思维导图应作为教育教学中一种补充和替代的方法，而不是以认知框架的形式出现。但在具体的教学过程中，不是教学生如何构建了这个认知框架，而是教学生如何组织领域知识，构建知识结构模型。Ritchhart等通过实验发现，在课堂上通过使用思维导图将思维展示出来的方式，可以使学生与学生之间、学生与教师之间进行思维层面的探讨与交流，对教师而言，思维导图是一种"观察"学生思维的有效工具。Ruzila等认为，思维导图是一种高级的思维技巧，它可以帮助使用者将信息可视化，并建立信息与图形之间的映射关系，从而进行问题思考。同时，他们也提出，思维导图不同于图形的组织者，因为它们是思维的视觉表现。思维导图可以更好地促进战略思维的发展，帮助学生了解和选择哪些思维技能更适合用来解决问题。

高等数学是大学理工科以及经济类的必修课程，其特点不仅具有抽象性、逻辑性、描述的精确性，还包括众多知识点的记忆以及灵活的应用等。数学教育的本质是培养学生严谨的逻辑思维能力，能够透过事物的表象去探究其本质，并且通过数学语言将其正确的描述出来。数学语言的描述，有时不仅有公式的推导，还含具体的几何意义。因此在高等数学课程中，几何直观性和逻辑推导性是相辅相成，贯穿于整门课程的核心。随着社会的进步，教学辅助工具的更新，传统的板书作图和实物教具已经渐渐地远离了教学视野，而相应的计算机辅助教学进入了课堂，并被推广。学生的学习态度和方法也会随之发生变化。我校高等数学教学中的问题有一些是大学教学过程中的共性问题，有一些是高等数学的课程教学问题。

二、项目的实施方案

本项目以可视化思维型课堂的建构为出发点，研究以学习者为中心的思维可视化高效课堂效果（见图1）。

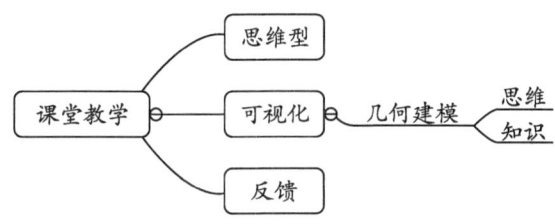

图1　研究内容和研究目标

具体说明如下：

（1）教育思维型课堂的构建以及与思维可视化的有机结合。思维型课堂和思维可视化到目前为止是两种不同类型的概念。目前还未见到对他们的理论和性质的统一。因此如何将这两种理论有机地统一起来，是一件很有意义的工作。由于大学课堂教学的抽象性和特殊性，非常符合思维型课堂的本质属性。而这一方面的研究又非常稀缺，因此如何将思维型课堂这一理论深入到高等教育是我们的一个研究重点。

（2）知识可视化与思维可视化的关键是几何建模，通过几何建模将复杂与抽象的知识以可视的方式呈现出来，降低学生的认知度。同时，给出了一定的几何模型，如何通过已有的知识点和思维方式将图形与理论合理的呈现出来是我们研究的另外一个内容。

三、项目的主要任务及落实情况

（1）课程的再思考。本项目基于可视化思维技术，因此在课程中，我们贯穿思维能力训练，提前布置问题让学生思考，然后在授课的过程中，让学生在思考的情境下，掌握知识点。对于基本概念，则是从历史上的应用出发，让学生们知道，所学知识不是凭空来的，而是因为传统的方式不能解决应用中的问题慢慢积累起来的。而我们所学的课本知识刚好又是一个逆向的过程，先学理论基础，然后才接触到应用问题。教师同时给学生们推荐阅读国内外名著,扩大其视野,促进他们对理念知识的理解和认识。教师通过对例题的计算过程的推演,让学生们进一步掌握本门课程的内在本质。

(2)搭建辅助教学平台。我们利用现代信息技术,以QQ群为工具辅助课堂教学(见图2)。

图2　QQ网络课堂

(3)实体课堂教学实践。项目主持人在2019—2020学年第一学期的教学中对其中的2个班级的经济类专业进行了可视化思维课堂的教学实践。通过可视化思维课堂的教学实践(见图3),学生的数学语言的表述,思维的推理、数学的感性与理性认识等得到了锻炼和提高。随着课程深入,学生对数学的地位与应用有了比较深入的认识。当然,也存在一些突出的问题,需要在今后的实践环节进行改进和调整。

图3　可视化思维课堂

（4）调查分析。我们在课题实施过程中，选择相关的班级（47人）对网络教学和传统课堂教学对思维所起的作用进行了调研。对应的表格和分析如下：

表1是有关网络课堂对思维所起作用的统计，其中34人认为网络课堂有助于思维学习，占总人数的72.3%。

表1　网络课堂对思维所起作用的统计

		小计	占比	有效占比	累积占比
有效	选择	34人	72.3%	72.3%	72.3%
	未选	13人	27.7%	27.7%	100.0%
	总计	47人	100.0%	100.0%	

表2是有关传统课堂对思维所起作用的统计，其中33人认为传统课堂有助于思维学习，占总人数的70.2%。

表2　传统课堂对思维所起作用的统计

		小计	占比	有效占比	累积占比
有效	选择	33人	70.2%	70.2%	70.2%
	未选	14人	29.8%	29.8%	100.0%
	总计	47人	100.0%	100.0%	

表3是有关网络课堂和传统课堂都有助于思维学习的统计，其中20人认为都有效，占总人数的42.6%。

表3　传统课堂和网络课堂都有助于思维学习的统计

		小计	占比	有效占比	累积占比
有效	选择	20人	42.6%	42.6%	42.6%
	未选	27人	57.4%	57.4%	100.0%
	总计	47人	100.0%	100.0%	

认为网络课堂学习效果刚好的为11人，占23.4%。认为传统课堂学习效果好的为32人，占68.1%。认为两种方式无明显区别的为4人，占8.5%。

从以上统计中，我们发现绝大多数学生认为网络教学和传统教学对学习的思维过程没有太大的区别。但这只是一份小样本的调查，并且持续时间很短，并不能反映实际的情况。后续我们将进行进一步的调查和分析。

四、项目研究的创新性教学成果

本项目取得的创新教学成果如下：

（1）完成教学论文《谈学科数学类硕士数学素养的培养》和《关系映射反演RMI原则在函数方程不等式中的应用》。

（2）参加教学沙龙5次。

五、项目研究中存在的问题及今后的研究与实践设想

1. 项目研究中存在的问题

传统的实体课堂和集中式安静的教学环境，能够使得教师比较好地掌控课堂的纪律、节奏以及能即时反馈学生的各种意愿，因此学生思维的启发与讨论都能按照课前预想的方法和方式进行，课堂的评价也可以得到较好的反馈。但是网络课堂，因为时空距离的原因，教师比较难以掌控课堂教学的效果，学生因为环境或是其他原因，比较难以集中精力进行学习。对于高数这门需要很大精力去掌握的课程来说，网络课堂的效果，远远不能达到实体课堂的效果。

2. 今后的研究与实践设想

今后的研究主要集中在如何在现有的教学手段下，进一步提高教学质量，实时给出教学评价并达到最优教学效果。

现代信息技术背景下复变函数课程的任务驱动教学方法研究[①]

梁洪涛*

摘要：复变函数课程是高等师范院校工科专业的必修基础课程之一。面对教育信息化条件下本科生创新能力培养的现实需求，作为教育部直属的高等师范院校，改变已有固化的教学方法，实现线上+线下融合教学势在必行，而任务驱动作为一种建立在建构主义教学理论基础上的教学法，正是实现这种形式的重要手段。本文旨在进行现代信息技术背景下复变函数课程的任务驱动教学方法研究，探析课程、教师、学生之间的关联关系，促进课堂教学质量与学生学习效率的提高，激发学生的学习兴趣，从而使学生转变成真正的学习主人。

关键词：任务驱动 复变函数 信息技术

一、引言

复变函数课程是高等师范院校工科专业的必修基础课程之一，是数学分析的后续课程，其任务是使学生获得复变函数与积分变换的基本理论与方法。课程主要内容包括：复数运算、解析函数、初等函数、复变函数积分理论、级数展开及留数理论、保形映射、拉普拉斯变换以及傅里叶变换等。课程在微分方程、概率论、力学等学科中都有应用，其方法是自动控制、自动化、信号处理的常用工具之一。

随着人工智能时代教育信息化的不断深化，复变函数课程的信息化建设也紧跟改革步伐，国外大学重视学生的应用创新能力培养，国内大学侧重于理论教育。在国内外的同类课程中，西安交通大学、清华大学、华中科技大学的复变函数课程建设走在前列，特别是西安交通大学的复变函数课程已被评为国家级精品课程，也被很多高等院校工科专业选用，我校也在使用高校行列。

面对教育信息化条件下本科生创新能力培养的现实需求，作为教育部直属的高等

[①]陕西师范大学教学模式创新与实践研究基金2019年度项目。
*梁洪涛，博士，陕西师范大学物理学与信息技术学院讲师，研究方向为信息化教学及控制理论与控制工程。

师范院校之一，我们应树立新的教育理念，改变教学方法，实现课堂教学与网络教学相融合的混合式教学。在人工智能背景下的信息时代，教师的职能渐渐由课堂内知识灌输传授向课堂内、外引导学生自主学习知识方向转变，旨在提高学生学习的主动参与意识，激发学生的学习兴趣，使学生转变成真正的学习的主人。

二、任务驱动

1. 任务驱动的原理

任务驱动是一种建立在建构主义教学理论基础上的教学法，其以学习任务为中心，以问题探索为引导，创建具有沉浸感的教学环境，通过对学习资源的积极主动应用，进行自主探索和互动协作的学习，促使学生学习效率的提高。在这个过程中，学生不仅可以充分吸收知识，还会不断地获得成就感，可以更大地激发他们的求知欲望，逐步形成感知心智活动的良性循环，进而培养出独立探索、勇于开拓进取的自学能力。所以，任务驱动式教学强调学生之间的协作和沟通，在合作中，每个学生都可以看到问题的不同侧面，提供不同的解决途径，既可以不断地增长知识技能，也可以培养合作精神，形成良好的人际关系。

2. 任务驱动的特点

（1）课程任务设计是否合理，直接影响教学效果。首先"任务"设计要有明确的总目标，并将总目标细分成模块化的知识元模型，再将知识元模型抽象为容易掌握的"任务"，通过这些小的"任务"来体现总的学习目标。

（2）课程任务设计需要符合学生特点与差异性。大学生具有自己独特的感知、认知、推理等复杂心智活动，而且个体具有差异性，如学生认知水平参差不齐，导致学生接受知识的能力往往会有很大的差异。因此，在"任务"设计时，需要做到因材施教。

（3）课程任务设计需要兼顾重难点知识的阶梯形分布。一方面掌握信息技术知识和技能是一个逐步积累的过程，另一方面学生对不同任务的知识认知具有差异性，因此"任务"设计时要考虑"任务"的大小、知识点的含量、前后的联系等多方面的因素。

三、面向复变函数的任务驱动

1. 复变函数的特点

目前复变函数为理论性、逻辑性和应用性较强的数学课程，但是从实践操作角度来看，学校关于课程在自动控制、电子信息、信号处理等方面的应用设计还无法达到复变函数理论与实践的有机结合。理论课的教学在课堂进行，学生无法进行应用层面的练习；而实验室的实践教学环节又无法满足理论课的深入学习。如何突破复变函数这种理论知识与实践应用相耦合的教学，成为复变函数教学研究的重要内容。

2. 面向复变函数的任务驱动教学

面向复变函数的任务驱动教学主要采用任务驱动教学方法，解决复变函数这种理论知识与实践应用耦合的问题，不仅实现复变函数课程的教学，也促进其实践教学方法的衍生与应用。具体教学目标、实践规划、实施步骤分别如下：

（1）教学目标：实施任务驱动教学法，教师根据复变函数课程章节，切割划分知识模块，制定针对性的多层次教学计划，以复数运算、解析函数、初等函数、复变函数积分理论、级数展开及留数理论、保形映射、拉普拉斯变换以及傅里叶变换等为"任务"。

（2）实践规划：根据教学目标提出有实际意义的、符合学生认知水平的"任务"，以完成一个个具体的"任务"为线索，将教学内容巧妙地隐含在每个"任务"之中，引导学生边学边做完成相应的"任务"。

（3）具体实施：面向复变函数的任务驱动教学具体实施分为以下四个步骤：第一步，围绕复变函数课程内容，将课件合理地划分为一个个"任务"；第二步，以"任务"为线索制作PPT，上传BB平台，引导学生本着解决任务的态度去主动学习；第三步，录制理论与实践混合的微课，并借助中国MOOC对学生进行线上开放；第四步，通过"任务"课件、PPT、微课三维一体实现复变函数线上+线下教学的耦合，量化学生"任务"驱动的成绩评定，兼顾过程和结果两部分。在过程中评估素质，以学习成果为依据评定技能。

3. 面向复变函数的任务驱动教学原理图

在面向复变函数的任务驱动教学原理图中（见图1），我们将参与者分为教师和学

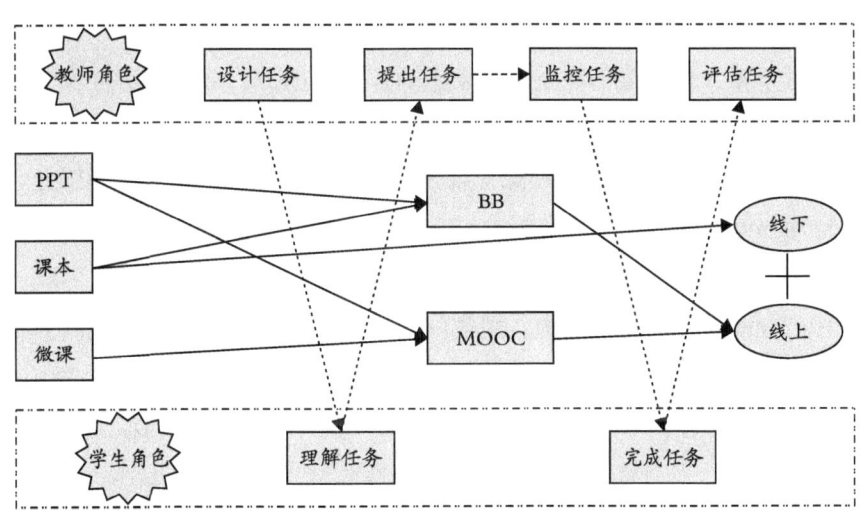

图1 任务驱动的复变函数教学模式原理图

生两类角色。其中，教师主要是设计任务、提出任务、监控任务和评估任务，学生则侧重于理解任务与完成任务。任务驱动成为知识与角色联系的唯一纽带，其含义包括两个方面：一方面任务驱动将复变函数各章节知识进行串联，另一方面任务驱动将教师与学生两种角色进行串联，这两种串联形成了"以任务为主线、教师为主导、学生为主体"的基本特征，不同于传统教学模式中只注重教师教学过程的特点。

4. 创新点分析

（1）教学内容：以"知识点"为线索，制定相应的学习任务，精心设计微课教学，将知识点巧妙隐含在具体的小任务中，提高学生学习兴趣，使他们获得成就感。

（2）教学方法：强调培养学生的自主学习能力和探索未知的精神。根据"任务"的需求来学习，变被动地接受知识为主动地寻求知识，改变学生传统学习观念，由"学会"到"会学"。

（3）能力培养：着重培养学生的创新精神和合作意识，学生在完成"任务"的过程中，会积极地去思考、探索。每个人的思路、想法不尽相同，教师可引导他们进行在线讨论和课堂交流，并适当地给予点评和鼓励，促使他们取长补短，相互学习同时培养他们的创新精神和合作意识。

四、研究中存在的问题及改进措施

（1）大学二年级的学生，开设的公共基础课比较多，学习专业课的习惯还未养成，学生的主动学习意识不足，缺乏对大学数学课程学习的整体理解。因此，需要科学合理地设定复变函数课程"任务"。

（2）根据专业培养大纲，电子信息科学与技术专业的学生在大学二年级要学习离散数学、线性代数和复变函数等专业课程，课程安排紧密，课后学生预习、学习、复习等时间相对紧张，教师也不能布置更多课后作业。因此，如何针对性发布与学生课后时间相匹配的"任务"也是需要研究的问题之一。

（3）大学一二年级学习的基础课程都是为大学三四年级的专业课程服务，如复变函数对于自动控制原理的根轨迹分析法有重要的原理支撑作用，而自动控制原理课程又是一门与实际联系较为紧密的课程，如应用航空、航天、航海领域。因此，如何跨越基础课程与专业课程之间的鸿沟，提供符合学生学习特性的专业实践内容，也是需要进一步探究的新问题。

现代信息技术环境下人文类课程教学模式

创新篇

外国教育史课程的PAD教学模式研究[①]

黄春梅[*]

摘要：外教史课程PAD模式是采用隔堂对分，将课堂教学时间分为教师讲授和师生讨论互动两部分，并将讲授和讨论时间错开，让学生在课后有时间自主安排学习，进行个性化的内化吸收。教学分为讲授（presentation）、内化吸收（assimilation）和讨论（discussion）三个过程，简称PAD模式。教学结合使用对分易教学平台，在教学理念、教学方法、高校教师角色的转型、学生学习自主性的激发以及全面评价学生方面都具有一定的创新性，并且收到较好的教学效果，得到学生的一致欢迎和好评。

关键词：外国教育史　PAD　对分课堂　教学模式

近年来，伴随着我国高等教育的快速的发展，在从精英教育向大众教育转型的过程中出现了教育质量显著下降的问题。高校课堂缺课率高，学生玩手机、聊天、发呆，对教学内容不闻不问、不学不思的情况相当普遍。虽然高校拥有多种高科技的教学工具、丰富的教学资源，也具备先进的教学理念，但目前多数理论课的教学模式仍以传统的讲授法为主，即应试教育和满堂灌、填鸭式的教学方式。如果大学教学使学生学习的兴趣和激情受到损伤，学生只习惯于被动接受和死记硬背，缺少独立思考和积极的思维，那么高等教育很难培养出我们需要的人才。

2014年复旦大学教授张学新针对当前高校课堂存在的主要问题，结合讲授式课堂与讨论式课堂的优点，首次提出了"对分课堂"的课堂教学改革新模式。"对分课堂"作为我国本土原创的新型教学模式，其核心理念是分配一半课堂时间给教师讲授，另一半给学生讨论，并把讲授和讨论时间错开，让学生在课后有一周时间自主安排学习，进行个性化的内化吸收。具体将教学分为讲授、内化吸收和讨论三个过程，

[①]陕西师范大学教学模式创新与实践研究基金2019年度项目。
[*]黄春梅，陕西师范大学教育学院副教授，研究方向为教育史、教育管理。

简称PAD模式。PAD模式试图从心理学的角度推动教育变革，自提出以来逐渐受到研究者的关注，对"对分课堂"的研究也呈显著上升趋势。

一、项目研究的理论基础及实施方法

1. 理论基础

对分课程教学模式把学生看作是学习活动的主体，注重学生对知识的内化和吸收，并在此基础上构建属于学生自己的知识经验和意义。其理论基础是建构主义的知识观、学生观和教学观。

建构主义强调知识的建构性，强调知识形成过程中的社会协商性，认为知识是主体在学习过程中的发明，而不是主体的简单发现。对分课堂模式下教师仅是基于自身经验提供对客观世界的一种解释和假设，其更重要的任务是组织引领学生开展自主探究。

学生在整个教学过程的角色不再是知识的被动接受者，而是积极的信息加工者和知识的建构者。通过教师提供的资料以及学生自助查询获得的信息进行加工、内化和吸收，形成新的意义建构。

建构主义教学观认为，学生是教学活动的中心，教师是教学活动的主导；教学不是以教师为中心的知识灌输，而是以学生为中心的知识探索，教师在学生知识建构的过程中起引导、帮助、协作的作用，为学生创造知识建构的有利情景。与传统教学中的"传授—强化—记忆"过程的教学模式不同，对分课堂强调学生作为知识建构主体的中心地位，极大地提高了学生在知识建构中的主动性和探究性。

2. 具体实施

在具体实施中，外国教育史教学采用隔堂对分的形式。第一节课向学生介绍对分课堂的理念及具体的操作步骤，介绍对分易网络教学平台的使用方法。课程的第一阶段从第二节课开始，教师在课堂上讲授知识，学生在课下阅读课本相关章节并查阅资料，完成作业，第一阶段结束。课程的第二阶段是第三节课，在课堂上，学生以小组为单位讨论作业，教师引导全体学生讨论一些存在共性的问题。采用隔堂对分的形式可以改善教学效果，这种教学模式把重点放在教育与学习过程的"自学"原则上，而不是放在传统教育学的教学原则上。

安排学生课下自学和完成作业，有助于使他们巩固知识和养成独立思考的习惯。将学生在课堂上的表现（如参与课堂讨论的情况）以及课下对学习的投入情况（如课后作业完成的情况）也纳入考核指标体系，有助于科学地评价学生的学习效果。改革考核评价方式的目的是引导学生把功夫下在平时，从而减少为了应付考试而突击复习的现象。学生参与讨论和完成作业都会得到一个分数，这有助于他们及时了解自己对知识的掌握情况，适时调整学习计划。将对分课堂教学模式应用于外国教育史课程的教学，能够帮助学生养成良好的学习习惯。学生在课下阅读相关资料，独立完成作业，在这一过程中他们开展了探究性学习，而在课堂讨论环节，他们又开展了合作学习。

二、项目完成的主要任务及落实情况

项目具体完成的主要任务包含课堂讲授、独立学习与完成作业；小组讨论和全班交流四个环节。

（1）讲授阶段。精讲留白，对外国教育史课程中的主要教育制度和思想进行提纲挈领的讲授，对重点和难点给出必要的提示。在讲授过程中把握一定的原则，不是面面俱到，事无巨细的开展讲授，而是有所取舍的精讲，让学生了解所学内容的整体框架结构，并对其中的重点难点予以掌握，给学生的自主学习预留一定的空间，同时布置课下思考问题，让学生对课堂所讲内容进行思考和内化。

（2）独立学习与做作业阶段。让学生完全独立的根据教师所给的提纲开展课下学习，在这个过程中尽量避免与老师和同伴交流。目的就是自己学习全部的内容，通过自身努力对内容有一个基本的了解，学习的过程中需要完成一份"亮考帮"的作业或者一份练习提升的作业。所谓的"亮考帮"就是说出一些亮点，把自己认为重要的内容拿出来考考别人以及提出一些自己在独学过程中没有解决的困难问题。"亮"主要是向小组同学展示自己所学到的、感受最深、受益最大的内容，也称作是"亮闪闪"。"考"是把自己弄懂了但是觉得别人可能存在困惑的内容，用问题的形式表述出来，用来挑战别人，也称作是"考考你"。"帮"主要是把自己不懂、不会的或想要了解的内容，用问题的形式表述出来，在讨论时求助于同学，也称作是"帮帮我"。而练习提升的作业就是对所学知识开展的必要的练习或者作业。这个环节的认知作用就是让学生对所学内容有一定的理解，为基于理解开展后续深入的讨论奠定基础（见图1、图2）。

图1　学生线下自学情况

图2　学生线下作业提交与批改情况

（3）小组讨论环节。主要依托"亮考帮"的作业开展小组合作学习，对于作业题目也基本在小组内部依据标准评判对错。这个环节教师也不随便参与其中，重点是让学生之间相互的解决问题（见图3、图4）。

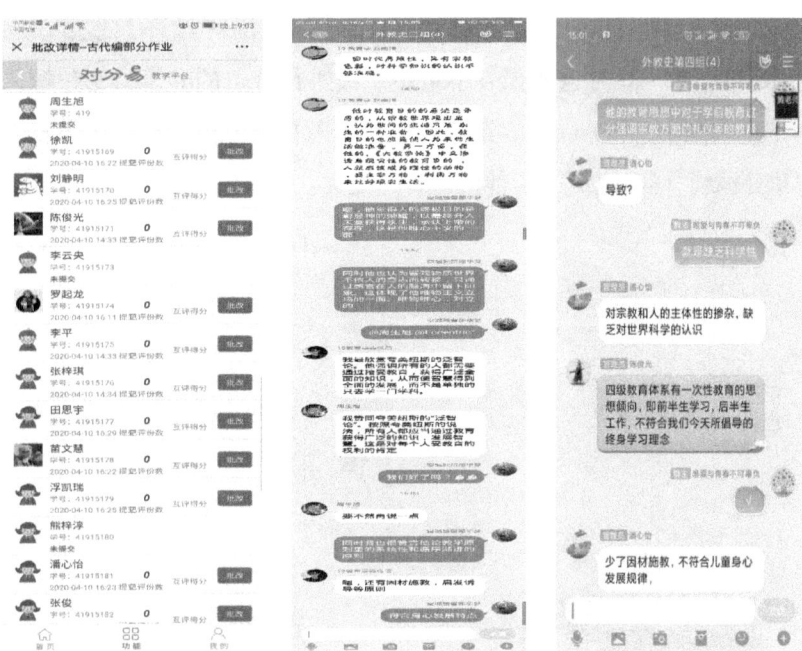

图3 线下作业情况与课堂线上讨论环节

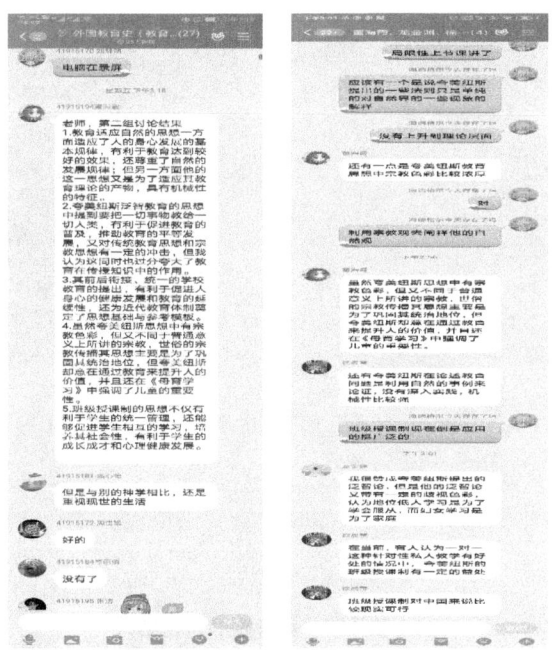

图4 课堂线上讨论环节展示

（4）在全班交流的环节。主动权再次转移到教师手中。教师一方面总结和归纳一些内容，另一方面解答一些共性的问题（见图5）。

可以看到，在整个的讨论和观点分享环节中，基本能够做到每个同学都能参与和发言，这也体现了新课程理念中的"关注每一个学生"。学生不仅能在小组讨论中提出自己的质疑和解释，同时也能代表小组在班级进行观点的共享，不仅锻炼了学生分析问题解决问题的能力，同时还培养了学生与他人互助合作的品质。不仅促进了学生们思维能力的发展，同时也提升了他们的表达能力。

（a）

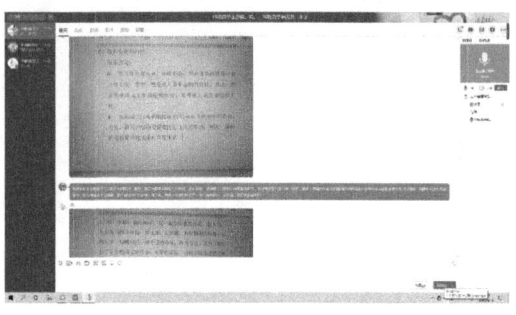

（b）

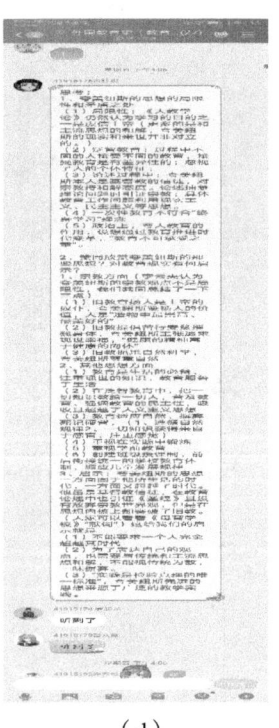

（c）　　　　　　　（d）

图5　教师布置思考题的讨论结果

三、项目研究的教学创新性成果和应用实效

本项目在对大学一、二年级本科生实际课堂教学的实施过程中，受到学生的普遍欢迎和好评。大家认为外国教育史PAD模式带来与以往完全不同的课堂感受和收获，不仅比以往的纯课堂教学掌握的基础知识更加扎实和牢固，同时也锻炼了与同学合作解决问题的能力，能够分享在对知识内化过程中的个人心理体验，具体表现在以下几个方面：

（1）教学理念的创新。本项目的教学实践带给学生的不仅仅是课堂教学模式的改变，更重要的是引发学生情感、态度、价值观的变化。学生在教师引导下的自主探究式的学习，不仅更能深刻体会教育历史进程中的事件和思想，而且能激发自己从事教育事业的热忱和斗志，也带来新一轮课堂教学模式的变革。

第一是延时互动。众所周知，教学是教师的教与学生的学双边互动的过程。教学中的互动包括即时互动和延时互动。从对分课堂教学模式的三个环节看，其更侧重延时互动。具体来看，在教师课堂精讲之后，首先让学生带着"亮""考""帮"三项任务在课下去独立学习和思考，对教学内容进行一定程度内化吸收之后，然后再在班级里展开学生之间的互动和师生之间的互动。由于学生有了充分的时间去思考，再加上教师对"亮""考""帮"三项工作的要求和课堂讨论的压力，对分课堂教学模式中的延时互动不仅能充分地调动学生自主学习的积极性，而且能满足不同层次学生的学习需要，最主要的是能有效地提升互动的质量和教学效果。

第二是少教多学。"少教多学"的思想并不是今天才有的，追本溯源，古已有之。时至今日，人们对"少教多学"有了新的认识。其中，"少教"主要是启发性地教、针对性地教、创造性地教和发展性地教；"多学"主要是学生在教师的引导下走向深度学习、积极学习、独立学习。对分课堂教学模式的少教多学主要体现在两个方面。一是把传统课堂教学的时间一分为二，一半由教师精讲，一半由学生完成小组讨论。如此一来，教师课堂讲授的时间比原来少了，而学生学习的时间却比原来多了。二是在教师精讲之后，小组讨论之前，每一位同学都要完成"亮""考""帮"三项工作。这就需要学生利用自己的课余时间整理笔记、设计知识导图、提炼总结问题、查阅相关资料等等，学生自主学习的时间增加了。

第三是任务驱动。"亮""考""帮"三项工作是学生在对分课堂中需要完成的核心任务，贯穿模式运行的始终。在教师课堂精讲环节，为完成"亮"的工作，设计知识导图，学生需要认真听讲，并做好笔记。在学生内化吸收环节，全体学生要在课

余时间整理笔记、设计知识导图、提炼总结问题、查阅相关资料等等，从而保证能够顺利完成"亮""考""帮"三项工作。在学生课堂讨论环节，学生们要以小组的形式分享自己"亮""考"的成果，在回答他人考的同时帮助他人解释、解决"帮"中的问题。

（2）教学方法的创新。实现了"线上"与"线下"相结合、布置书面作业与课堂提问相结合、教师批改作业与学生自主批改相结合、讨论与分享相结合。教师在关注学生期末成绩的同时，开始关注学生的学习过程，在搞好学科教学的同时，也在努力促进学生全面发展。课堂上包括教师对内容框架、基本概念、重点难点的讲解和学生一周后对章节内容的分组讨论。课堂外，在中间的一周时间内，学生需要阅读课本，对内容吸收、内化，通过作业深化对教学内容的掌握和理解，为分组讨论做准备。

（3）高校教师角色的真正转型。对分课堂把互动交流放到课堂上，学习环境好，学生带着问题来，相互协作共同解答。学生在讨论中锻炼表达能力，学会借鉴他人视角，互相启发、促进、深化理解，同学间增进了解，加深友谊。课下不学习很难参与讨论，缺课也会影响整组讨论，这些都会强化学生的团队合作意识。学生有机会同教师交流，教师也可以随时参与讨论。总体上，生生、师生互动的幅度都大大提升。对分课堂保留教师讲授这一传统教学的精华，保证了知识传递的系统性、准确性和有效性。对分课堂提升了学生的课堂参与度，教师不必为吸引学生注意去"表演"，而是回归到学生学习"引导者"的正确定位上。教师虽然讲得少了，但其地位和价值不但没有削弱，反而得到进一步的提升，更能赢得学生的尊重。对分课堂虽然减轻了教师教学中的机械性成分，但却对教师的素质提出了更高的要求。学生的学习主动性得以发挥，学习能力和学习水平迅速提高，会"倒逼"教师提升教学水平。这不但不是坏事，反而是中国高等教育提高质量的必由之路。没有高素质的高校教师，就一定不会有高水平的高等教育。

（4）学生学习自主性的激发。在对分课堂模式下，学生通过教师讲授对章节内容形成基本框架，理解了重点、难点，为课后的内化吸收奠定了基础，课后学生还可以根据个人特点自主安排，达到对学习内容的基本理解，讨论时做到有感而发。当周课堂上讨论上周讲授的内容，学生有备而来，这是对分课堂与传统小班讨论课的根本不同，也是对分课堂的创新点。对分课堂以学生的分组讨论为开端，学生温习上次内容，自然进入后续内容，无需导入技巧就能让学生进入良好的学习状态。一周内经过教师讲授、课后复习、分组讨论三次学习同一内容，符合记忆规律，可以有效减缓遗忘速度。在整个学期，学生深层学习、理解性学习一直在进行。临考前，学生只需要把一些需要背诵的基本概念复习一下即可，并不紧张。这些学习过程的改变，都能对提高学习效果有十分积极的贡献。这种授课方式也得到学生们的好评（见图6）。

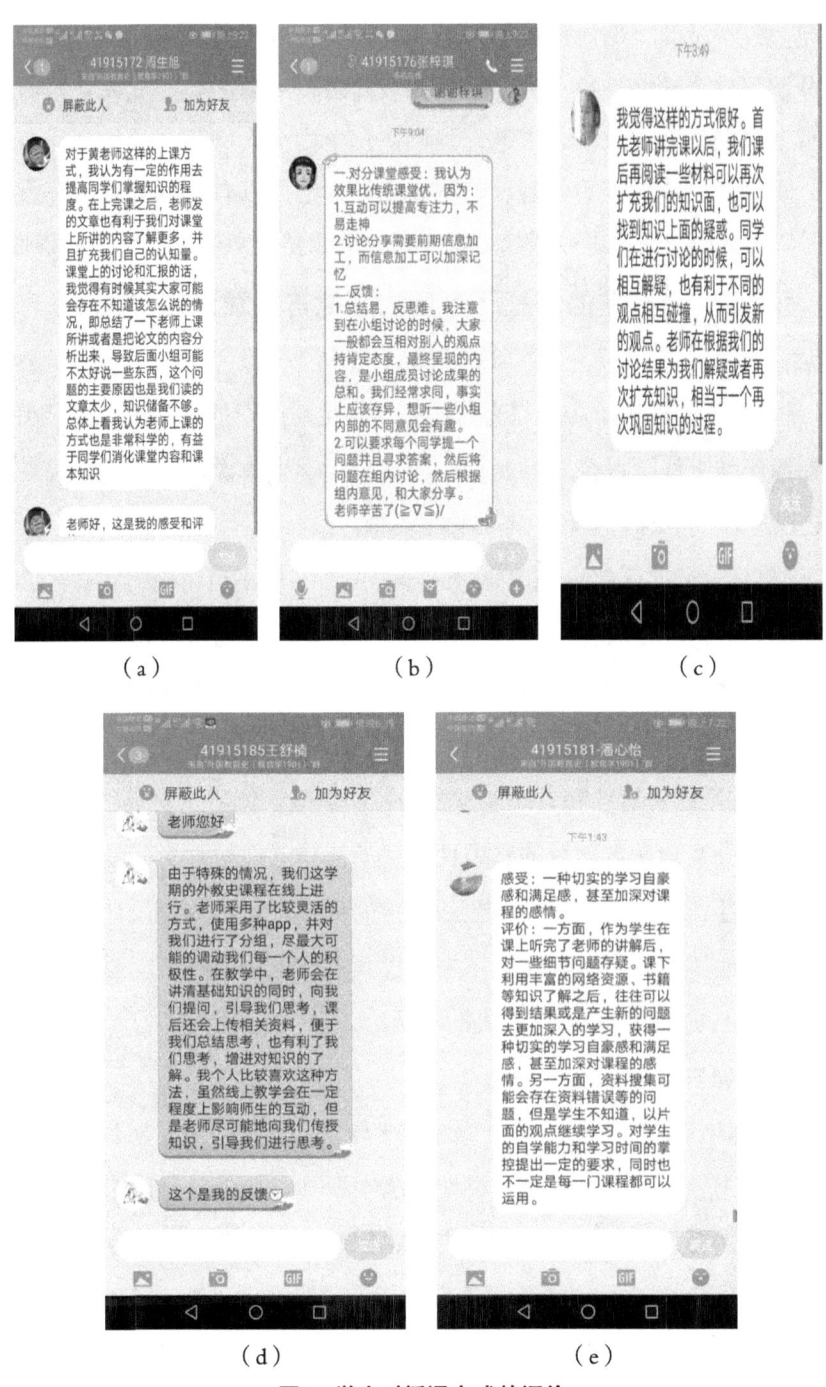

图6 学生对授课方式的评价

（5）学生评价的多元和全面。当前高校很多课程主要用期末考试的方式进行评估，学生平时不学，按严格标准去考核，很多学生不能及格。教师只能采用考前划重点的方法，降低考试难度，让大多数学生通过考试。这会进一步导致学生平时不学习，考前死记硬背过关，形成恶性循环。对分课堂鼓励平时学习，把有效学习应该付出的努力分散到整个学期。每一周，学生在教师讲授后都需要完成内化吸收，并以作业形式体现自己的学习成效。读书笔记强调体现学生个人特色。学生在完成读书笔记的过程中，既有对书本内容的整理、归纳和总结，也可以有深入的理解和发散性、创造性的思考。对分课堂增加平时考核，把学习分散到整个学期，体现了过程性评价。

四、项目研究中存在的问题及今后的研究与实践设想

1. 存在的问题

（1）部分学生的课下学习效果有待提高。学生对于新的教学模式既期待又需要适应，这主要缘于线上线下混合式的新学习方式对于学生来说还不习惯，还处于磨合阶段，学生还没有养成平时思考和积累的学习习惯。

（2）课堂讨论的实际效果还需要进一步把控；一些小组讨论得很热烈，但可能讨论的问题却和教学内容没有什么关系。还有个别同学的参与度有待提高。针对外教史课程特点，如何将所学与教育实践有机结合，在后续的课堂教学中还需要进一步关注和研究。

（3）思考问题的针对性和有效性需要进一步加强。将所学内容与学生的经验和认识有机结合，充分调动学生学习的积极性和主动性。不但教师提问题，更应该调动起学生提问的主动性，这也是培养学生创新精神的关键所在。如何设计课堂教学方案促进学生更加高效地学习，让他们在学习中不仅获取知识，同时还能够培养能力和创造力，这些都是需要深入思考和亟待解决的问题。

2. 今后的研究与实践设想

（1）继续优化外国教育史的对分课堂教学模式，以提高教学质量、促进学生有效学习为目标，以充分调动学生学习积极性为基本原则，加强对分课堂师生、生生之间的研讨效果。以讲授为引领，以自学强内化，以研讨促思考，培养学生全面发展。

（2）更加灵活安排时间，不拘泥于形式。在"对分课堂"实施过程中，更应该根据学生特点和课程的性质及内容进行灵活安排。讲授和讨论不进行严格的时间规定，

教师可以根据课程的内容和学生的表现，灵活地安排二者的时间比例。

（3）学生作业需要更加重视，使其成为提升教学效果的重要手段。它不仅可以强化三个教学环节的效果，还可以培养学生的分析能力、归纳概括能力、写作能力等。应该根据学生特点和教学内容，布置合理的作业，并根据教学目标对作业提出一定的要求，以达到加深学生对所学知识的理解，保持记忆、促进学生之间的思想和情感交流的目的。

基于任务驱动的互动式教学模式研究①
——以社会工作概论课程为例

肖 阳*

摘要： 目前社会工作课程中主要存在教师主导得多，学生参与得少；照搬国外得多，结合本土得少的问题。本项目将互动式教学和任务驱动结合在一起进行教学模式创新，引入到社会工作课程中。在学期末，针对该教学模式进行应用效果评价，发现教学效果良好，值得进一步尝试和推广。

关键词： 任务驱动 互动式教学 社会工作

一、项目研究的理论基础及实施方法

1. 项目研究的理论基础

作为社会学学科概念，"互动"最早源于美国社会学家米德创立的符号互动论学派。之后，有西方学者根据高校教学主体特征和发展趋势，把符号互动理论引入教学领域，认为课堂也是微观社会的构成单位，教师与学生的互动促进了这个微观社会运行，从而形成和发展了互动式教学。互动式教学主要强调的是在进行教学的过程中将学生作为课堂教学的主体，由教师引导学生学习，充分发挥出课堂教学模式的互动性。通过互动式教学，可以充分实现学生的亲身实践，增加学生学习的成就感和满足感，从而培养学生共同合作的能力及个体学习的能力，形成和谐的师生关系和教学关系。

近年来，互动式教学在国内各个层次的教学中得到了广泛推广和实践。具体到社会工作类课程，杜一飞探讨了互动式案例教学的基本特点，并从案例的来源、教学形式的组织等两个方面简要介绍了互动式案例教学在个案社会工作课程中的运用。张丽君认为在社会工作的互动式教学中，要采取情景模拟、学生主讲、讨论分享和影视教学等多种形式。莫光辉则以医务社会工作为例，指出要在高校构建全程互动开放式教

---

①陕西师范大学教学模式创新与实践研究基金2019年度项目。
*肖阳，博士，陕西师范大学哲学与政府管理学院讲师，研究方向为社会分层与社会流动、社会网络与社会资本。

学模式，建议学校、地方、企业等多元教学主体全程互动参与。可以发现，互动式教学在社会工作的课程中取得了一定的成效。但仍存在诸多问题，需要进一步深入实践，使其真正产生预期效果。

任务驱动是一种建立在建构主义学习理论基础上的教学方法。该教学方法要求教师在教学中根据教学目标和教学内容设计合理的学习任务，布置给学生，引导学生自主完成学习任务，最后对学生进行评价，属于典型的"在做中学"的教学方法。在这一过程中，学生的学习积极性大为提高，从一个被动的接受者转变为一个积极的探索者，并逐步建立起自己的知识体系。

为此，本课题将互动式教学和任务驱动结合在一起进行教学模式创新，引入到社会工作课程中。互动式教学具有灵活机动的特点，任务驱动型教学具有目标明确的特点，将二者的优势有机结合，有的放矢地应用到社会工作课程的教学中，非常值得尝试和实践。

2. 项目研究的实施办法

基于任务驱动的互动式教学的具体实施方法，可以表述为以下三个阶段。

第一阶段，该研究的筹划、准备和调研阶段。教师对所教授的学生进行问卷调查和访谈，初步了解他们心目中的这门课是什么样的，他们准备如何学习这门课，他们希望老师怎么样教，等等。然后给学生讲解本门课程教学模式的实施目的和细则，充分调动学生参与的积极性。另外，教师申请建立微信学习群，协助所有学生实名加入，以便进行后续的互动式教学。

第二阶段，该研究的实施和探索阶段。在这个阶段，教师将以学生为中心，采用多样化的教学方法开展互动式教学，比如Seminar教学法、案例教学法、情景教学法等。

第三阶段，该研究的总结、归纳和反思。将相关研究成果转化成学术成果，接受同仁和专家学者的批评建议。

二、项目完成的主要任务及落实情况

社会工作概论课程是社会学专业的基础课程。从现有的课堂状况来看，教师主导得多，学生参与得少；照搬国外的多，结合本土的少。为了解决这些问题，基于任务驱动的互动式教学在具体的实施过程中主要包括以下三大块的内容。

第一，课前自主学习。首先，前两周课堂学习时，对学生做问卷调查和访谈，给学生讲解本门课程将要采取的教学模式，充分调动学生参与的积极性。然后，由教师申请建立微信群，协助所有学生实名加入，引导学生自主选择任务主题。最后，学生分组和制定评价规则。学生根据自己感兴趣的任务和主题，自愿分组和自愿分工（每组约6—8个人）。

第二，课中参与学习。根据社会工作的知识体系，将课程内容分为理论篇、价值观篇、技巧方法篇，对不同篇章采取不同的教学方法。

针对理论篇，主要以打比赛的方式进行。社会工作理论枯燥无味，学生没有兴趣听，也很难理解其中的含义。以任务驱动的方式交给学生自己做，其效果就好很多。具体的操作方法是，将社会工作的不同理论流派比作武侠世界的各个门派，每个门派（每个小组）派出一名代表参加"武林大会（上台介绍一个流派或理论）"并进行武艺切磋（抨击其他理论的不足或局限性），最后由"武林盟主（教师）"进行点评（重点阐述各个理论对社会工作的启示）。

针对价值观篇，主要采用的是Seminar教学法。社会工作价值观是社会工作者所要具备的一个基本素质，它不仅仅是一种价值观，更是社会工作者专业素养的体现，因此在对社会工作者的培养中占据非常重要的位置。社会工作价值观的内容理解起来并不难，但是要让学生接受并融入到自己的价值理念之中，却并不是件容易的事情。因此，本部分内容则使用Seminar教学法。先由教师给学生指定一个论题或相关的问题，学生制定一个大纲或方案进行课前准备或初步研究，在此基础上写发言稿，然后在课堂上发言并与教师和其他同学一起进行讨论。通过运用Seminar教学法，让学生课前自学，课上自讲，全班共同讨论，教师加以引导，学生在思考和讨论中就更易于接受利他主义的社会工作价值观。

针对技巧方法篇，情境教学法和角色扮演是比较适合的教学方法。教师将学生带到一个与教学内容有关的真实环境中，让学生观摩、体验具体的工作方式。比如行为疗法里的放松练习，在课堂上教师就可以让学生通过自身的体验来加深对知识的了解。角色扮演则是在假定或虚拟的情景下，让学生按照事先设计好的课题，扮演规定情境中的角色，按角色需要去思考和活动。比如，让学生扮演社会工作者、案主及相关的工作人员，由所扮演的社会工作者来分析并处理问题，其他学生进行观察、思考并给予评价。

第三，课后评价总结。课堂结束时，由各小组组长对该小组任务完成、汇报讲解等各个方面按照评分细则给予打分，小组长根据组内分工、参与程度和完成任务三个方面给组员打分，教师给该组整体打分。学期结束完成课程教学目标和任务后，督促各小组认真讨论，由组长完成活动总结表，包括完成任务情况、出现的问题及建议等；每个学生完成活动满意度调查问卷，自愿书写教学评价意见及建议。

三、项目研究的教学创新及应用实效

1. 项目研究的教学创新

本项目将互动式教学和任务驱动结合起来，形成以"教师为主导、学生为主体、任务为驱动"的教学模式。一方面，选取合适的教学主题，采用主题引导式开展教学工作，学生在课下学习时更有针对性。另一方面，通过小组讨论之后选择组内代表进行全班汇报，再全班交流的模式，更容易使学生产生思想的碰撞。

另外，本项目还重新整合了社会工作概论的课程内容，将它们分为理论篇、价值观篇和技巧方法篇三大部分，针对不同部分内容的特性采取不同的教学方法。

2. 项目研究的应用实效

学期结束的时候，项目主持人对学习社会工作概论这门课程的两个班级的学生发放了调查问卷，以了解学生对课程的评价。修课的77位同学全部填答了问卷，调查问卷的结果如下。

（1）观看的视频对学习是否有帮助？结果如图1所示。

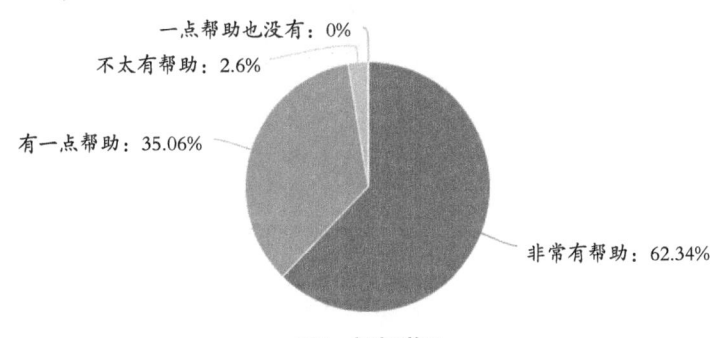

图1　视频学习

（2）对课堂上讨论的案例是否有兴趣？结果如图2所示。

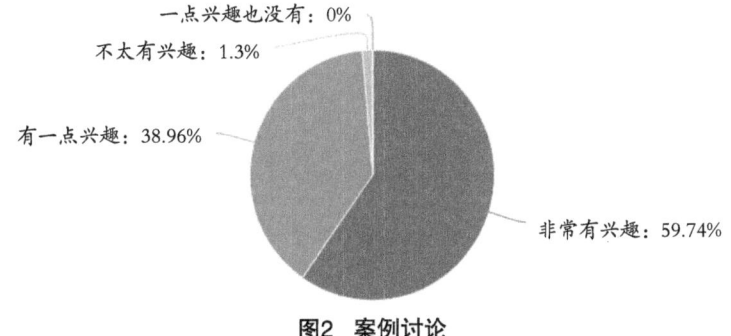

图2　案例讨论

（3）社会工作理论章所采用的教学模式（学生分组自学理论并在课堂汇报）对你的社会工作理论学习是否有帮助？结果如图3所示。

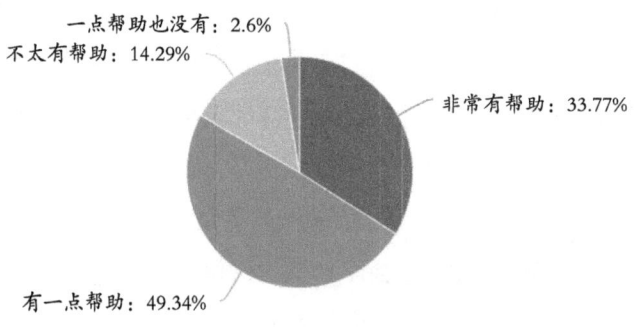

图3　理论的教学模式

（4）个案工作章所采用的"教师先介绍个案工作知识，然后学生分组讨论案例并在课堂汇报"的教学模式对你的社会工作方法学习是否有帮助？结果如图4所示。

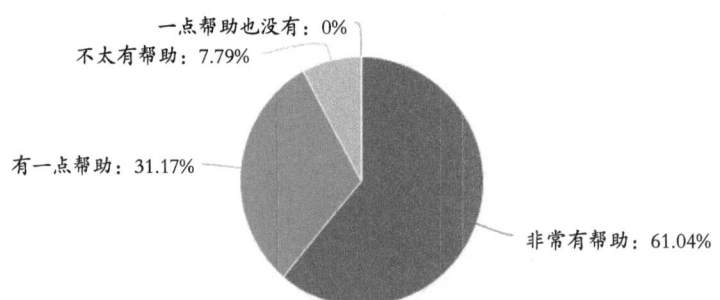

图4　个案工作的教学模式

（5）小组工作方法章所采用的"首先观看相关视频，然后教师介绍相关知识，再让学生思考案例并在课堂上逐个发言"的教学模式对你的社会工作方法学习是否有帮助？结果如图5所示。

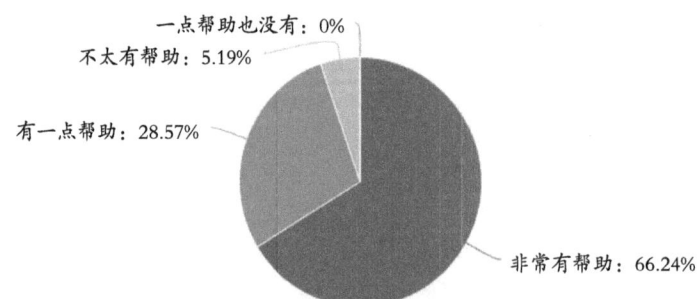

图5　小组工作的教学模式

四、项目研究中存在的问题及今后的研究与实践设想

1. 教学主题的确定应当更丰富多样

由于社会工作专业的教育重视实践操作能力,教学主题的确定应当丰富多样,并具有一定程度的复杂性。该主题最好是与当前的学习主题密切相关的真实事件或问题。这样能为学生探究不同的解决问题的方法提供发挥的空间与想象力,引发学生的积极参与和合作。在设计这些教学主题时,形式上也最好能满足00后的需求。在教学过程中发现,越是学生感兴趣的形式丰富的主题,学生参与的积极性就越高涨。

2. 课堂教学过程的控制比较困难

对于互动式教学来说,如何控制好教学过程是非常重要的。比如,如何在课堂气氛达到高潮、群情高涨的时候控制局面,如何在课堂气氛陷于低潮的时候激励鼓舞士气,如何在出现争执和冲突的时候解决问题,如何在学生的讨论偏离主题时进行引导,等等。从一学期的课堂教学来看,教师对课堂进程的把控存在困难。有的时候,学生会就某个问题一直争论下去,以至于整堂课下来教学进度非常缓慢。

3. 课堂研究与实践设想

此次教改项目实施时间虽然短暂,但也初见成效。借助这次教改项目的机会,笔者重新梳理了自己的课堂教学,并积累了一些新的想法。学生的课堂参与度也有了明显的提高,学生愿意主动去查找阅读资料,甚至可以给出一些建设性的建议。值得反思的是,部分课程内容的教学设计仍然需要完善。笔者计划今后针对每一个知识点进行详细的课程设计,从而能够完善现有的问题。

混合模式下对外汉语汉字教学创新与实践研究①

张 喆*

摘要：汉字教学是汉语国际教育的重要组成部分，也是汉语作为二语学习者感觉最困难的部分。本项目的研究内容基于混合模式下对外汉语汉字教学的课程创新与实践。在充分体现汉字内涵化、艺术化的基础上，打破传统课堂模式，采用现代教育技术手段，利用已经开发出的网络云平台和智慧教学系统，共享慕课、微课等网络教学资源，实现汉字教学的信息化改革。

关键词：汉语国际教育 汉字 混合教学

汉字教学是汉语国际教育的重要组成部分，也是汉语作为二语学习者感觉最困难的部分。我校国际汉学院目前的对外汉字教学和国内大部分高校的汉字教学类似，本科一年级开设汉字书写课，教材为教师自编，内容包括汉字笔画、笔顺、偏旁、结构的书写和练习，目的是帮助学生掌握书写汉字的基本方法，了解汉字的基本结构，教学模式主要为老师在黑板上写，学生在本子上写。本科一年级以上开设书法选修课，教学模式是在课堂上跟着老师进行书法临摹。本科三年级开设汉字文化课，教材为教师自编，内容包括汉字古文字形的写法和文化含义，教学模式主要是教师讲解教材。

随着互联网的快速发展，基于现代网络教育的混合式教学在美国、英国、澳大利亚、日本等信息化程度较高的国家发展迅速，混合式教学已成为国内高校教学的发展趋势。本项目的研究内容基于混合模式下对外汉语汉字教学的课程创新与实践。在充分体现汉字内涵化、艺术化的基础上，打破传统课堂模式，采用现代教育技术手段，利用已经开发出的网络云平台和智慧教学系统，共享慕课、微课等网络教学资源，实现汉字教学的信息化。

---

①陕西师范大学教学模式创新与实践研究基金2019年度项目。
*张喆，博士，陕西师范大学国际汉学院讲师，研究方向为汉语言文学、汉语国际教育。

一、项目的理论基础

1. 对外汉语汉字教学的理论基础

运用汉字"三平面"的新理论，从汉字的形、义、用三个方面出发，建立起一个较完整的教学体系。在技术手段上，运用"唐风汉语"智慧教学系统，动态跟踪、测试学生汉字书写情况，利用网络数字汉字知识资源，展示汉字知识，提升了落后的教学手段。在教学实践上，充分结合我校作为师范类高校，注重汉字书写传统的优势，把留学生的对外汉字教学与"手写录取通知书""新春送福""汉字听写大赛"等活动联系起来，丰富了教学实践。

2. 混合模式下汉字教学改革的基本思路

第一，打破目前我院汉字教学的传统模式，整合汉字教学的课型设置，建设一个从初级到高级，从汉字书写到汉字认知，从汉字使用到汉字欣赏的系列汉字课程体系。

第二，在教学过程中充分利用网络云平台和智慧教学系统等现代教育技术手段，实现汉字知识的信息化展示，学生汉字书写的软件动态记录追踪。

第三，充分利用西安的历史资源优势，将课堂从教室扩展到博物馆，将第一课堂与第二课堂相结合，通过一系列的汉字文物让留学生感受历史、感受文化、感受汉字。

第四，依托我校注重汉字书写的传统，开展丰富的汉字书写观摩和实践活动，实现理论和实践相结合，让留学生切身体会书写汉字的文化传承及艺术之美。

二、项目的实施方案

项目的具体方案如下：①汉字书写，包括课堂学习书写、课后网络云平台练习、学期末个人终端线上测试，学年汉字书写比赛；②汉字欣赏，主要活动是参观西安碑林博物馆，让留学生直观感受历代汉字碑刻作品；③汉字文化体验，活动包括：参观陕西历史博物馆，感受汉字在中国历史上所起到的文化传承作用；观摩陕西师范大学"手写录取通知书"的书写现场，让留学生体会到在数字技术飞速发展的今天，一份手写通知书所传达出的人文关怀；参与体验陕西师范大学"新春送福"对联书写活动，让留学生体会到汉字中包含的文化内涵。

在方案实施的过程中，需要突破的主要问题是传统汉字教学体系的不完整性，各课程之间相互脱节，教学模式单一，课堂模式满堂灌，只有第一课堂，没有课后延伸、没有第二课堂；同时理论和实践脱节，学生没有通过老师带领集中进行与汉字相关的实践活动的机会。针对这些问题，需要采取相应的思维模式转化，真正以学生为中心。

项目实施存在的技术问题及应对措施主要有两个方面：首先，汉字书写是动态的过程，但汉字课的作业、测试是静态的呈现，无法通过作业准确掌握留学生书写汉字过程中的问题。拟采取"唐风汉语"智慧教学系统，留学生通过触屏完成部分汉字书写题，平台将完整记录留学生的书写原笔迹以及回退复写情况，便于教师了解学生的汉字书写情况，同时为后续研究积累第一手资料。其次，汉字知识对留学生来讲比较枯燥难懂，但却是了解汉字的必须。拟采用汉字演变专业平台、汉字字形动态数据库等资源，直观动态展示艰涩的汉字知识，增加学习乐趣。

三、项目的主要任务及落实情况

1. 课程体系构建

初级班：汉字基础学习及书写。该课程主要针对汉字零基础的留学生，教学内容为汉字的基本知识和书写练习，包括笔画、笔顺、偏旁、部首、结构等基础知识。教材为教师自编的《汉字基础》教材。课时为每周两课时。

中级班：汉字书法赏析及体验。该课程主要针对具有一年以上汉字学习基础的中级班留学生，教学内容为小篆、隶书、楷书的书写体验，书法名帖的欣赏临摹。教材为教师自备教案。课时为每周两课时。

高级班：汉字文化学习及研究。该课程主要针对具有两年以上汉字学习基础的高级班留学生，教学内容为汉字与文化知识，分汉字本体知识与汉字文化知识两部分，汉字本体知识包括汉字的起源、汉字的造字法、汉字的演变、汉字的构形系统等；汉字文化知识包括汉字中与中国传统社会制度、饮食、文教、交通、建筑、思想观念、自然等有关的文化内容。教材为教师自编教材《汉字文化趣谈》。课时为每周两课时。

2. 课程平台搭建

利用"汉语国际教育云平台"搭建汉字学习平台（见图1、图2），录制上传与课程相关的微课视频，每课视频以3到4个不等，根据具体课程内容而定，每个视频时长10分钟左右，尽量不超过10分钟。同时每课配套相关的学习资料及课程作业，学生在平台上可以完成观看视频、资料下载、作业提交、考评测验等学习任务。同时教师可以在后台监督学生观看视频的情况，以便及时督促及提供反馈。该平台在2020年春季不能开学的情况下充分发挥了其优势，确保学习的系统性和稳定性，避免了国际学生有时差，不便于进行直播教学的问题。

图1 教师在网络平台开设的课程　　　图2 写作课程目录及课程资源

3. 混合模式实践

利用中国大学MOOC平台优秀的慕课资源。选取适合本课教学及留学生汉语水平的内容（见图3），引导学生在课前进行观看并完成课程作业和讨论（见图4、图5），教师根据学生作业完成的情况，在课堂上或微信群进行讲解和答疑（见图6），同时补充更丰富的学习内容。通过混合式教学，促进了学生主动学习的积极性，开阔了学生的思路，也能更有效地引导学生思考及参与讨论，避免了教师满堂灌，不了解学生掌握程度的问题。

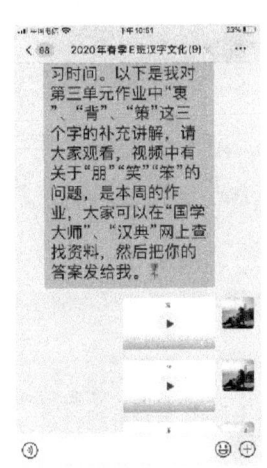

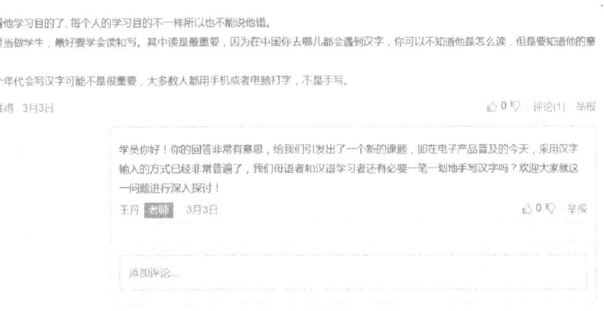

图4 学生积极参与课堂讨论

图3 汉字文化慕课

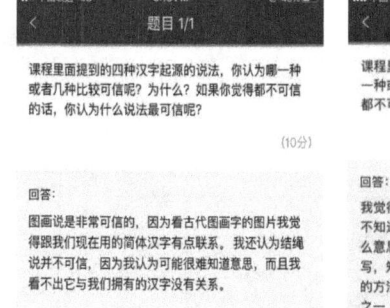 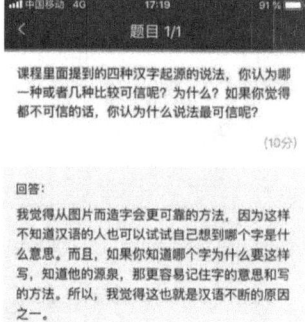 

图5　学生完成课程作业　　　　　　　　　　　图6　教师发送难点讲解视频

4. 翻转课堂实践

以"学生为中心",让学生以小组为单位进行课堂研讨和汇报,调动了学生的学习积极性,锻炼了学生的汉语表达能力,也督促学生将所学知识进行整合分析,并有效输出(见图7、图8)。

图7　翻转课堂现场1　　　　　　　　　　　图8　翻转课堂现场2

5. 课程分析实践

利用"汉语国际教育云平台"进行授课情况的数据分析。记录学生视频学习情况、作业完成情况、作业及测试的等级分布等数据(见图9、图10),以便随时进行教学改进。

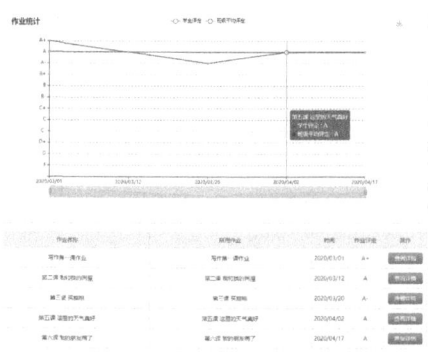 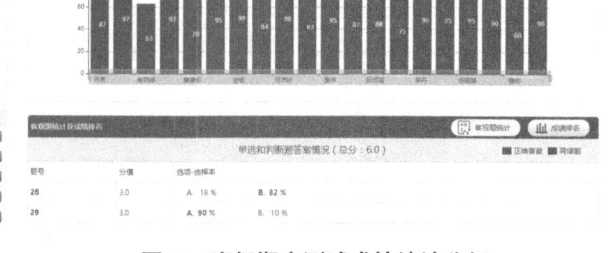

图9　学生作业完成情况统计分析　　　　　　图10　班级期中测试成绩统计分析

四、项目的创新性教学成果

（1）搭建"唐风汉语国际教育云平台"汉字教学课程。

（2）录制了初级汉语写作的全部教学微课。

（3）完成一篇教学研究论文《混合式教学趋势下二语教学微课发展策略研究》。

（4）参加本校教学研究沙龙3次。

（5）参加北京师范大学混合式教学培训1次、上海交通大学教学学术会议1次。

五、项目研究中存在的问题及今后研究的设想

由于项目时间及技术能力有限，课堂体系还不够完整，网上平台还需进一步完善。鉴于以上不足，在今后的研究中，首先应进一步优化"唐风汉语国际教育云平台"汉字教学课程，从目前的以初级汉字教学为主，扩展到中级、高级教学，完善教学体系，进一步发挥团队教学的优势；其次，应加强反馈机制的使用。充分利用互联网上丰富的软件资源，增加教学互动；再者，应进一步收集分析学生的学习情况及反馈意见，并通过分析改善教学方式，反观教学目标的实现情况，使教与学进一步互相促进。

翻转课堂视域下民俗学教学模式创新研究报告[①]

孔 军*

摘要： 在教育部的"推动课堂革命，建好质量文化""淘汰水课、打造金课"的本科教育要求下，民俗学教学模式创新与实践研究充满必要性。"引进来"是指请民间文化传承人进入课堂，在教师引导下，与师生实时互动的教学模式，"走出去"是指组织学生进行田野作业，把课堂搬到田野上的教学模式。该模式存在传承人身份角色设置、如何协调课堂教学与实践教学学时安排和内容设置及二者互联性等几个核心问题，解决策略包括进一步加强课程资源建设、转变教师学生角色、改革课程评价方式等。

关键词： 民俗学　教学模式　创新研究　引进来　走出去

一、项目的理论基础

1. 民俗学课程特点与教学现状

目前，国内给本科生开设民俗学课程的高校较少，民俗学教学活动更多聚集于研究生阶段，鉴于民俗与传统文化的密切联系，及其在高校大学生人文素养和文化自信培养方面的优势，陕西师范大学开设了中国民俗文化这门全校人文通识选修课，并由笔者负责主讲两个学期。民俗学是一门研究中国民俗文化现象（风俗、习惯、心态、制度等）发生、发展及其各要素之间相互关系的科学。采取专题授课、课堂讨论、田野作业结合的讲授形式，课程主要包括九个专题，分别是中国民俗文化概论专题、田野作业专题、岁时节日专题、人生仪礼专题、宗族家族专题、乡民艺术专题、民间信仰专题、非物质文化遗产专题、民间游艺竞技习俗专题。

不论就高校本科生教学模式而言，还是单就民俗学课程教学来说，高校课程教学改革创新势在必行。一方面来自当下学习模式和信息传播速率的变化，出于中国高校

[①] 陕西师范大学教学模式创新与实践研究基金2019年度项目。
*孔军，博士，陕西师范大学文学院讲师，研究方向为非物质文化遗产保护理论与实践研究、口述历史研究。

教育未来发展之需要，另一方面考虑新式教学模式和实际教学效果的相得益彰。"以学生学为中心"和"以本为本"的教学理念是陕西师范大学本科教育的教学理念，在教学实践过程中，笔者发现创新型教学模式更容易引起学生的学习兴趣和积极性，相比较于传统教学模式其教学效果更佳。鉴于此，有必要在如此趋势下对民俗学课程教学做进一步的创新和发展。

2. 教学模式创新目标

结合本校师范生和非师范生学生情况、专业人才培养要求，确定学习本课程后应该达到的知识、能力水平如下：

（1）强化基础，拓展研究，增强学养，提高审美。增强学生对中华优秀传统文化的热爱之情。

（2）培养学生的沟通能力及学术素养，通过田野作业训练，锻炼学术口头表达能力和书面写作能力。

（3）培养学生创新能力和知识迁移应用能力，鼓励和支持学生进行非遗类创新创业，养成良好的文化资源与文化产业素养，力倡学生进行民俗文化资源的创新性发展和创造性转化。

（4）实践出真知，学以致用，学用结合，培养学生发现问题、分析问题和解决问题的能力，提高学生的社会认知力和社会适应能力。

二、项目的主要任务和实施方案

1. 项目的主要任务

（1）教学模式创新。采取"传承人入课堂""把课堂搬到田野上"等教学方法。

（2）教材建设方面。从礼俗视角切入，按照民俗的历史、艺术、技术、哲学、美学、实践等层面，编写新型《民俗学》教材，以适应实践课程教学。

（3）学生学习模式创新。倡导实践出真知，学生使用课堂学习、网络学习和社会实践学习的复合型学习方法，拓展综合素质能力。

（4）学科教学应用性创新。结合大学生互联网+创新创业大赛等活动开展教学。

2. 项目的实施方案

民俗学课程在陕西师范大学文学院的发展历程中，先后有宁锐、张志春、傅功振、樊列武等为本科生讲授，他们根据各自的研究兴趣，主要从"花儿""服饰民俗""关中民俗"以及"语言民俗"等主题入手，给本科生讲授民俗学。而且，他们的授课模式基本局限于室内教学，而民俗学是一门实践性极强的学科，因此，需要制定创新模式实施方案。

（1）产学研结合，依托大学生创新创业项目孵化基地，结合"互联网+"大学生创新创业大赛等实践活动，达成大学生多元培养目标。

（2）课程内容的时代性与鲜活性。民俗学课程教学内容来自陕西省非物质文化遗产传承人群，让民间艺人现身说法，带来原汁原味的知识与情怀。

（3）课程设置方面，采取课外实践教学和课内教学相结合的方式，实现现有资源的合理配置。

（4）课程教学方法的创新。采取田野、理论加信息技术支撑下的"三位一体"的教学方法，"引进来"加"走出去"教学方法贯穿教学过程的始终。

三、项目的落实情况和应用实效

在课程教学内容、资源建设和组织实施方面，笔者做了如下创新。

（1）在产学研结合方面。在2018年第四届中国"互联网+"大学生创新创业大赛中，笔者指导陕西师范大学文学院学生团队完成的创新创业方案——《尚艺·非遗手工体验馆——体验非遗技艺，传承中华记忆》《非遗手工艺蒲公英计划——传承中华工艺，助力精准扶贫》分别获得陕西赛区省级金奖、国家级铜奖，笔者荣获优秀指导教师。

（2）在课程内容设置方面。民俗学课程教学内容来自陕西省非物质文化遗产传承人群，让民间艺人现身说法，带来原汁原味的知识与情怀。笔者一直参与由文化和旅游部、教育部、人社部等主办的陕西师范大学"非遗传承人群培训"项目，与众多泥塑、皮影、剪纸、木版年画、刺绣、雕刻等民间传承人保持密切联系，遴选并邀请传承人有脉可循，本课程教学过程中邀请陕西华县皮影传承人汪天稳进行课堂教学，学生参观和听传承人讲述关于皮影的记忆故事。

（3）在课程内容体量分配方面，采取70%的课外实践教学和30%的课内教学。课外教学实践平台为陕西师范大学教育部中华优秀传统文化传承基地（皮影）和陕西师范大学文化和旅游部非遗传承人群研修研培计划实体单位——陕西省历史文化协同创新中心，借助这几个平台资源，可以为大学生提供足够的接触和实践机会，让学生动手近距离感受传统文化的魅力，切身体会和传承工匠精神，同时，举办系列非物质文化遗产展览活动，锻炼学生的布展能力，进一步强化学生对传统文化展示、展览、展演和展销的知识理念。当然，课内教学内容也不可忽视，毕竟理论对于实践具有指导意义，因此，在课程设置和实施中，理论课的讲授也至关重要，一方面需要对民俗、非遗的历史、分类及基本特征进行深入讲授，另一方面要积极引导学生对当下身边的民俗和非遗产生兴趣，激发学生参与的热情和文化自觉，由此从课堂兴趣、学科兴趣带动对传统文化的文化自觉与文化自信。

（4）在课程教学方法方面。首先，采取线上教学模式，如借助超星学习通开展翻转课堂教学，学生可随时随地利用好课余时间进行预习和扩展学习，由此打破时空限制，也扩大了学习空间，课堂授课重点将集中于师生互动讨论，真正实现以学生为中心的教学目标，达成让学习成为学习主体和课堂主角的诉求。其次，倡导把书桌搬到田野上的教学理念，除了在课堂学习书本知识以外，鼓励和引导学生把社会作为一本书，民俗学就是其中灿烂辉煌的一章。带领学生进入田野，并非意味着真的进入到诗意的物理空间层面的田野，而是广义上的田野，即民俗学进行调研和研究的对象所在的空间。

（5）教学理念方面的特色。第一，摆脱传统的教师主导型课堂教学活动，放权给学生选择，激发学生主动参与课堂学习，真正做到"以学生学为中心"。不仅关注学生学习角色和行为的转换，教师更该重视自我教学理念和模式的修正与完善，由此便于形成师生间的良性互动和共同成长，促进教学效果的提升。第二，培养学生对中华优秀传统文化的热爱之情，逐步增强年轻一代的文化自信与文化自觉。对待民俗文化和中华优秀传统文化，在文化自信情感上须有深厚热爱。每一代人都有专属于他们的时代责任，我们这一代中华儿女有一个共同的文化责任，就是把前人创造的优秀文化成果继承并流传给后代。当下，传统文化面临诸多挑战，需要人们在情感上给予关注和热爱，培养文化自信。

（6）在教材建设方面，民俗学传统教学内容将中国民俗按照西方学科分类方法划分为几大类，将整体性的民俗文化予以割裂，某种程度上不符合实际教学。因此笔者尝试按照中国传统文化的核心要义进行本土化划分，如按照"孝、仁、礼……"等主题重新编排内容，自编讲义，以适应实践性教学需求。

四、项目研究中存在的问题和今后研究的设想

（一）存在的问题

1. 传承人身份角色的多样性与模糊性

作为介入课堂教学的第三方，传承人会有不同的身份与角色，他可以是实际鲜活案例主人公，可以是民间工匠表演者，也可视为被访谈人与学生共同完成课堂互动学习。对此，可根据不同类型传承人本身特质，以及课程具体内容来确定传承人在课堂

教学中的具体角色，角色具有变动性。

2. 课堂与实践教学学时安排的均衡性和内容设置的对等性

课程内容安排应充分展示课程内容的趣味性、知识性和学理性，能将丰富的田野调查资料和学理思考融入进课堂教学。课时安排上符合学生学习规律和学生培养方案要求，达到学时与内容紧密的互联性效果。

3. 学生规模大对教学模式实施的制约性

学生对新的教学模式适应性问题。让民间文化传承人进入课堂参与教学，由于新事物的在场，可能出现学生注意力不集中等现象。对此，应提前与学生做好沟通，预告教学计划与重点，让学生做好准备。

（二）今后研究的设想

1. 教师和学生主动转变角色

教师和学生都需要体认和转换自身角色。20世纪30年代，"角色"概念被美国著名社会学家、社会心理学家及哲学家G.米德借用并广泛应用到社会学和社会心理学研究领域，"角色"才成为正式的专业术语，特指"个人在社会关系中处于特定的社会定位，并符合社会期待的一套行为模式"。在手段方法方面，教师邀请民间文化传承人进入课堂，在教师引导下，与师生实时互动。例如"田野调查专题"可令学生于课堂向传承人进行访谈，切身体会和理解知识点。以问题引导课堂讨论，培养和强化学生的探究精神，教室负责抛出问题和组织管理，引导学生带着问题与传承人交流互动，利用小组讨论探究模式，体现出学生学习的中心地位。

2. 进一步加强课程资源建设

按照相关要求和规定，所有课程教材均应使用普通高等教育"十一五"国家级规划教材。但考虑到专业基础课程——民俗学的特殊情况，采纳学生和任课教师意见——现有教材不能完全适应我校各专业教学实际，将邀请民俗学专任教师针对学生实际情况编写《民俗学》教材。

加强课堂民族志资料积累，桑国元认为"摒弃课堂教学统一标准、统一规范的宏大叙事方式，取而代之的是一种多元的、解释的、理解的和深描的叙事方式。"课堂民族志的实施过程中，师生需要共同准备、搜集整理资料、资料分析与解释、撰写课堂民族志。

3. 借助信息化技术教学平台和实践平台，培养学生多元的学习方式

促进实践基地建设，本课程教学主要依托平台有陕西文化资源开发协同创新中心和中华优秀传统文化传承基地（皮影），前者为陕西省重点文化资源开发中心，负责非物质文化遗产传承人群培训工作，后者的依托单位是陕西师范大学，已积累了扎实厚重的研究基础。借助慕课等平台，尝试翻转课堂新理念，扩展学生学习的时空宽度和广度，让课堂学习不再是学生学习的全部。

4. 改革课程评价方式

形成性评价是指在教学过程中为了解学生的学习情况，及时发现教学中的问题而进行的评价。形成性评价常采用非正式考试或单元测验的形式来进行。测验的编制必须考虑单元教学中所有重要目标。通过形成性评价，教师可以随时了解学生在学习上的进展情况，获得教学过程中的连续反馈，为教师随时调整教学计划、改进教学方法提供参考。"引进来"与"走出去"教学模式打破本学科以往仅凭借视频图像等媒介的教学方法，让活生生的传承人现身说法，既能培养学生对民间文化的热爱之情，也能促进民间文化的活态传承，同时，实时性地针对教学过程中出现的问题予以解答，从评价方式到教学目标均有良好的效果。

大数据背景下研究生数据探究能力培养的思考[①]

赵豪迈*

摘要： 研究生数据探究能力的培养是研究生培养的重要环节。基于大数据技术的虚拟仿真实验课程是在虚拟仿真技术和大数据背景下培养研究生数据探究能力的一种新型的实践教学模式。通过虚拟仿真实验课程提高在校研究生的大数据探究能力，培养满足社会需要和引领科研方向的高素质研究型人才。

关键词： 大数据　虚拟仿真实验　数据探究　研究生培养

数据探究能力是从事科学研究的基本能力，研究生数据探究能力的培养一直是研究生培养的重要环节，尤其是针对经济、管理、教育、社会学等人文社科类研究生。随着大数据的兴起，基于大数据技术的数据探究型研究模式推动了人文社科大数据研究范式变革，也对研究生数据探究能力培养提出了新的要求。

一、大数据探究能力对研究生培养的重要性

大数据探究能力培养旨在帮助高校人文社科类研究生尤其是公共管理类、工商管理类、经济管理类研究生掌握应用大数据技术来提高处理经济社会管理问题的各种基本技能。要求学生能够掌握和运用大数据分析技术，借助虚拟仿真实验教学系统，熟悉相关软件分析工具的使用，能够运用流处理技术、决策建模、回归分析、模拟可视化等技术，进行探究型学习和研究。目的是把最前沿的信息技术与经济、管理类研究生的培养需要结合起来，搭建校园学习与社会实践的桥梁，培养能够适应信息时代、具有基本数据科研素养，具有较强科研能力和竞争能力的研究生。同时，大数据探究能力培养对学生的计算机能力、信息处理能力、逻辑思维能力，以及探究能力和创新精神都有非常大的帮助，有利于研究生综合科研素质的提高。因此，大数据探究能力培养受到越来越多高校和专家学者的重视。

[①] 陕西师范大学教师教学模式创新与实践研究基金2019年度项目。
* 赵豪迈，博士，陕西师范大学哲学与政府管理学院教授，主要研究方向为公共管理、信息管理。

二、研究生大数据探究能力培养的基本思路

研究生大数据探究能力培养的基本思路是通过虚拟仿真实验教学，培养研究生的大数据意识和数据探究能力，掌握利用大数据进行科学研究的基本技能。虚拟仿真实验教学是虚拟现实技术应用研究的重要载体，是教育信息化的重要组成部分，其在教育领域具有十分重要的应用价值。虚拟仿真实验教学通过针对教学实训的场景，量身定制实验开发调试环境、实验运行管理以及教学管理等功能，是在虚拟仿真技术和大数据背景下培养创新型研究生人才的一种新型的探究型实践教学模式。大数据由于其实时、动态、海量的性质，具有极强的科研价值和研究利用价值，其蕴含的社会价值已引起社会各行各业的重视，尤其是公共管理研究者和管理者的重视。在现代管理中，对过程进行管理的年代已经结束，基于因果关系的传统数据分析能力已被关注最终结果、探究相关关系的管理思维所替代。如何以社会问题为导向，探求事物之间潜在的相关关系，挖掘事物之间的联系，进而实施简单有效的方法，是现代管理者研究和追求的目标。通过虚拟仿真实验教学课程，用大数据的全新视角来训练公共管理类研究生的大数据科研探究能力，培养未来合格社会管理者是个非常可行的方法。

三、研究生大数据探究能力培养的手段和途径

基于大数据技术的虚拟仿真实验课程是在虚拟仿真技术和大数据背景下培养研究生数据探究能力的一种新型的实践教学模式。

1. 教学活动

课程依托大数据虚拟仿真实验教学平台，构建公共管理决策支持分析数据探究环境，满足研究生结合公共管理理论和问题进行数据分析实验，锻炼提升利用新技术和新手段解决实际问题的能力，有效地解决研究生社会实践能力不足、接触社会不够、在校研究生难以有效获取数据自行探究练习等问题，提升研究生的基本科研能力和素质。课程通过案例研究，结合相关虚拟仿真软件，采用案例教学方式，锻炼学生数据采集、数据建模、数据整理、数据分析和数据展示的能力，增强学生利用数据进行分析决策的意识和技能，帮助学生结合社会问题进行自主学习和探究，提高研究生数据探究能力和科研创新水平。

2. 教学方法

课程采用通用虚拟仿真实验教学平台，以网络技术、虚拟仪器技术、人机交互在线设备，构建虚拟交互设计与实验系统，实现大数据环境下数据分析与决策虚拟仿真实验教学。研究实验教学平台的虚拟现实开发、海量数据采集、非结构化信息处理、

决策行为模拟、智能信息检索、虚拟现实集成应用等功能，使研究生可以在系统中直观的运行数据探究实验过程。研究生通过虚拟仿真实验，了解大数据的相关概念和基本知识，理解海量数据处理和分析的基本原理和方法，掌握大数据技术数据探究方法和模型的基本原理和方法。

3. 教学手段

（1）理论与实践相结合。公共管理与政策分析是一门理论性非常强的课程，大数据分析又属于实践性技术性要求非常强的技术，如何把两者相结合，理论结合实际，形成一个完整有效的教学培养体系，是本课程要解决的主要问题。因此，本课程采用基本理论分析铺垫，重在实际能力培养的案例教学方法，以实用为导向，鼓励探究性研究分析，重在考查学生掌握理论的能力、数据分析的方法，鼓励学以致用，解决实际问题。

（2）注重因材施教。按照不同研究生的专业需求和基础能力，采用不同的教学内容与考核要求。不同专业研究生的教学目的和教学要求不同，研究生的专业基础和信息技术能力也存在差异，如何针对学生培养要求和目标，有针对性的循序渐进、因材施教，并结合本专业理论与数据探究实例，培养学生的数据探究能力和科研创新能力是课程教学有效性的关键。因此，本课程采用模块化的设计思路，预置能够适应不同专业数据探究需求的教学模块，以满足不同专业的研究生学习需求。

（3）实行案例教学。数据探究必须结合具体问题和案例进行，并通过习题和案例研讨锻炼学生对社会问题的认知能力、理解能力和分析能力。因此，虚拟仿真实验教学系统必须预置一些针对不同专业学生的教学案例，同时配置相关教学案例的大数据集，如网站访问分析实验、电子商务数据分析实验、汽车行业行为预测实验、房屋交易政策分析实验等，培养研究生的综合科研能力和数据探究能力，使研究生能够理论联系实际，并且使他们学到的知识系统化、一体化。

当前，利用大数据对研究生进行数据探究科研能力训练还是个崭新的课题，需要高校、企业和科研机构共同进行探索，以期通过虚拟仿真实验课程训练在校研究生的大数据探究能力，培养满足社会需要和引领科研方向的高素质研究型人才。

基于现代信息技术的英语课程教学模式

基于"云班课"的大学英语翻转课堂教学模式创新与实践研究[①]

杨关锋*

摘要： 在信息化教学模式建设和外语教学改革背景下，大学英语课程一直是建设和改革重点。本研究基于"云班课"智能教学助手平台开展大学英语教学的实践与改革，阐述了其在信息化教学和翻转课堂中的主要功能，提出了应用"云班课"智能教学助手进行大学英语翻转课堂教学的设计思路及实施方法，并对教学效果作出了客观的评价与反思，以期取得更好的教学效果。

关键词： "云班课"智能教学助手　大学英语　翻转课堂

一、引言

随着互联网技术的快速发展，信息化浪潮已经席卷到社会的各个领域。就当前的教育而言，教育环境、教育对象和教学模式和方法都面临着新的机遇与挑战。一方面学生获取信息的途径多了，另一方面学生不愿再接受教师课堂上单一的"一言堂"或"填鸭式"知识传授，他们更倾向于尝试多元化的、新鲜的、更有效的学习方式。因此，在新时代背景下，推进信息化教学改革和建设是当前高校英语课堂教学的迫切要求，也是大学英语教学改革的重要举措。此外，翻转课堂作为信息化教学背景下一种新型的教学和学习模式，是近几年风靡国内外的一种教学模式，深受教育界广大师生喜爱。本课题组在教学实践中，采用"云班课"智能教学助手这个信息化平台来开展大学英语翻转课堂教学，取得了良好的教学效果。

[①] 陕西师范大学教学模式创新与实践研究基金2019年度项目。
*杨关锋，陕西师范大学外国语学院讲师，研究方向为外语教学、跨文化研究和英汉翻译。

二、项目研究的理论基础和现实基础

1. 翻转课堂教学

翻转课堂是近几年风靡全球的教学模式，也叫做"反转课堂""颠倒课堂"或"颠倒教室"，其实意义并无本质差别。翻转课堂教学是相对于传统教学而言的一种新兴的教学形式。在传统教学中，教师借助PPT课件，主要通过语言的讲授以及板书的应用，系统地将书本知识传递或灌输给学生。教师是知识的拥有者、传递者以及课堂教学的主导者，主要任务是传授知识。而翻转课堂教学是指学习者在课前观看教师事先录制、收集或整理好的教学微课或微视频以及相关拓展学习材料，课堂时间则主要由教师用来解答学生在课前学习遇到的问题、订正学生的课前预习作业，帮助学生进一步掌握和运用所学知识。相较于传统教学模式，翻转课堂教学是一种先学后教的教学模式，学习者在课前通过观看课程微课或微视频、听录音、阅读教师上传的电子教学资料并在网络平台上与同学讨论交流，自己决定学习步调，自主完成相关知识点的学习。教师不再占用课堂上宝贵的时间来讲授知识点，而是与学习者共同研究并解决问题。此教学模式的意义：（1）改变了传统课堂的教学结构；（2）改变了传统课堂教学目标的实现方式；（3）改变了传统课堂教学评价的维度；（4）改变了传统课堂教学中教师与学生在角色、任务及活动方面的定位。

2. 基于"云班课"智能教学助手的大学英语翻转课堂教学

从目前的研究文献中不难发现，有很多翻转课堂教学是借助QQ群、微信群来发布资讯的，尽管学生也能及时接收并学习相关资讯内容，但QQ、微信都是即时聊天社交软件，而非专门的教学平台软件，为了盈利，这两个软件的界面中充斥着大量的商业广告和娱乐信息，对教学的干扰因素较多，在翻转课堂教学中发挥的作用是有限的。为了解决翻转课堂教学面临的平台选择困境，本研究选取了北京智启蓝墨科技有限公司开发的可供师生免费使用的"云班课"智能教学助手平台实施翻转课堂教学。

"云班课"智能教学助手平台是一款移动教学助手，在网络环境支持下，可利用台式个人电脑、智能手机、平板电脑等移动智能设备开展课堂内外即时反馈互动教学的云服务平台。作为中国第一款课堂互动手机App软件，迄今全国近6500所院校1500万师生在使用。2017年就融入了深度的人工智能技术，2020年2月10日升级了轻直播功能。依托"云班课"自带的轻直播功能，借助"云班课"具有大数据特征、智能化的适用于远程教与学互动功能，教师在教学中可以借助云端创建班群和班课空间，为学生移动设备提供一系列服务，如微课、课件、图片、视频、作业、文档、信息推送和课程订阅等。学生可以在自己的台式个人电脑、智能手机、平板电脑等设备上安装云班课教学互动平台进行自主学习，并在课堂现场或课外进行投票、点赞、问卷调查、头脑风暴、讨论、答疑、图片展示等互动教学活动，并且得到即时反馈、点评。其具体功能如下：

（1）把学生需要学习的各类文字、声音、视频、图片、文档等各类资源上传到"云班课"平台，教师可以查阅学生异地学习情况，并自动排名。

（2）远程与学生开展答疑讨论、问卷调查、头脑风暴、抢答、举手、随机选人、测试、作业小组、布置作业、批改作业等活动，对学生的参与效果进行评价，评价的结果即时累计并排名。

（3）通过人工智能虚拟机器人小墨远程给学生语音加减分、英语作文的智能批改、预设学习时间、预设资源发布时间、预设提交作业时间、智能预测学生挂科等。

（4）通过"云班课"后台，一键导出所有课堂教学自动生成的学成学习评价结果数据并有排名，有日数据，还有数日数据、周数据、月数据、学期数据的智能汇总及明细排名。

（5）以上功能适用于课前、课中、课后整个远程课堂教学环节。

（6）通过"云班课"自带的轻直播功能，完成远程课上教学活动。在轻直播功能模块创建一个轻直播空间，教师通过语音、文字、图片、小视频微课等完成远程轻直播，可以让学生参与互动，也可以设置全员静音。

（7）人工智能虚拟机器人小墨是教师的教学助手，能够帮助教师跟踪每一个学生的学习轨迹，对优秀的学生进行表扬，对不达标的学生提醒教师监督，实现精准的个性化教学指导。

教师可以利用"云班课"平台的云服务功能跟踪记录所有学生的每一次学习行为、学习时长，掌握学生的总体学习进度并对学生的每一次学习进度进行即时评价和统计。此外，教师还可以利用蓝墨云班课平台的功能从云端对整个班级的学习记录、学习时长、学习进度、参与活动次数等数据进行统计、汇总。

三、研究内容

本研究以大学英语精读课程为依托，利用"云班课"智能教学助手进行教学模式创新研究和探索。作为一门公共必修课，大学英语旨在培养非英语专业学生英语基本语言应用能力，扩展学生的英语文化背景知识。利用"云班课"平台在该门课程中的应用主要有以下两个阶段。

1. 课前教学准备阶段

（1）教师任务。

首先是教学目标的分析与确定，教学目标是任何教学活动的重中之重。因此，教学目标要明确通过教学活动学生应达到什么样的学习效果，学生应该知道什么、获取什么以及怎样获取知识，而翻转课堂教学就是为实现这一教学目标服务的。只有在课前确定了清晰的教学目标，教师才能确定英语课堂教学要翻转到什么程度才会达到最佳的教学效果，从而避免教学活动的盲目性，节约宝贵的时间。

其次是教学资料的准备与整理。根据制定的教学目标，提前准备学生课前自主学习需要完成的学习资料，这些资料包括：教师自己制作的微课、课件、教案、图片、网络上下载剪辑的视频、其他教师共享的教学资料等。这些教学资料都是为实现教学目标准备的，是学生课前学习的主要依据。当然，学生的课前学习资料准备好之后，还需设计与教学知识相关的测试内容，帮助学生及时检测所学知识的掌握情况。

再者是导学案的制作与完善。为确保学生课前教学任务的有效完成，教师要根据自己准备的教学资料，制作思路清晰、条例清楚、有效的学习清单。该清单要具体到学生完成学习任务的截止时间、学习的详细内容、学习的顺序、测试的时间点以及线上讨论的时间段安排，导学案制定完成后要反复斟酌不断完善。

最后是教学资料的上传与发布。据了解，现在学生基本上都有个人电脑和智能手机，学习资料的获取没有问题。为确保绝大部分学生有足够的自主学习时间，课前学习资料包一般提前2—3周上传并发布至已经创建好的"云班课"智能教学助手平台的班级课程中，学生收到平台通知后就可以在各自的手机或电脑上及时获取资料学习。

（2）学生任务。

首先是课前资料的下载与学习。按照导学案的要求，学生可以自定步调、自定时间，在截止时间前学习完教师发布在"云班课"平台上的微课、微视频、电子材料等教学资料，掌握相关的知识点，对于不懂的知识点可以向教师、同学求助。其次是疑难问题的线上交流与解惑。在这一环节，每个学生都可以在事先约定的时间段，就学习中遇到的难点、难题与老师和同学交流，大家既可以分享自己的学习心得，又可以互相帮助解决难题。最后是相关测试与知识点的完成与检验。学生学习完相关的知识点后，按照导学案的要求进一步完成有针对性的练习和测试，该环节主要是方便教师通过学生完成的练习和测试及时了解他们课前学习遇到的疑难问题，为课中教学做好铺垫。

2. 课中教学开展阶段

第一，考虑到英语学习者的英语水平以及学习积极性和差异性，一部分学生很难在课前按照导学案的要求完成所有的课前学习资料。因此，教师在考虑的"尺度"问题上，要尽可能照顾到这一部分英语基础差、学习进度慢、学习积极性不高的学生，不能完全照抄照搬翻转课堂的所有做法。

第二，锁定难点，逐一解决。承接上一环节，教师将学生在练习与测试中遇到的出错频率最高的以及线上讨论中没有解决的难点进行归纳总结，重新设计并以主题的形式放在课堂上让学生进一步讨论且附上教师的讲解，让学生各抒己见，教师引导学生进行讨论并及时给予点评纠正，使学生及时修正原有知识结构，进一步内化知识。

第三，合作研讨，共同探索。在学生完成规定单元相关知识点的学习后，考虑到英语学习者英语水平参差不齐的现状，教师有必要针对知识点的难易程度作一些系统化的讲解，并设计一些相关实践任务，将学生分成5—6人的学习小组，小组成员要求好中差搭配，让成绩好的学生帮助后进同学完成实践任务，同时内化掌握所学知识。在这一过程中，教师应该走下讲台积极参与到学生的讨论之中，及时发现问题并对学生进行一对一的个性化指导。

第四，成果展示，分享交流。在上一环节学生已经按照分组情况完成了相关的实践任务，已经形成了小组的成果。因此，教师要做的就是邀请小组代表及时将完成效果好、质量高的作品向全班展示出来，展示过程全程录像。展示完成后，及时对视频进行编辑处理，同时将这些视频上传分享至"云班课"平台，让同学通过平台自带的投票、点赞功能评选出最优秀的展示作品，然后给予该小组成员考核加分奖励或小纪念品奖励，这样能充分调动学生的学习积极性和主动性。

四、本课堂教学模式研究的创新之处

（1）调动了学生的好奇心。传统课堂教学是不允许学生使用手机的，而基于"云班课"智能教学平台的大学英语翻转课堂教学则要求学生光明正大地在课堂上充分合理地使用手机来完成相关的教学任务。这对学生来说是新鲜有趣、充满吸引力的。

（2）调动了学生的学习积极性。基于"云班课"智能教学助手的大学英语精读翻转课堂教学对学生学习效果的评价是多维度的。课前学习资料发布在平台，学生在规定时间内需要完成相应的学习、练习和测试等，这些数据教师是可以在平台上统计、导出和汇总的，并且课堂上可以通过手机手势密码快速完成签到，避免逐一点名浪费时间。另外，教师还可以通过平台摇一摇的功能，现场抽取学生发言，并对发言情况及时在平台上给予点评。以上这些任务都是可以在平台量化统计的，学生不参加任何一项活动都有记录，这无疑有助于改变学生的学习惰性。

（3）改善了师生、学生之间的交流。传统课堂教学中，下课后教师就马上从课堂上消失了，要想与任课教师交流是很困难的。而"云班课"平台上对大学英语采用翻转课堂教学以来，平台上、课堂上提问的学生逐渐增多，平时不好意思在课堂上提问的学生也会通过平台向教师提问。另外，学生在平台上提出问题时，学习好的学生也可以在线上帮忙解答。这无疑打破了时空的限制，改善了师生之间、学生之间的交流。

五、结语

基于"云班课"智能教学助手的大学英语翻转课堂教学可以改善教学效果，调动学生的学习积极性，能对大学英语的教学效果进行更为科学的多维度评价，但同时也给教师提出了新的要求和挑战，要求教师能够对学生自主学习的过程进行有效的监督和引导。同时，为了增强学习趣味性，调动学生的学习兴趣，教师还须花大力气提高自身多媒体信息化教学素养，学会精心设计、制作微课与微视频。

大学英语教学模式实践研究
——基于图式理论的大学英语听力教学模式研究

黄 梅*

摘要：针对我国大学生英语听力水平薄弱及传统听力教学模式单一的现状，本文试将图式理论引入大学英语听力教学中，构建听前图式导入、听中图式理解和听后图式巩固的三段式听力课堂教学模式，从而充分发挥听力理解中学生的主动性，提高学生听力水平和教学效果。

关键词：图式理论　大学英语　听力教学

一、引言

《大学英语课程教学要求》规定："大学英语的教学目标是培养学生的英语综合应用能力，特别是听说能力，使他们在今后的学习、工作和社会交往中能运用英语有效地进行交际。"根据此课程教学要求，大学英语四、六级考试对部分题型也做出了调整。2006年改革后的大学英语四、六级考试中，听力部分的分值占总分值的35%。2016年大学英语四、六级对听力部分再次进行改革，取消短对话和短文听写，新增加了新闻和讲座听力。由此可见，听力教学应该作为大学英语教学中的一个重要环节而得到重视，提高学生的听力理解能力对于大学英语教学具有重要意义。

但是，目前的大学英语听力教学却存在一些问题。尽管以多媒体技术为辅助的听力教学已取得了一定成效，但仍然难以从传统的教学模式中完全摆脱出来，比如课堂教学依旧以教师为中心，学生被动接受，教师操控电脑设备，不断地放音，对答案，学生跟着听音，做题，很容易产生倦怠感，出现抵触情绪；教师对听力教学认识不足，缺乏对学生在听力策略技能方面的相关培训，忽略了对学生整体把握听力材料能

---

①陕西师范大学教学模式创新与实践研究基金2019年度项目。
*黄梅，陕西师范大学外国语学院讲师，研究方向为大学英语教学、英语语言文学。

力的培养，造成学生在听的过程中将注意力过度集中在微观的字词句上，失去了对全篇信息的捕捉、对语篇深层内容的正确理解，抑或是学生过于将注意力集中在听音材料上，即语言本身意义上，而忽视了调动社会文化背景知识和听者生活经验参与理解，导致无法有效地理解和记忆听音内容；有些学生英语基础薄弱，词汇量匮乏，语法知识欠缺，句式结构概念混乱，语感差，文化背景知识缺乏，这些都造成了学生的英语听力水平不甚理想。因此，大学英语教师应当反思英语听力教学的现状，探求一种有效的教学方法来解决听力教学中的实际问题，改善目前不尽如人意的教学现状，切实提高学生的听力水平。实际上，听力理解作为语言的一项重要技能，它并不仅仅只是对语音、词汇、语法等语言知识的听辨，还涉及复杂的心理过程，它是输入信息并与听者头脑中已有的知识进行动态交互的过程。图式理论是认知心理学家解释人类认知心理过程的一种理论，被很多外语教学者引入到英语教学中，获得了很好的教学效果。在实践中，随着图式理论在英语听力教学中的大量应用，研究者们对于大学英语听力教学的研究有了长足的发展。鉴于此，我们设立了"基于图式理论的大学英语听力教学模式"的课题研究项目，期待更出色地完成自己的教改工作。

二、基于图式理论的大学英语听力教学模式的理论基础及实施方法

1. 理论基础

图式的概念最早由德国哲学家、心理学家康德在1781年提出，他认为人的大脑中存在着纯概念的东西，而图式就是中间的纽带，连接着概念和感知对象。20世纪30年代初英国著名心理学家巴特利特在其著作《记忆》中对图式理论做了进一步的研究，他认为图式是过去获得的知识在个人头脑中的储存方式，是大脑对过去知识或经验的组织建构，是被学习者存储在记忆中的一种既存信息对新信息发生作用的过程以及如何把这些新信息丰富到学习者知识库中的过程。皮尔逊认为，图式是人们听到或读到的各种信息在脑海中产生的联想或景象。库克认为，图式是头脑中的先存知识或背景知识。鲁姆尔哈特进一步指出，图式是按照类别存储在记忆当中的数据结构。Carrel和Eisterhold把图式定义为学习者习得的知识构架。研究者们对图式概念进行了不同的定义，虽然形式各不相同，但都强调了"图式是先前获得的知识结构"，是一个人不断积累起来的过去的知识和经验的结构。图式理论认为，所谓学习就是学习者的已有知识经验作用于新知识的过程。当我们面对新知识时，就需要启用已有的知识使之与新知识和新信息发生联系，从而对新信息进行处理并形成新的认知。

图式在听力理解过程中起着重要的作用。图式对听力理解时的意义建构有预测和补充作用,并对信息加工起着选择性的作用。因此,教师在听力教学过程中不仅要传授新知识,更重要的是"激活"学生头脑中已储存的知识结构,使新信息更容易被理解和吸收并融合到已有的图式中,产生新图式,丰富头脑中图式的内容,从而能正确理解和记忆所听的内容。学生在进行听力理解的时候由三种图式决定,它们是语言图式、内容图式和形式图式。语言图式是内容图式和形式图式的基础,指的是听者掌握的语音、词汇和语法知识等方面的基本知识,即听者对语言的掌握程度。内容图式指的是听者对话题了解的背景知识及相关社会、文化知识,主要是与话题材料相关,即听者对语篇内容的熟悉程度。形式图式是影响听力的另一重要因素,指的是听者在篇章、修辞等方面具备的知识,即听者对文章体裁和结构的了解程度。如果听者善于运用形式图式对听力材料的语篇结构进行准确预测,就能快速把握主旨大意,加深理解力。内容图式和形式图式又被称为非语言图式或超语言图式。听力理解是听者语言图式和非语言图式共同作用的结果。长期以来,学生听力理解能力低下的重要原因之一就在于过分重视对语言图式的掌握,而忽略了非语言图式的积累和提高。

2. 实施方法

鉴于图式理论在听力理解过程中的重要作用,我们在大学英语听力教学中就可以灵活地运用图式理论来指导教学,从而有效提高学生的听力理解能力,改进和完善大学英语课堂教学。安德伍德提出,一种较好的听力教学模式应包括三个阶段:听前导入阶段、听力理解阶段和听后巩固阶段。因此,教师在课堂设计时,应该运用图式理论,从听前图式导入、听中图式理解和听后图式巩固三个阶段着手进行听力教学实践活动安排,帮助学生建立相关图式,激活正确的图式和巩固已有的图式。

(1)听前图式导入阶段。

在听前的准备阶段,教师主要是帮助学生激活大脑中的已有图式,建立与听力内容相关图式,鼓励学生预测包括文章体裁、关键词和可能涉及的背景知识等,可以帮助学生理解听力材料,增强信心,做好心理上的准备。那么,在听前导入阶段如何来帮助学生激活图式并建立新的图式呢?

首先,要激活学生内在的语言图式。教师在听前需要向学生展示听力内容当中的重要语言点,包括单词及其发音、习语、惯用表达法等相关语言知识点,有必要时对学生进行语言扩充,讲解关键词,复习相关语法知识,帮助学生"自下而上"地理解语篇。这一环节至关重要，既可以缓解学生紧张、焦虑情绪，还有助于学生锁定重点内容，在听的过程中可以高度集中，进而有目的性地听材料。

其次，通过各种丰富的活动来建立相关图式。教师可以采取发放阅读材料、讲解、播放录像等方式向学生介绍有关文化背景知识，也可以让学生提前通过网络或者图书馆资源阅读或搜索相关的背景材料，随后在课堂上组织小组内交流或全班性讨论，互相交换信息，这样做既可以激活学生大脑中原有的图式，又可以通过同学间互相帮助，建立新的图式，达到更完满的图式效果。

另外，教师要帮助学生分析背景知识，引导学生进行有效预测，从而做好听前准备。教师启发学生根据主题、图片或一些关键词来联想、预测听力内容，还可以鼓励学生通过快速浏览题目、对比答案选项，从中推测出可能会听到的内容，包括对话所发生的时间、地点、人物、人物之间的关系、事件的起因、经过，以及将会发生的结果，特别是针对设定的问题会涉及什么内容，做到心中有数，抓住重点。通过听前图式的准备，学生对听力材料有个整体的了解和把握，充实了自己的内容图式，可以有准备地、主动地投入到听中阶段，为"自上而下"的理解作好铺垫。

（2）听中图式理解阶段。

这个阶段是听力理解、图式具体化的阶段。通过第一阶段听前图式导入、对选项的浏览和预测，学生对所听内容已有一定的背景知识和心理准备，即将进入解码、筛选、检索的认知活动。听的过程需要学生能够高度集中，调动大脑中已存的语法知识、背景图式等与听力相关的知识进行交流，进而做好正确的判断。学生要在听力过程中有目的性地抓住关键信息，采用听猜、判断、联想和想象的方法，结合语言图式和内容图式，交互运用"自上而下"和"自下而上"两种听力模式，从宏观上把握听力材料的整体内涵，从微观上去分析判断关键词句的含义，不断激活已有图式，正确理解所听材料，有效地解决问题。

放第一遍录音时，教师鼓励学生采用"自上而下"的方式来进行泛听，记笔记、找关键词和理解文章大意。充分利用已建立的图式去推断和理解说话人所要表达的主题含义，注重文章的大概意思，而不是拘泥于某些词语和句子，把注意力放到细节问题上。另外，语篇有不同结构形式，如果对不同语篇结构有所了解，就能帮助预测听力内容，在听的过程中处于主动状态。听完第一遍放音后，教师可让学生概述大意，或完成一些宏观题，帮助学生从整体上把握并理解整篇大意。

放第二遍录音时，教师可以引导学生运用"自下而上"的方式，对听力内容进行精听，识别重要的细节信息，注意帮助学生建立形式图式。例如，听写或测试单词、短语时，就需要学生利用语音知识（比如意群、重音、语调、连续等）判断句子结构，划分成分，对语言材料进行解码、筛选、辨识并锁定材料中的特定信息；针对较短的对话，就需要学生弄清楚字词的真正含义，而不是停留于表面的意思，进而把握具体的知识内容。对于有难度的听力内容，在听的过程中，教师可在一些重要的地方稍做停顿，给学生足够的时间思考并记忆，还可以反复播放录音，甚至停下来仔细进行讲解，帮助学生更好地理解。

（3）听后图式巩固阶段。

根据记忆的特点，新接收的知识只有经过及时的复习巩固才能成为长久的记忆，成为固有图式。因此，在听力任务结束后，教师要组织学生对听力材料进行及时的回顾和复习，加深对材料中涉及的知识的印象，巩固新建立的图式，并对已建立的图式进行补充和完善，使新扩大的图式或新建立的图式得到进一步的巩固和加深，并将有关图式存入长期记忆中，以便在将来的新语境中再现和运用。教师可以重放听力材料以巩固学生头脑中已存的图式，还可以根据听力材料帮助学生总结要点和材料里面所体现出的文化知识，来巩固所学知识。教师可以设计一些交际性、互动性的任务，组织学生对听过的内容进行评论、概括、写内容摘要等，或根据主题，组织学生进行角色扮演、模拟采访、演讲等形式来激发相关新图式。教师还应该根据不同听力材料、不同学习阶段及学生的水平选择适当的活动，例如，听音材料若是对话，可以让学生对所听内容进行情景模拟，仿照对话形式编出对话并演练；如果听的是小故事，可以让学生用自己的语言将它复述出来，既可以锻炼逻辑思维和口语表达能力，还可以检验是否真听懂并理解故事内容；如果是新闻报道，可以对其中突出的问题展开小组讨论，对有异议的问题进行小组辩论，或者以书面的形式巩固听力内容；等等。这样一方面有助于学生们对内容有更好的理解，另一方面学生能够把刚获得的相关图式转化为自己的固有图式，储存到长时记忆中，为以后做听力练习打好基础。最后，教师布置课后任务，让学生收集并整理相关的资料，将头脑中的知识点加以分析、归类、总结，丰富自己脑海中的各种图式，使学生的听力水平得到大幅度提高。

三、项目完成的主要任务及落实情况

本项目完成的主要任务包括以下三个方面：①调查大学英语听力教与学的现状，通过调查问卷对学生和教师进行调查与访谈，了解学生对英语听力学习的态度以及在英语听力练习中面临的问题，针对当前英语听力教学中存在的问题以及如何改进英语听力教学，设计问题对若干名教师进行访谈。②构建基于图式理论的大学英语听力教学改革模式。通过打造三阶式的听力课堂教学（听前导入阶段、听力理解阶段和听后巩固阶段），激活和建立听前图式、听中图式和听后图式，培养听者的提前预测能力、信息理解能力以及推理、分析等思维能力，有效提高学生听力水平。③设计和实施听力课堂教学中的任务环节，充分调动学生对听力的学习积极性，提高英语听力水平。在听前阶段，教师协同学生建立语言图式（处理生词、短语），完成"自下而上"的微观信息处理过程，同时教师采用导入主题、引入背景的"自上而下"的宏观信息处理过程，激活学生头脑中的相关知识，扩展和修正原有图式，生成新图式，为下一步扫清了障碍。在听中阶段，教师引导学生积极思考，利用假设、推理、分析等思维形式主动地听，建立内容图式和形式图式。听后阶段是反馈和巩固的过程，教师重新播放听力材料，展示关键词，新生成的图式得到加强，从而变成今后学习内容的原有图式。

总的来说，项目任务的落实情况比较满意，经过教学实践证明，构建基于图式理论的大学英语听力教学模式具有可行性和有效性，该模式可以成为探索大学英语阅读教学的一条新路径，有助于提高学生的英语听力水平，有利于发展其认知技能和思维能力。

四、教学创新性成果和应用实效

本项目研究在教学指导思想、教学方法与手段方面皆有所创新。该项目成果的主要特色表现为：①将图式理论与大学英语听力教学相结合，解决传统听力教学中的诸多弊端，使课堂教学趣味化，有效提高学生听力理解水平，也使听力教学更有效率和质量。②该模式采用了"激活图式""积极思考""运用策略""重建图式"等方式加强学生的听力训练，充分发挥了学生的认知能力，激发了学习兴趣，通过学生主动去听，积极思维，不仅增强了其信息接收和理解能力，也训练了他们的信息转化和产出能力。

通过以本校三个英语B级班为小范围的教学研究基地，历经一年的大学英语听力教学模式改革实践，目前较为成功地构建出适用于我校实际情况的基于图式理论的大学英语听力教学模式。该模式符合我校大学英语听力教学的基本要求，能很好地被运用乃至推广到全校范围的大学英语基础教学实践中去。通过调研及学生的评价反馈，证实了该模式能更大程度地激发学生的听前预测能力、解决问题的能力以及英语学习兴趣和动机，更有效地提高学生的英语听力水平及语言的综合应用能力。

五、研究存在的问题及未来设想

从笔者一年的教学研究实践来看，基于图式理论的大学英语听力教学模式的效果良好，同时也存在着一些缺点，例如，教师需要扩充更多的文化背景知识，才能帮助学生更大限度地调动原有知识，将图式理论更有效地引入听力训练过程中。如何更好地引导学生提高自我监控能力，积极主动地在课后听力练习中运用图式理论，还有待进一步的探究。另外，所选实验班级的教学观察时长比较有限，建议在下一届的新教学班级中继续推行该听力教学模式，以收集更多信息。总体来说，把图式理论应用于大学英语听力教学是有效且切实可行的。

运用有声思维培养非英语专业大学生英语阅读策略元认知意识的实证研究

兰 军*

摘要：本研究以英语阅读的相关理论为基础，研究应用有声思维的方法是否促进非英语专业大学生阅读策略元认知意识的提高，从而提升他们的语言学习和运用能力。研究采用理论与实践相结合、定量与定性分析相结合的研究方法在笔者所带的三个非英语专业一年级B班中进行了为期四个月的实证研究，对应用有声思维法培养学生阅读策略元认知意识的效果进行分析与总结。

英语阅读测试结果表明，有声思维教学方法对于非英语专业大学生的阅读水平没有显著影响；两个实验班B11班和B42班的英语阅读策略元认知意识在实验后有了显著提高，而控制班B74班的英语阅读策略元认知意识的提高则不具有统计学上的显著意义。通过比较三个班级教学实验后的问卷数据发现：实验班B11班和控制班B74班学生的英语阅读策略元认知意识之间存在显著差异，而实验班B42班和控制班B74班之间的差异不显著。由分析学生的有声思维报告可知，非英语专业大学生在阅读过程中已经在有意识地使用一些常见的阅读策略，说明通过有声思维教学方法教授阅读策略对提高学生的英语阅读策略元认知意识是有效的。本研究说明，有声思维教学方法适合应用于大学非英语专业阅读教学。

关键词：有声思维 英语阅读策略元认知意识 阅读教学 英语阅读策略

一、引言

英语阅读是获取信息的有效途径之一，在听、说、读、写四种技能中占有重要地位。目前中国学生在各种考试中阅读成绩领先于其他成绩，但是这并不意味着中国学生具有较高的阅读水平、良好的阅读习惯和较好的语言综合运用能力。笔者随机采访

---

①陕西师范大学教学模式创新与实践研究基金2019年度项目。
*兰军，陕西师范大学外国语学院副教授，研究方向为大学英语教学、跨文化交际、二语习得。

了十几位大学一年级学生，了解到他们课外很少阅读英语报刊、原版书籍等，大多数学生英语学习的目标就是通过大学英语四、六级考试，日常英语学习的重心多在于记忆四、六级单词，而阅读英文报纸、英语文献等对他们来说仍然存在较大的困难，教会学生如何学习、如何阅读、如何真正提高语言运用能力仍然是英语教学的重点与难点。随着对阅读策略研究的深入，研究者也发现阅读策略与阅读能力的关系并非简单的线性关系。学生的阅读理解并不会因为使用了一些策略就能成功，而使用另一些策略就注定失败，关键在于学生是否具有阅读策略元认知意识，即了解何时、为何、如何根据具体的阅读情景有效地使用恰当的阅读策略的能力。元认知意识是有效建构对阅读理解全过程进行监控的基础，在阅读过程中，阅读者的策略意识和阅读者的策略运用意识，即他们的元认知意识是对阅读过程进行有效监控、提高阅读效果的重要基础。本研究拟尝试使用有声思维的方法来培养非英语专业大学生阅读策略元认知意识，以期对阅读策略元认知意识研究进行深入拓展。

在大学英语的日常教学之中，教师只是简单地介绍阅读策略，忽视了培养学生的阅读策略元认知意识。即使有些教师认识到了其重要性，也不能准确地评估学生的情况。再加上学生在各种考试中取得的相对较高的阅读成绩使大部分人认为学生的英语阅读不存在问题，不再需要特别教授阅读策略，培养阅读策略元认知意识。然而依据弗拉维尔在20世纪70年代提出的元认知理论以及现代认知心理学所要求的精细分析认知加工应侧重内在过程的原则，外语教师应重视学生个体的阅读元认知的发展变化，将学生的阅读策略元认知意识的培养和阅读元认知策略能力的提高放在首位。

针对大学英语阅读教学中存在的问题，笔者认为改变学校非英语专业大学生的阅读教学方式，培养学生的阅读策略元认知意识非常必要。本实验拟应用一种新的教学方式——有声思维来培养学生的阅读策略元认知意识。

二、阅读策略元认知意识和有声思维

阅读策略元认知意识，"是读者利用文本理解的相关知识对阅读过程进行监控和依据情境调整阅读策略的能力，是区分成功与不成功阅读者的关键特征之一"，也就是阅读者了解何时、为何、如何根据具体的阅读情景有效地使用恰当的阅读策略的能力。在阅读过程中，阅读者的策略意识和阅读者的策略运用意识，即他们的元认知意识是对阅读过程进行有效监控、提高阅读效果的重要基础。

国内对于阅读策略元认知的研究起步较晚，始于20世纪90年代初期。30多年来，该领域的研究获得了一些有价值的结论，如：杨小虎、张文鹏通过研究得出了英语阅读策略元认知意识水平与英语阅读成绩成正相关的结论。于萍、陶云、杨洪猛认为阅读策略元认知意识不存在种族和性别差异。曾淑芳、吴苏苏认为优秀的英语阅读者其阅读策略元认知意识水平高，大学生的英语阅读策略的元认知意识水平高于初中生、高中生。潘黎萍通过对大学生的研究得出了英语阅读元认知意识在阅读活动中起到积极重要的作用。罗劲草、吴庆麟和杨慧敏通过对我国英语专业大学生的研究发现：英语专业四个年级的学生在英语阅读元认知意识水平上呈非线性分布状态，即呈现新生起点高，大学二年级达到高峰，大学三年级回落，大学四年级回升的态势。瞿莉莉使用有声思维法研究英语专业学生的阅读策略和元认知意识，结果表明：首先，英语专业学生的阅读策略与阅读理解水平存在相关性。其次，高水平阅读者比低水平阅读者使用更多的全局策略和解决问题策略，但两者使用的支持策略数量没有明显差异。此外，高水平阅读者比低水平阅读者具有更强的策略元认知意识，并能灵活使用策略以获得更好的阅读效果。但是这些实验多是调查学生的阅读策略元认知意识状况以及与其他元素的关系，相对而言较少有人研究如何在课堂教学中培养学生的阅读策略元认知意识。本研究拟尝试进行使用有声思维的方法来培养非英语专业大学生阅读策略元认知意识，以期对阅读策略元认知意识研究进行深入拓展。

  有声思维依据Ericsson和Simon的观点是"受试者（接受测试的人）在完成某项任务的过程中，随时随地讲出头脑里的各种信息"。有声思维可以广泛运用于外语教学的各个领域中，如外语阅读、外语写作、外语听力等，它对于外语教学有着一定的促进和推动作用。

  最近发展区理论是由苏联教育家Vygotsky提出，他认为学生的发展有两种水平，一种是学生的现有水平，另一种是学生的可能发展水平。教师要调动学生的积极性，发展学生的潜能，在教学中教师起着促进者和帮助者的作用。在应用有声思维来培养学生的阅读策略元认知意识的过程中，教师首先要根据本班学生的发展特点和水平选择用于进行"有声思维"教学的材料，并确定将使用的阅读策略。在教学过程中，教师还要进行示范，将自己的想法、问题以及解决问题的过程说出来，从而向学生展示自己的整个思维过程以及自己在面对问题时是如何思考的。在拓展阶段，教师需要从"有声思维"的示范者转向引导者。教师要有意识地为学生提供进行"有声思维"实践的机会，让学生在不断的实践中逐步学会独立、灵活地运用阅读的策略，进而成为学生的一种自觉行为。这一教学过程正是体现了对最近发展区理论的遵循，教师为学生提供帮助，从而促使学生成为自主学习者。

三、研究方法

本研究采用理论与实践相结合、定量与定性分析相结合的研究方法对应用有声思维法培养学生阅读策略元认知意识的效果进行分析与总结。

1. 研究问题

本研究的研究问题是：（1）非英语专业大学一年级学生的英语阅读策略元认知意识总体状况如何？（2）通过有声思维方法进行阅读策略教学是否能够提高非英语专业大学一年级学生的阅读策略元认知意识？能否提高他们的阅读水平？

2. 研究对象

陕西某高校130名非英语专业一年级学生参与了本次研究，在研究过程中笔者在自己所带的三个班中进行了为期四个月的教学实验，B11班（40人，化学专业）和B42班（45人，数学专业）两个班为实验班，B74班（45人，生物专业）为控制班。三个班均由同一位教师执教，使用相同的英语阅读教材，教学时长一致。实验班采用有声思维的方法教授阅读策略，控制班采用传统方法讲授阅读策略。即教师在阅读前后向学生讲授与实验组相同的策略，并且告诉学生什么时候用以及为什么使用这些策略。

3. 研究工具

（1）英语阅读测试。英语阅读测试分为前测和后测，旨在收集学生英语阅读成绩以对教学实验前后学生的英语阅读水平进行对比。研究中所使用的英语阅读前测和后测试题均来自笔者所在学校的大学英语期末考试试题的备用卷，备用卷与正式考卷的难度和题型是一致的。大学英语期末考试为水平测试题，题型来自大学英语四级测试试题，由写作、听力、阅读理解和翻译四部分构成，满分为100分，其中阅读题的构成是：1篇15选10填空（与大学英语四级相同题型），3篇篇章阅读（题型与大学英语四级相同），共25个单选题，总分40分，要求学生在40分钟内完成阅读任务。

（2）大学生英语阅读策略元认知意识调查问卷。阅读策略元认知意识测量采用Mokhtari和Sheorey编制的MARSI问卷以收集教学实验前后控制班和实验班学生的阅读策略元认知意识的数据。在罗劲草、庆麟和杨慧敏的研究中，测得此问卷的信度检验Cronbach's Alpha系数为.818，总信度为0.881，三个分策略信度分别为0.704到0.789。该问卷共有30个问题，每题采用李克特量表，A表示"从来不"，B表示"基本不"，C表示"有时会"，D表示"经常会"，E表示"总是会"。选项A、B、C、D和E的分值分别等于1、2、3、4和5分。问卷中所涉及的阅读策略被划分为三个类别：全局策略、支持策略和解决问题策略。使用阅读策略的频率基于Oxford和Burry-Stork的标准进行评价，该标准如表1所示。

表1 频率尺度

Frequency Scale	Mean Score	Evaluation
High	4.5–5.0	always or almost always do
	3.5–4.5	usually do
Medium	2.5–3.5	sometimes do
Low	1.5–2.5	do this only occasionally
	1.0–1.5	never or almost never do

根据Oxford和Burry-Stork（1995）的标准，如果平均得分在3.5—5.0之间则表示学生阅读策略的使用频率为高水平；平均得分在2.5—3.4之间则表示学生阅读策略的使用频率为中等水平；平均得分≤2.4则表明学生阅读策略的使用频率为低水平。问卷调查共进行两次，用于调查受试教学实验前后英语阅读策略元认知意识的基本状况和变化状况，两次调查使用的是同一份问卷，分别在教学使用前和教学试验后进行。

（3）有声思维报告。有声思维报告是在教学实验结束后，研究者挑选了两个实验班的各4名，共计8名学生进行有声思维的测试，让他们在阅读英文文章的同时进行口头的有声思维报告，研究者对他们的有声思维报告进行了录音，转写并进行了分析。

4. 研究步骤

研究步骤如图1所示。

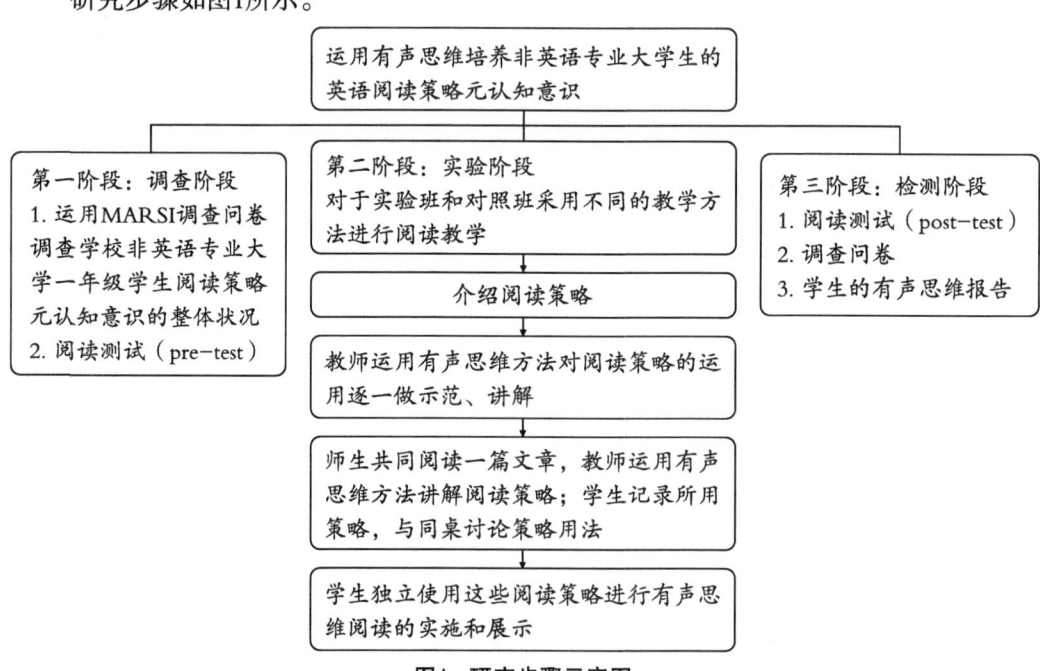

图1 研究步骤示意图

5. 数据收集和分析

数据收集历时一学期四个月，依次包括4个步骤：问卷调查和阅读测试（前测，教学实验前进行）、传统的英语阅读策略教学、有声思维训练、问卷调查和阅读测试（后测，教学实验后进行）。有130名学生参与了研究，教学实验前后分别发放问卷130份，回收130份，回收率100%。130位同学于教学实验前后参加了英语阅读测试，8位同学在教学试验后参与了有声思维测试。笔者将收集到的问卷和测试的数据运用SPSS17.0进行统计处理。采用的分析方法包括独立样本t检验和配对样本t检验。

四、结果与讨论

1. 阅读成绩分析与讨论

由表2显示的数据可见，在英语阅读理解的前测中，B11和B74班的阅读平均分分别为24.6750分和25.0889分（总分为40分），标准差分别为7.02883和5.04895，B11班的平均分略低于B42班，标准差则略高于B42班。经独立样本t检验分析，B11班和B42班的前测阅读成绩不具有显著的统计学差异（p = .759 > .05）。这表明在进行实验干预前B11班和B74班的英语阅读水平相当。

表2　B11班和B74班英语阅读前测成绩对比

	B11(n=40)		B74(n=45)		MD	t(69.938)	Sig.(2-tailed)
	M	SD	M	SD			
阅读成绩	24.6750	7.02883	25.0889	5.04895	−.41389	−.308	.759

表3的信息表明，在前测中，B42和B74班的英语阅读平均分分别为24.1556和25.0889分，标准差分别为4.69020和5.04895，B42班的平均分和标准差都比B74班略低。经独立样本t检验分析，B42班和B74班的英语阅读前测成绩不具有显著差异（p = .366 > .05）。说明在开展实验前B42班和B74班大致处于同等的英语阅读水平。

表3　B42班和B74班英语阅读前测成绩对比

	B42(n=45)		B74(n=45)		MD	t(88)	Sig.(2-tailed)
	M	SD	M	SD			
阅读成绩	24.1556	4.69020	25.0889	5.04895	−.93333	−.909	.366

从表4呈现的数据可以看出，在后测中，B11班的英语阅读平均分为25.7250，标准差为6.51227；B74班的阅读平均分为25.1333，标准差为5.59464，B11班的平均分和标准差都略高于B74班，但两个班之间的差异并不显著（p = .653 > .05）。这表明使用有声思维教学方法教授阅读策略与用传统方法教授阅读策略对学生阅读成绩的影响差别

不大，使用有声思维教学方法教授阅读策略并不能有效提高学生的阅读成绩，这可能是由于实验只实施了一个学期，原本英语课的课时量就比较少，每周课上实验班大致选取15到20分钟的时间对学生去做有声思维的讲解和培训，时间紧，任务多，每次任务完成得比较匆忙，对于通过有声思维学习阅读策略后的学生讨论和练习步骤以及教师的监控部分，由于教学时间紧张，这些步骤做得不到位，从而影响了教学实验的效果，加之有声思维的培训原本就是一个慢工细活，需要长时间去做有声思维才会产生明显的效果。

表4　B11班和B74班英语阅读后测独立样本t检验

阅读成绩	B11(n=40)		B74(n=45)		MD	t(83)	Sig.(2-tailed)
	M	SD	M	SD			
	25.7250	6.51227	25.1333	5.59464	.59167	.451	.653

由表5数据可见，在后测中，B42班和B74班的阅读平均分分别为25.7250分和25.1333分，标准差分别为5.22504和5.59464，B42班的平均分和标准差都略低于B74班。经独立样本t检验分析，B42班和B74班后测阅读成绩不具有显著的统计学差异（p = .587 > .05），说明在本实验中用有声思维教学方法教授阅读策略对学生的阅读成绩没有显著性的影响，可能是由于实验周期较短，课时量较少。

表5　B42班和B74班阅读后测独立样本t检验

阅读成绩	B42(n=45)		B74(n=45)		MD	t(88)	Sig.(2-tailed)
	M	SD	M	SD			
	24.5111	5.22504	25.1333	5.59464	-.62222	-.545	.587

表6的数据显示：B11班，B42班，B74班在前测中的英语阅读成绩平均分均高于后测，B11班的前测的标准差略高于后测，B42班和B74班的标准差在后测中均高于前测。这表明使用有声思维教学方法教授阅读策略与用传统方法教授阅读策略均能在一定程度上提高学生的阅读成绩。

表6　三个班阅读前后测成绩描述性统计

		Mean	N	Std. Deviation	Std. Error Mean
Pair 1	B11前测	24.6750	40	7.02883	1.11136
	B11后测	25.7250	40	6.51227	1.02968
Pair 2	B42前测	24.1556	45	4.69020	.69917
	B42后测	24.5111	45	5.22504	.77890
Pair 3	B74前测	25.0889	45	5.04895	.75265
	B74后测	25.1333	45	5.59464	.83400

从表7的对比数据来看，三个班前后测阅读成绩都没有显著差异。据研究者的分析，可能是由于实验只实施了一个学期，且课时量有限，而且学生学习英语的积极性比较低，课后很少会自主学习英语。

表7　B42班和B74班阅读后测独立样本t检验

		Paired Differences							
					95% Confidence Interval of the Difference				
		Mean	Std. Deviation	Std. Error Mean	Lower	Upper	t	df	Sig. (2-tailed)
Pair 1	B11前测－B11后测	-1.05000	-1.05000	-1.05000	-1.05000	1.39633	-.868	39	.391
Pair 2	B42前测－B42后测	-.35556	-.35556	-.35556	-.35556	1.58107	-.370	44	.713
Pair 3	B74前测－B74后测	-.04444	-.04444	-.04444	-.04444	2.08183	-.042	44	.967

2. 问卷结果分析与讨论

以下是对实验班和对照班实验前后的问卷结果进行比较分析后的结果。

从表8两个班的问卷数据可以看出：B11班和B74班的问卷总体得分无显著差异（$p=.113>.05$），表明在实验前这两个班的英语阅读策略元认知意识没有明显的差别。

表8　B11班和B74班前测问卷总分对比

	B11(n=30)		B74(n=30)		MD	t(58)	Sig.(2-tailed)
	M	SD	M	SD			
问卷	3.6937	.45269	3.4704	61001	.22328	1.610	.113

表9显示的数据表明，B42班和B74班的问卷总体得分没有显著差异（$p=.536>.05$），这说明在实验前这B42班和B74班的英语阅读策略元认知意识大致处于同等水平。

表9　B42班和B74班前测问卷总分对比

	B42(n=30)		B74(n=30)		MD	t(58)	Sig.(2-tailed)
	M	SD	M	SD			
问卷	3.3771	.54808	3.4704	.61001	.536	-.623	.536

表10的数据显示：在后测中，B11班和B74班的问卷得分具有显著的统计学差异（$p=.004<.05$），B11班学生的英语阅读策略元认知意识明显高于B74班学生的英语阅读策略元认知意识，说明采用有声思维的方法教授阅读策略在促进学生的阅读策略元认知意识方面比采用传统方法讲授阅读策略效果好。通过教师在课堂上对"有声思维"的亲身示范以及对学生自己进行有声思维的引导和训练，学生一步步学会独立、

灵活地运用阅读策略。

表10 B11班和B74班后测问卷总分对比

问卷	B11(n=30)		B74(n=30)		MD	t(51.266)	Sig.(2-tailed)
	M	SD	M	SD			
	3.8748	.35278	3.5333	.51569	.34144	51.266	.004

从表11可见，通过分别对比B42班和B74班学生后测问卷得分，研究者发现经过两学期的教学实验，B74班学生的问卷总体得分虽然比B42班稍高，但是达不到显著效果（p = .900 > .05）。这可能是由以下三点原因造成的：一是B42班学生在实验过程中后劲不足，在实验进行一段时间后进行有声思维的热情逐渐降低；二是实验周期较短；三是由于在进行前测时正好处于新学期开端，学生都刚刚接触新的老师，对待问卷态度很认真。而在进行后测时，由于已被告知问卷结果不会对英语期末考试成绩产生任何影响，一些学生填写问卷不是很认真，老师在课堂中发现了这种情况并给予了学生即时的提醒，但仍有部分同学不太重视。

表11 B42班和B74班后测问卷总分对比

阅读成绩	B42(n=30)		B74(n=30)		MD	t(58)	Sig.(2-tailed)
	M	SD	M	SD			
	3.4915	.48987	3.5333	.51569	−.04184	−.322	.900

表12呈现了B11，B42，B74三个班前后测的平均分和标准差。由表11可见，B11班后测的问卷总体平均分（M = 3.8748）略高于前测（M = 3.6937），而后测的标准差（SD = .35278）则略低于前测（SD = .45269）；对于B42班而言，后测的问卷总体平均分（M = 3.4915）略高于前测（M = 3.3771），后测的标准差（SD = .48987）则略低于前测（SD = .54808）；B74班的后测问卷总体平均分（M = 3.5333）也比前测（M = 3.4704）略高，标准差则是后测（SD = .51569）略低于前测（SD = .61001）。

表12 三个班问卷总分描述性统计

		Mean	N	Std. Deviation	Std. Error Mean
Pair 1	B11前测	3.6937	30	.45269	.08265
	B11后测	3.8748	30	.35278	.06441
Pair 2	B42前测	3.3771	30	.54808	.10007
	B42后测	3.4915	30	.48987	.08944
Pair 3	B74前测	3.4704	30	.61001	.11137
	B74后测	3.5333	30	.51569	.09415

通过分别对比三个班前后测问卷总分（见表13、表14），发现通过一个学期运用有声思维对非英语专业大学生英语阅读策略元认知意识的培养，两个实验班学生的问卷得分差异具有统计学意义（B11: $p = .002 < .005$; B42: $p = .023 < .005$），学生的英语阅读策略元认知意识有明显的提高。对照班B74的问卷得分的平均分虽然后测与前测相比有小幅度提高，但没有达到显著效果（$p = .182 > .182$）。这表明运用有声思维教学方法比用传统的教学方法教授阅读策略教学更有利于培养学生的阅读策略元认知意识。这可能是由于两个实验班在采用有声思维教学方法的过程中，一些学生在做阅读的过程中已经开始有意识地使用一些常见的阅读策略，在阅读中自主运用阅读策略的意识和能力不断增强。

表13 三个班问卷总分的配对样本t检验

	Paired Differences					t	df	Sig. (2-tailed)
	Mean	Std. Deviation	Std. Error Mean	95% Confidence Interval of the Difference				
				Lower	Upper			
Pair 1 B11前测 − B11后测	−.18112	.29811	.05443	−.29244	−.06981	−3.328	29	.002
Pair 2 B42前测 − B42后测	−.11437	.26098	.04765	−.21182	−.01692	−2.400	29	.023
Pair 3 B74前测 − B74后测	−.06296	.25235	.04607	−.15719	.03127	−1.367	29	.182

表14 问卷选项均值

类型	选项	B11实验前均值	B11实验后均值	B42实验前均值	B42实验后均值	B74实验前均值	B74实验后均值
GLOB	1	4.10	4.03	3.16	3.40	3.31	3.67
SUP	2	3.76	3.86	3.58	3.53	3.53	3.37
GLOB	3	3.98	4.22	3.84	3.79	4.18	4.02
GLOB	4	3.67	4.05	3.60	3.32	3.47	3.42
SUP	5	2.67	3.05	2.20	2.70	2.20	2.77
SUP	6	2.93	3.92	3.31	3.51	3.22	3.58
GLOB	7	3.21	3.81	2.87	2.85	2.71	3.16
PROB	8	4.29	4.24	4.09	3.91	4.38	4.23
SUP	9	3.07	2.97	2.62	2.38	2.87	2.51

表14 续表

类型	选项	B11实验前均值	B11实验后均值	B42实验前均值	B42实验后均值	B74实验前均值	B74实验后均值
GLOB	10	3.62	3.73	3.36	3.15	3.47	3.35
PROB	11	4.07	4.22	4.29	4.28	4.22	4.35
SUP	12	4.14	4.08	4.22	4.28	4.38	4.26
PROB	13	4.19	4.11	3.47	4.02	3.60	3.95
GLOB	14	3.79	3.92	2.96	3.17	3.11	3.51
SUP	15	3.21	3.22	2.58	2.91	3.20	3.05
PROB	16	4.36	3.89	3.60	3.74	3.84	3.77
GLOB	17	3.86	4.16	3.91	3.81	3.96	3.88
PROB	18	3.31	3.54	3.07	3.11	3.07	3.14
GLOB	19	3.67	4.24	3.49	3.83	3.93	3.95
SUP	20	3.50	3.95	3.50	3.87	3.64	3.72
PROB	21	3.19	3.73	2.61	3.34	2.56	3.21
GLOB	22	3.57	3.97	3.73	3.96	3.93	3.81
GLOB	23	3.55	3.49	2.71	2.83	2.56	2.58
SUP	24	3.57	4.14	3.67	3.64	3.36	3.56
GLOB	25	4.17	4.14	3.87	3.91	4.09	4.12
GLOB	26	4.24	4.05	3.78	3.40	3.49	3.35
PROB	27	4.07	4.14	4.09	4.02	4.33	4.12
SUP	28	3.10	3.32	2.60	2.81	2.31	2.49
GLOB	29	3.76	3.89	3.16	3.43	3.49	3.35
PROB	30	4.21	4.16	3.40	3.83	3.71	3.74

注：问卷采用李克特量表，A表示从不，B表示很少，C表示有时，D表示经常，E表示总是；A、B、C、D、E的分值分别等于1、2、3、4、5分。GLOB=global strategy, SUP=support strategy, PROB=problem-solving strategy。

通过分析问卷单项平均分可知，三个班的英语阅读策略元认知意识在实验前处于中等偏上水平，实验后三个班的阅读策略元认知意识均有所提高。

问卷中涉及的30种阅读策略具体可分为三类：全局策略、解决问题策略、支持策略。在30项阅读策略中，B11班学生在实验前的阅读策略意识较高。实验后，B11班有25种策略的均值高于3.5，占策略总数的83.33%，有5种策略的均值在2.97和3.49之间，占16.67%。总体而言，B11班学生使用阅读策略的意识有所提高。结果表明，使用有声思维教学方法教授阅读策略对非英语专业学生的英语阅读策略元认知意识的培养有帮助。

B42班实验前有14种策略的均值高于或等于3.5，占策略总数的46.67%，有15种策略的均值在2.58和3.49之间，占50%，有1种策略的均值低于2.5，占3.33%。实验后，B42班有16种策略的均值高于3.5，占策略总数的53.33%，有13种策略的均值在2.70和3.43之间，占43.33%，有1种低于3.33%。实验结果说明，使用有声思维教学方法教授阅读策略对B42班学生阅读策略的使用有促进作用。

B74班实验前有14种策略的均值高于或等于3.5，占策略总数的46.67%，有14种策略的均值在2.56和3.49之间，占46.67%，有2种低于2.5，占6.67%。实验后，B74班有17种策略的均值高于3.5，占策略总数的56.67%，有12种策略的均值在2.51和3.42之间，占40%，有一种低于2.5，占3.33%。从结果可以看出，使用传统教学方法教授阅读策略对B74班学生阅读策略元认知意识也有一定的作用，但作用较小，这可能是由于使用传统方法教授阅读策略难以调动学生的积极性，学生没有将这些策略内化于心。

通过分别对学生的三类阅读策略，即全局策略、解决问题策略和支持策略的运用情况的分析发现：非英语专业大学生的使用全局策略的意识较强，实验后三个班的全局策略均值略有提高，但增幅较小，说明在培养学生在阅读中使用全局策略意识的方面，有声思维教学方法与传统教学方法的效果差别不大。这可能是由于全局策略中所包含的十几种策略较为常见，学生在平时已经会无意识地运用全局策略进行阅读。

在实施实验之前，三个班使用解决问题策略的意识已经较强。在实验后，三个班解决问题策略均值都有所上升，其中B11班和B42班策略均值的变化比较明显，表明有声思维教学法有利于提高学生使用解决问题策略。这可能是因为有声思维训练促使学生在阅读中增加对解决问题策略的使用。

三个班学生在实验前使用支持策略的意识处于中等偏高水平。实验后，三个班使用支持策略的意识都有所提高，表明用传统教学方法和有声思维教学方法教授阅读策略均有利于提高学生的阅读策略元认知意识。

3. 有声思维报告分析与讨论

通过对学生的有声思维报告进行分析，研究者发现学生在阅读过程中已经有意识地在使用一些阅读策略，如学生1提到："在第一段中作者就提到了三个点，所以我们可以推测这篇文章可能是一个总分的结构，所以在第一段总起，然后后面他可能会来分别陈述这三个观点，作者又在一段末尾强调了这三个观点的重要性，所以可以确定了他这之后的段落中分别会是这三个观点。"学生2讲述到："第三句说由于一个事故，那么我可以想象到，这个女主可能后面发生什么意外，后面可能会经历一些不愉快的事情，然后失去自信或者一直沉默不堪之类的事情。"学生3称："首先看到这个题目，我注意到里面有VS，所以可以推断出VS前后的两个短语词组是相反的意思，据此，我通过题目推测文章的大概内容是关于中国人的自我否定和美国人的自我肯定意识。"可以看出，学生在阅读时基本都运用到了第26和第29种策略，即在阅读时会猜测文章内容与验证自己对文章的猜测是否正确。这说明使用有声思维教学方法教授阅读策略有利于提高学生使用一些常见的阅读策略的意识。学生8指出："当我开始读一篇文章的时候，我总是会先看文章的标题。然后我会根据标题进行联想。例如如果文章的标题是一个人的姓名，那么这篇文章就可能是关于这个人的一个故事。如果文章的标题是一件物体，那么这个物体就可能是文章的线索。"学生6提到："在中间的几个段我会仔细读第一句，然后快速地阅读其他的部分，当然在问题中出现的我圈出的一些词语的地方也会仔细读，并且把它勾出来。如果我在阅读的过程中已经找到了下面问题的答案，我也会把它勾出来。这样在做题的时候，即使记不清也可以回到文章中在我勾的地方快速地找到答案。"

这表明通过有声思维教授阅读策略会促使学生在阅读过程中采用一些阅读策略来提高阅读效果，提高学生的英语阅读策略元认知意识。然而，基于对学生有声思维报告的分析，研究者还发现还有很多阅读策略学生没有运用到，教师可以在课堂上加强对学生不常使用的阅读策略的示范，鼓励学生使用多种策略改进阅读效果，提升阅读水平。

五、结论与启示

通过定量与定性相结合的方法，本研究有以下三点发现：第一，英语阅读测试结果表明，使用有声思维教学方法教授阅读策略和使用传统方法教授阅读策略对非英语专业大学生的阅读成绩的影响不具有统计学意义的差异。第二，问卷结果显示，在后测中，B11班和B74班的问卷总体得分之间存在显著差异，而B42班和B74班之间的差异不显著。经配对样本t检验分别分析三个班问卷实验前后的总分，B11班和B42班的英语阅读策略元认知意识在实验后有了显著提高，B74班英语阅读策略元认知意识的提高则不具有统计学上的显著意义。分析问卷单项平均分可知，三个班的英语阅读策略元认知意识在实验前处于中等偏上水平，实验后三个班的阅读策略元认知意识均有所提高。第三，通过分析学生的有声思维报告可知，学生在阅读过程中已经有了使用一些常见的阅读策略的意识，表明通过有声思维教学方法教授阅读策略是有效的。总之，调查问卷和有声思维的数据都明确清晰地显示采用有声思维教学方法可以有效地帮助学生培养和逐步提高他们在做英语阅读的过程中有意识使用阅读策略和选取合适的阅读策略的能力。

本研究肯定了使用有声思维教学方法培养非英语专业大学生英语阅读策略元认知意识的效果，对大学非英语专业的阅读教学有一定的启示。对于教师来说，首先，教师可以鼓励学生在阅读过程中多尝试有声思维方法，将思维过程通过语言表现出来，对于不具备经常进行有声思维条件的学生，教师也可以鼓励他们用书面语将自己的思维过程记录下来，学生可以学习如何对自己的思维过程进行思考，也就是运用元认知来监控学习的过程，学会积极地监测自己的想法并自觉地判定所需思考的内容。其次，教师在阅读教学中应加强对一些学生不常用的策略的训练，促进学生的多种阅读策略的掌握。此外，教师可以应用有声思维教学方法为学生提供有效的阅读策略指导，提高教学的有效性。对于教材编写者来说，可以在教材编排中加入阅读策略的介绍与训练，培养学生的阅读策略元认知意识。有声思维方法作为一种教学方法能够应用到其他部分以及其他科目的教学。

当然，本研究也不可避免地存在一些缺陷，如没能持续保持部分学习者使用有声思维的兴趣和实验周期较短等。未来的研究可以增加一些趣味性强的阅读材料，并在学生进行有声思维时尽量给他们营造一个轻松的氛围；今后的研究也可以尽量延长实验时间，多给学生创造进行有声思维练习的机会。

英美电影与文化课程教学模式创新与研究[①]

曹春阳*

摘要：本项目主要通过学习内容和方法创新使学生能够积极主动地了解英美文化相关内容、中西方文化差异以及学习原声电影中比较地道的英语表达，以达到降低或避免学生在出国后可能遇到的文化冲突；同时，提高学生的听说能力以及雅思、托福考试的通过率。

关键词：创新　文化　教学　信息

一、教学研究优势

自2016年以来作为英美电影与文化课程授课教师笔者一直在学习3D建模、VR视频制作技术，到目前为止，自己建模和收集的可用于英语教学的3D虚拟教学场景、模型、花、草、树、木、地形等虚拟部件共计5200多个，并且一直在尝试如何将3D与VR教学视频更好地融入教学当中。

英美文化与电影对于教师和学生来说最大的挑战就是其中的文化现象和海量的语言信息，如何让学生在短短的一学期内从中感受到西方文化和学习电影中最地道的语言是此门课任课教师的一大难题，因为学生每人手中都有一部随时可以了解世界各国文化和可供他们学习的各种学习应用程序，他们获取到的信息甚至比教师还要多。面对海量的信息与英语学习资料，有相当一部分学生出现了"选择困难"，不知道如何选用学习资料。基于此，笔者从自己看过的一千两百多部电影中精选出五十部作为基本授课材料，再结合从美国新闻网（ABC新闻网和NBC新闻网）中选取的20GB的新闻材料，通过Matchware Mediator交互设计软件的强大互动功能以及特别的教学手段，吸引每位学生投入课堂学习，大大提高了学生的学习效率和英语口语输出能力。

[①] 陕西师范大学教学模式创新与实践研究基金2019年度项目。
* 曹春阳，陕西师范大学外国语学院讲师。

（一）教学内容革新

首先，教学内容方面，本课程具备3000多部原声电影、电视剧以及纪录片等，资源非常丰富，涵盖的主题较多，语言信息量非常大。

其次，在长时间的授课过程中，英美电影与文化课程积累了很多由教师导演学生编剧出演的利用虚拟现实视频技术制作的微电影并以之作为部分授课材料。

此外，本课授课教师制作了45个非常实用的微课视频供学生课后学习。

最后，每学期的选课学生都会使用该任课教师制作的100多个双声道配音视频来提高学生的英语语音综合素质。

（二）教学方法革新

1. 创新教学方法

英美电影与文化课独创的课堂教学活动"你走开，我来看"的教学效果非常好，确保了每位学生都会仔细地听，认真地看老师在课堂上播放的视频材料。该活动的具体操作方法如下：

第一步，教师让学生两两分组。

第二步，让A学生去教室外面等候，让B学生留下来观看一个1—2分钟的完整情节视频短片（视频新闻、电影片段、纪录片片段等）。

第三步，给留在教室的学生播放两遍视频，并且提醒他们记好笔记。

第四步，A学生进入教室，然后让B学生给A学生讲他们看到的内容，教师可以随机选择几组进行旁听。

第五步，教师随意选择几组中的A学生上讲台上讲他们搭档给他们所讲的内容，最接近真实情节的组将会获得1—3分的奖励。

2. 独创的配音活动

配音材料为1—5分钟的英文电影片段，其特点是视频中只保留了背景声道，而原声语音声道都通过技术手段被去除了，视频没有任何字幕，学生的任务首先是要通过视频中人物的表情、动作、口型、情节、场景等因素来判断其中的人物关系，然后再根据上面的因素写出人物对白台词，最后再给视频片段配音。

本任务非常具有挑战性，既考察了学生们的英语语言应用能力和创造力、想象力，又测试了他们的口语表达能力和英语语音综合素质。其创新点有：（1）实现了配音的常态化；（2）独创教学活动"你出去让我看"，使得每位学生都能够认真对待学习材料，同时也提高了学生的参与度；（3）每周精看两个英语新闻视频，提高了学生对原声新闻的听力水平；（4）学生自己独立制作的视频提高了学生的动手能力，同时也检验了英语学习情况。（5）每个月学生都有机会与教师合作创作一个虚拟与现实相结合的微电影，教师为导演，学生担任演员和编剧的角色，此任务是完全自愿行为，如果参加，学生则会有适当的平时分数的奖励。

二、具体教学计划

（一）教学目标

（1）在受到了西方文化的影响下，通过中西方文化比较，加强当代大学生们的中国文化意识，树立文化自信；

（2）通过讲授中西方文化中积极向上、有正能量的故事，帮助学生们树立正确的价值观。

（3）鼓励学生大胆创新与勇敢创业。

（二）融入文化教育

在英美电影与文化课堂上有一个很重要的课堂活动：每次上课前负责展示任务的两组学生都要分别做一个基于中西方文化对比的PPT展示，所选主题能将思想政治教育的相关内容融入展示的内容之中去，例如：不一样的餐桌礼仪、中美车牌差异、公众场合戴口罩的文化差异、不一样的家庭概念等。通过对以上主题的展示，让学生进行适当分析，学生可以通过对比加深对那些文化现象的理解，结合学生自己平时的生活经历他们可以形成自己对该现象的正确的观点、认识和看法，再加上教师客观理性的分析与解答，这样无疑是给学生上了一堂很好的思想政治教育课。

该课堂中使用创新学习内容与独到、创新的授课方法对学生也是一种潜移默化的影响，使得学生在今后的学习、生活、工作中也会进行大胆而又审慎的创新，特别是授课教师3D与VR教学内容的开发与应用能力对学生本身就起着一种影响与示范作用。

三、实现本课程授课所需的载体途径

（1）VR头盔是本课程主要的学习载体，通过3D、VR以及3DVR学习内容的有效利用，特别是目前技术"情景教学"能达到最佳效果的3DVR学习内容更使得学生有最逼真的"身临其境"的感觉与体验，其教育效果是其他媒体载体都无法比拟的。

3D与VR内容学习：每次上课，授课教师都会将本团队开发的3D与VR分类学习内容通过APP控制端下发到每个学生VR头盔中以供他们学习，每次学习时长为20—30分钟；

（2）微信公众号是本课程中使用的补充载体，主要是因为公众号所推送的内容学生可以随时随地打开学习，也可以在留言区进行简单的互动交流。

（3）大众传媒、文艺影视作品、学校、重要节日、纪念日、重大历史事件和社会活动、博物馆、纪念馆、革命遗址、烈士陵园、历史遗迹、风景名胜、重大建设工程、城乡先进单位和个人、校园文化等也是本课程采用的载体途径。

（4）要求学生参与教师组织的与本课程相关的社会活动。比如：与身在英、美的大学老师进行在线短时间的主题讨论与求教。

（5）社会实践调查。让学生积极参与社会实践，比如：学生不懂的文化现象，一般鼓励他们上网查资料找"答案"，尽可能鼓励他们去找一手资料，然后再让他们在课堂做PowerPoint展示。

四、已经实现的教学成效

（1）学生们更加喜欢中国文化，文化自信得以树立。

（2）帮助大学生们树立正确的价值观、人生导向以及就业观。

（3）用本课程教师亲历的创业历程去感染、鼓励学生大胆创新和勇敢创业。

（4）树立学习自信，使授课班中的60%的学生在无英文字幕的情况下能够听懂自然语速的英文原声新闻材料（见图1）。

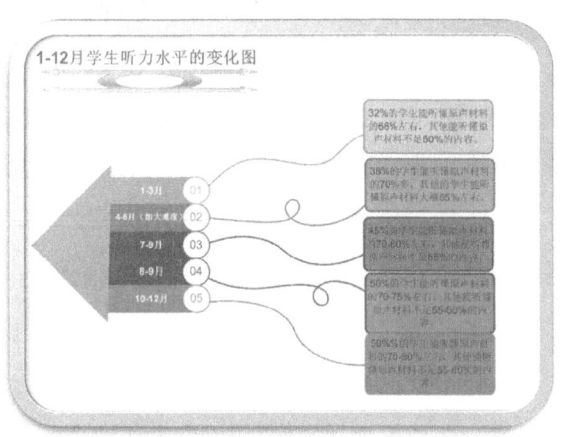

图1 学生12个月内听力水平变化图

五、后续工作

（1）继续开发新的3D+VR学习内容。

（2）教授学生编写交互式授课、学习程序，这样学生在就业时能将此技能派上用场。

（3）与同行共享本团队开发的大部分学习内容。

基于OBE理念的大学英语写作教学模式实践研究报告

齐丽莉*

摘要： 当前大学英语写作课堂"统一要求、固定流程、笼统反馈"的传统教学模式存在诸多缺陷，本研究基于OBE成果导向理念，提出在写作教学中从教师和学生协作规划的个性化、具体化的预期写作学习目标成果出发，反向设计更具针对性的教学内容和多样性的教学活动的大学英语写作教学的新模式。力求通过阶段性学习任务，运用虚拟课堂、实体课堂、翻转模式互动的混合教学手段，以"成果促学习、以任务促发展"，从而提升大学英语写作教学的整体效能。

关键词： OBE理念　大学英语写作教学模式

英语写作作为一种实用技能，是各种英语考试的核心组成部分，更是英语综合能力的集中体现。然而通常以"教师命题、学生写作、教师讲评"三部曲为特征的传统大学英语写作教学模式却存在诸多问题。对于大学英语教师而言，一方面，写作教学中课堂讲解写作要点枯燥无味、课后批改学生习作费时费力，却都收效甚微，久而久之往往流于形式。另一方面，班容量大、教学任务繁重的现实使得大多数大学英语教师很难坚持高强度、高实效的写作训练，更无法给予每个学生足够的针对性、个性化的指导。而大学英语作为公共基础课，学生所给予的重视程度有限。大多数学生深知写作能力的提高需下苦功夫、慢功夫，因而对于大学英语写作训练往往缺乏主动性和积极性。很少有学生对教师的批改加以重视，同样的错误和问题又会在以后的写作中反复出现的现象屡见不鲜。种种原因导致写作教学成为大学英语教学中最为重要却最为薄弱的环节，大多数学生的英语写作能力不升反降。因此，如何调动学生写作动机，创设有吸引力的、行之有效的大学英语写作教学模式，有效改进大学英语写作教学质量、提高写作教学效率，帮助学生扎扎实实练就英语写作的各项基本功，理应成

---

①陕西师范大学教学模式创新与实践研究基金2019年度项目。
*齐丽莉，陕西师范大学外国语学院讲师，研究方向为大学英语教学及教师教育。

为大学英语教师认真思考、创新实践的课题。

一、项目研究的理论基础及现实背景

（一）OBE教育理念

OBE（outcome-based education）被译为成果导向教育，或被称为基于学习产出的教育模式。OBE教育理念最早出现于美国和澳大利亚基础教育改革过程中，如今已被公认为培养卓越人才的有效方法，成为欧美国家教育改革的主流理念。OBE理念强调以预期学习产出为中心来组织、实施和评价教学的过程和结构，即教师必须对学生学习结束后应达到的能力及水平有清楚的构想，然后以此为基础逆向设计教育活动、教育评价和教育过程，以期帮助学生达到这些目标。与传统的"教师主导、学生被动接受"教学模式比较，OBE模式更加关注学习者、学习需求及学习成果，关注教学过程的输出而非输入，强调自主化、个性化、启发性、多元化教学，强调学生真实的学习体验及综合能力的发展。OBE作为一种教育范式的革新，遵循了"教师主导，学生主体"的教学思想，突出了"以学生为中心"的核心理念，有利于调动学生的教学参与热情、激发学习主动性和积极性，从而形成一种积极、灵活、互动的课堂新形态。

目前，OBE理念被广泛运用于国外高校教育教学实践中，尤其是在高校专业和课程体系建设和质量保障体系中正发挥着重要作用。在我国，有关OBE理念的实践研究仍处在学习、探索阶段，实验主要集中在高等院校理工科课程，并且高成熟度的研究成果可谓凤毛麟角。在大学英语教学中，尤其是大学英语写作教学中的实践应用实属罕见。

（二）大学英语写作教学的现状

陕西师范大学目前的大学英语写作教学并不是一门单独的、具有固定统一的教学安排和教材的课程，而是融合在每周一次两节的精读课程中，教学方式和教学内容全由各班教师灵活掌握、自由安排。由于一直以来存在的师资不足、班容量大、教学任务繁重的突出问题，教师们必须在有限的时间内完成教学任务，留给写作教学的时间就具有了极大的局限性和随意性。目前的大学英语写作教学通常的做法是教师在一学期结合精读课的内容布置2—3篇习作，学生书面写作，按照要求时间上交作业，教师按照大学英语四级作文的等级标准统一批改学生作文，课堂上针对学生作文中存在的普遍问题进行集中讲评。由于大学英语班通常是混合班，学生生源不同、基础不同、对英语学习的兴趣、需求也不同。这样统一要求、固定流程、笼统反馈的做法不仅使学生学习缺乏目标性、主动性和个性化，而且造成教师评阅反馈工作量大、实效性差。此外，比起英语口语、阅读、演讲、词汇技能的"短平快"提高，英语写作技能的磨炼的确需要非常漫长的过程，而且不易产生立竿见影的效果。每学期2—3篇的英语写作训练强度很难帮助学生达到得心应手地应用大学英语学习的语言材料的教学目标。因而在实际教学中，学生被动等待教师布置作文、批改作文、等待分数，自主性、积极性不高，教师费力批改、概括性反馈、课堂集中讲评，教学效能也不高。这样的教学常态使得写作专题教学往往成为大学英语教学中被轻视甚至缺失的环节。

二、项目完成的主要任务及落实情况

（一）项目实践目标

OBE理念指导下的大学英语写作教学旨在从师生协作规划的个性化、具体化的预期写作学习目标成果出发，反向设计教学内容、教学活动，以成果促学习，以任务促发展。在多媒体和网络技术环境中，通过阶段性"成果产出"学习任务，应用广泛、多样、可供选择的学习内容，利用自我反思、同伴互评和教师评价相结合、虚拟课堂、实体课堂、翻转模式互动的混合教学手段，通过全面、持续的监督评估机制，在以学生自主学习为主，教师指导和学生小组帮助为辅的教学氛围中，构建一种"成果本位"的自主化、开放化的大学英语写作教学模式，促使每个学生在原有的基础上都有所发展、有所进步。

（二）项目实施方法

项目实施以文献研究法为基础、收集并分析国内外OBE理念及其实证研究的相关文献及改革经验，全面掌握本研究的前沿领域与先进成果。在实验前期和后期，利用问卷调查掌握并分析受试学生的英语写作基础及兴趣、需求，受试学生的可能收获及感受，据此调整课堂教学重点与实施模式。在项目实施的整体过程中，遵循计划、实施、考察、反思的行动研究法的步骤，全面、立体、动态监控实验效果，在问题解决过程中改进和完善教学结构和形态，实现行动研究与课堂改革的合二为一。

（三）项目实施情况

1. 前期准备（2019年4月至2019年5月）

对OBE理念下的大学英语写作教学模式进行整体规划和精心设计。在没有现成教材可以依托的情况下，多渠道广泛收集英语写作素材，设计多样的、更具个性化的写作练习和写作活动，积累、整合适合每个学生发展的自主学习材料，为实现以自主、合作、探究为核心特征的大学英语写作OBE教学模式打下坚实的资源基础。同时实践应用网上即时写作批改系统——批改网，全面了解其使用程序，探索其教学功能，为网上师生写作活动开发全新的渠道。

在2018级实验班进行问卷调查和写作测试。通过开放性问题全面了解实验班学生日常自主练习英语写作的状况和困境，并应用大学英语四级写作标准化试题检测实验班学生的英语写作能力，寻找薄弱环节，从而明确本项目教学实践的方向和侧重点。同时构建班级QQ群，引导学生关注班级QQ群，为项目后续的研究提供实践平台。

2. 第一轮教学实践（2019年5月至2019年7月）

项目负责人在自己所带的2018级大学英语实验班级（一年级）利用综合英语课开展了为期7周的OBE理念下的大学英语写作教学模式应用实验。教学以虚拟课堂模式为主，辅以实体课堂和翻转模式等互动性混合教学手段。教学设计涵盖成果定位（结合学情和最近发展区，师生合力制定具体的、个性化的阶段性和最终学习成果）、自主学习（依托虚拟课堂——班级QQ群，以成果为导向，教师在虚拟学习社区提供多样的学习内容，学生自主选择学习发展方式，完成阶段性学习任务）、阶段性成果评估（通过标准化的大学英语四级写作测试，依据教师打分、学生互评、自我评价的综合模式，评估学生是否达到了预期的学习成果）三个阶段。整个过程以"以成果促学习，以任务促发展"为核心目标，突出学生自主学习的重要价值，把自我反思、教师指导和学生小组活动相结合。

3. 中期总结（2019年8月）

反思、分析、总结前期教学实践的整体效果，归纳出学生反映的突出问题，为以调整、改进和完善为核心的第二轮教学实践做好准备。

4. 第二轮教学实践（2019年9月至2020年1月）

在2019级实验班级（一年级）开展新一轮基于OBE理念的大学英语写作教学模式应用实验。增加新内容、尝试新活动。尤其是对前期实验的薄弱环节——利用翻转模式的写作课堂教学中丰富的活动检测、拓展学生课外的写作学习成果进行了较充分的尝试。从而加强了专门写作课的新模式应用实践，更好地综合了课内和课外的作用。

此外，我们对加强课外学习监控，深化多元化、个性化教学指导和评价模式等方面的问题开展了更多的尝试和探究。例如：我们利用录课、小组活动录像等形式加强对学生的监督和评价，并把基础成绩、阶段性考试成绩、作业成绩、发言次数、努力程度、英语课堂贡献值等都纳入综合考核评价范围，真正做到激励、促进每个学生在原有的基础上都有所进步并且不断进步。

5. 终期总结（2020年3月）

整理、整合项目开展过程中的资料，准备撰写研究报告、迎接结题答辩。

三、项目研究的教学创新性成果和应用实效

在为期一年的项目准备、实施、改进和总结的过程中，项目组对OBE理念有了更加深入的认识，在把OBE理念应用于大学英语教学改革方面积累了宝贵的经验。

（一）项目研究的教学创新性成果

（1）通用预期学习成果的有益引入，利用丰富的线上线下学习资源，筛选、整合了满足学生个性化发展需求的教学资源和自主学习材料，涉及写作基础训练、写作范文、单词扩展、美文欣赏、翻译练习等，为成果导向的个性化教学奠定了坚实的资源基础。

（2）形成一套多样化的成果导向活动方案，提升了大学英语写作教学效果。

（3）设立教学交流互动平台——班级QQ群，并借助批改网开展虚拟学习社区的部分教学活动，全面探索QQ群和线上写作即时批改网的助学功能。

（4）设计并实施多元化监督、评价、考核并举的促学方案，把成果导向的教学效果落到实处。

（5）参加教师教学发展中心举办的线上线下教学沙龙三次。

（二）项目研究的应用实效

1. 提高了大学英语写作教学的效率

传统写作教学模式中教师批改习作、概括性反馈、课堂集中讲评费时费力，每学期写作练习2—3篇，时效性差且收效甚微。而在OBE理念下的大学英语写作教学模式中，阶段性"成果产出"的学习任务把课内和课外联系起来，把教学空间从实体课堂扩展到了虚拟课堂，多样、可供选择的学习内容、学习活动把课堂教学的一次练习行为转化为日日积累的多次实践行为。班级QQ群学习笔记和练习即时检查、批改网即时反馈、学生网上互相评价也提高了教学的时效性。

2. 学习主体归还给学生

传统写作教学模式中学生被动等待教师布置作文、批改作文、等待分数，自主性、积极性不高，久而久之多数学生都是应付了事。而在OBE理念下的大学英语写作

教学模式中,学生自主设定适合自己的学习目标,自主选择学习内容、自主控制学习进程、自我反思自我评价,学生参与度大大提升,主观能动性也得到提高。

3. 彰显个性化教学特征

大学英语班通常是混合班,学生生源不同、基础不同、对英语学习的兴趣、需求也不同。但传统写作教学模式实行统一要求、固定流程、笼统反馈的做法,只照顾了人数居多的中游水平学生的需要,拔尖学生和后进学生不能得到最好的发展。OBE理念下的大学英语写作教学模式从成果定位、学习资源设计到检查评估方式设置都考量了个体学情和最近发展区,力求使每个学生都能有所发展、有所收获。在教学实验中,我们发现绝大部分学生都能够按照自己制定的成果导向,或弥补语法、减少低级错误率,或丰富句式结构和表达方式,或通过阅读拓展思维,朝着自己的目标,沿着自己的发展路径努力。

(三)学生的反馈与评价

在教学实验的后期,项目团队组织了实验班学生对OBE写作教学模式认可度评价的问卷调查,从对课堂的认可度、自主学习英语状况、班级QQ群的使用、教学效果等方面获取学生的反馈和意见。问卷调查所反映的总体信息体现出学生对于创新模式在大学英语写作教学中应用的积极肯定。65.8%的学生非常喜欢新型的教学模式,26.1%喜欢这样的教学模式,这与绝大多数学生学习积极性提高相符。83.4%的学生表示自己每天利用身边的学习资源进行英语学习,这样多的学生有这样强烈的学习英语的意识和持之以恒的习惯非常难能可贵。73.1%的学生非常认可班级QQ群有效促进了师生、生生的交流和沟通,为英语学习提供了开放的资源平台。69.6%的学生非常认同这样的教学模式提高了他们参与课内外活动的积极性。但也有2.2%的学生不认同,6.5%的学生不清楚,这种情况与学生参与教学活动的状态相符,确实有少数学生由于种种原因游离在课内外活动之外。

四、项目研究中存在的问题及今后的研究与实践设想

大学英语写作教学作为综合英语课教学任务的一部分,所获得的教学时间有限,导致项目设计的个别细节没有充分展开,有些薄弱环节需要进一步强化。

1. 教学安排未形成完整的循环过程

本项目设计以一个月、半学期、一学期、一学年为节点,通过定期考核、定期评估、定位下一阶段成果使教学安排形成层层递进、相互依存的循环过程。但由于项目

启动较晚，教学时间有限，没有形成一个完整的链条，对最终教学实验的效果产生了一定影响。

2. 教学模式实施效果分析研究

项目组通过问卷调查、学生测试等形式获取了大量实验数据。但如何更准确地分析这些数据，立体监控、真实反映实验效果，为未来的教学发挥更好的指导作用，由于自身教学分析研究能力和经验的欠缺，这仍然是我们面对的难题。

在今后的教学实践中，我们设想在大学英语综合教学中更多地应用OBE成果导向的理念，把"以成果促学习，以任务促发展"的教学目标细化深化地加以落实。通过提升英语学习资源的丰富性和多样性来满足学生的个性化需要；通过探索更多形式的听、说、读、写、译相结合的练习任务和活动，为学生提供更多磨炼的机会；采用录课、学生座谈等形式积累实验数据和资料，并通过参加培训提升我们的教学分析研究能力。

微课在大学英语专业语法教学中的应用研究①
——以陕西师范大学英语专业语法教学为例

张春娟*

摘要： 英语语法课程是高校外国语言文学专业的核心课程。从目前国内大部分高校语法课堂教学情况看，在外语专业其他各科中已得到广泛使用的信息化教学技术仍未在语法教学中得到推广，这一现状难以满足《普通高等学校本科专业类教学质量国家标准》针对该专业学生提出的培养复合型人才的要求。本文把以微课为手段的线上线下混合教学模式引入英语语法专业教学中，分析这一教学模式在实际教学中的应用、成效以及存在的问题，试图以此克服以教师讲授为主的语法教学中存在的弊端，探寻一种信息技术与语法教学相结合的有效教学模式。

关键词： 微课　信息化　英语专业语法教学

随着互联网技术的深入发展，当前在国内教育界，"互联网+教育"的教学模式在各级各类学校中开展得如火如荼。2018年，教育部颁布了《普通高等学校本科专业类教学质量国家标准》，针对外国语言文学专业的学生提出了新的要求，其中主要包括外语运用能力、信息技术应用能力、自主学习能力和实践能力等。早在2008年，王守仁就呼吁"各高等学校应充分利用现代信息技术，改进以教师讲授为主的单一教学模式，……使英语的教与学朝着个性化和自主学习的方向发展。"通过建设英语信息化课程，"倒逼教师使用现代技术手段，开展线上、线下教学，创新教和学的方式和过程，提高教与学效果"。在教育部颁布的最新教学大纲中，英语语法课被列为外国语专业的核心课程。近年来，在各级英语教学中由于强调英语的实用性而不断弱化甚至排斥语法教学。但是，语法是语言的组织规律，规范着语言的使用与理解，在听说读

---

①陕西师范大学教学模式创新与实践研究基金2019年度项目。
*张春娟，博士，陕西师范大学外国语学院副教授，研究方向为英语教学。

写译等各英语基本技能的学习方面都起着重要作用。从教学实践看，学生在写作和翻译中所犯的基础性错误大多都与词法、句法以及篇章结构等语法知识有关；在高级阅读阶段，尤其涉及到科技、法律文体等专业文章阅读方面，学生对文章基本意义的理解也在很大程度上受其语法知识的限制。此外，对师范专业的学生来说，语法学习对其将来英语教学的重要性不言而喻。

一、项目的理论基础

近年来，随着现代信息技术的发展和网络社交平台的普及，国内外许多学者开始把语法教学问题与多媒体技术联系起来，力图寻求不同于传统语法教学的更为有效的教学模式和方法。这些新的语法教学模式主要有互动式反馈教学模式、基于社交平台的任务型教学、线上教学与线下教学相结合的语法教学模式。除以上几种主要教学模式，目前国内外语法课堂中较为普遍的教学模式还包括信息技术支撑下的体验教学法、支架式教学法、翻转课堂、对分课堂等。从近几年语法教学改革来看，课堂教学与多媒体技术的结合是当前语法教学发展的趋势。

在以上课堂教学改革模式中，微课作为一种重要的教学手段参与其中。微课这一概念最早始于美国北爱荷华大学迈克格鲁所提出的60秒课程，即基于明确的学习目标，录制一个集中说明某问题的小课程。2008年，在信息化教学快速发展的背景下，美国新墨西哥州胡安学院的教学设计师戴维·彭罗斯正式提出了微课概念，并开始应用于在线课程。彭罗斯认为，微课是一种以建构主义为指导思想，以在线学习手段，以某个知识点或关键概念为教学内容而设计的短小音频或视频课程。作为一种信息技术支撑下的新型教学手段，微课在提出之初便受到国外不少学者和教育者的关注，在实际教学和学习等方面取得了较好的效果。就国内教育界来说，较早提出并使用微课的是胡铁生，他把微课定义为"以教学视频为主要载体，反映教师在课堂教学过程中针对某个知识点或教学环节而开展教与学活动的各种教学资源有机组合。"之后，赵国栋又引入微课程和微课件概念，扩展了之前人们对于微课的认识和应用。

作为互联网技术和教育结合的产物，微课利用现代信息技术手段，对传统课堂中课前、课内和课后学习和教学内容进行重新规划，通过对知识传递、巩固和内化顺序的安排，满足网络时代学生的需求，它体现并有效利用了大数据时代学习碎片化和网络化的特点。在各类课堂改革模式中，微课与慕课、翻转课堂等平台或教学模式相结合，成为提高教学质量，培养学生自主学习能力的重要教学手段。

二、大学英语专业语法课程微课应用案例报告

1. 课程理念和目标

课程设计指的是"课程的规划、实施、评价及其设计的人、过程和程序"。英语语法课是外国语言文学英语专业的一门基础必修课,该课程的知识目标在于使学生对教材中所讲授的各词类、句式以及语篇等英语语法的基本结构与规律有一个比较清晰完整的概念;通过系统的语法知识讲授,使学生学会运用所学知识分析各种语言现象,利用语法规则指导语言实践,从而提高英语的实际运用能力,巩固和延伸现有的知识体系,为毕业后的继续学习和就业打下坚实的基础。此外,就能力目标来说,通过本课程的学习,学生应具备以下方面的能力:(1)阅读能力。以扎实的语法知识、准确的语法分析为基础,正确识别、理解语法衔接手段,进而对句子和段落进行推理,达到理解文章上下文的逻辑关系,从而了解语篇和段落的主旨和大意,掌握语篇中的事实和主要情节,最终理解作者的目的、态度和观点,以获得对文章准确、彻底的理解。(2)写作能力。以比较系统和完整的英语语法知识为基础,并运用语法规律去指导英语写作,提高运用英语的书面交际能力。使学生在写作中能够做到语法正确,句子结构完整,表达地道且符合逻辑。(3)翻译能力。以系统的英语语法的基本理论和基础知识做指导,使学生能够正确翻译一般语句,基本符合汉语习惯;能够较准确翻译长句;能够较准确翻译工作中的函电、广告、说明书、合同书等等。

2. 课程实践

在本次英语专业语法教学实践中,微课的使用主要集中在两个方面:一是基于微课的线上线下混合式教学,二是作为教学补充资源。具体教学实施步骤如下:

(1)微课设计。

作为一种教学手段,微课在具体教学过程中的形式和内容也不尽相同。就形式来说,微课的形式丰富多样,可以是微视频、微课件、微教案和微习题等;就内容来说,微课有讲授类、启发类、讨论类、探究类以及练习类等。在微课制作之前,教师应首先根据教材中各章节的性质、内容、教学环节以及学生对知识的掌握等具体情况选择微课形式,以便充分发挥其教学辅助作用。

目前,陕西师范大学英语专业语法课程所使用的教材是章振邦教授主编的《新编英语语法教程》,该教材在内容方面极为丰富,细节讲解详尽,语法知识全面,但同时存在重点不够突出,各知识点之间的内在逻辑关联不够清楚等问题。考虑到这一

点，教师在进行微课设计时应根据学生语法能力、学习精力以及语言的实际使用等方面取其精华，扬长避短。例如本教材中有关无动词分句一章是英语语法中最难理解和掌握的知识点之一。作为从属结构中最为简捷的一种表达方式，它需要学生充分了解分句结构，并以熟练掌握限定分句和非限定分句为前提。但从实际情况看，学生对这一知识点完全陌生，普遍认为难以接受。对于这一类难度较大的语法知识，教师在使用微课进行教学时易采用研究型模式。首先，给学生提供有关这一知识点的大量语言素材，使学生在阅读中形成对这一语言现象的初步感知。在课堂教学中，教师引导，组织学生展开讨论，并在讨论过程中引导解决所提问题。最后教师对该知识点的重点和难点加以提炼概括，并进行系统整合，做成微课供学生课后反复观看消化，将新知识与原有知识整合到一起，达到知识创新。

除了此类难度较大的知识点，对于学生较为熟悉且难度不大的语法知识，如名词、形容词、副词、助动词、主谓一致和状语从句等进行微课教学时，教师可采用线上到线下的混合教学模式。该教学模式灵活性较大，教师可根据学生对相关知识点的掌握情况具体设计微课内容。

（2）线上互动。

在这一学习阶段，教师利用微信、QQ等群功能进行任务的布置、跟踪与检验，做到实时信息共享和交流。教师可通过发布相关练习、研究文章以及报告等多种形式给学生提供丰富的学习资源。除此之外，教师还应鼓励学生自主进行信息资源搜索，以便多方面深入思考问题，并教会他们有效利用网络资源进行微课学习，例如如何利用搜索工具，网络连接，搜索程序等，如何根据自身的兴趣、目标、需求选择微课等信息，并对信息的真伪、质量、价值进行判断，有所取舍；如何对微课等相关信息进行分类、整理，并通过思考，对知识进行重整合。此外，随着对微课研究的深入及其应用的扩展，各级各类的微课网站相继建立起来，如以中小学微课为主的中国微课网和CN微课等网站，设有高校微课栏目的"微课慕课""微课中国"以及集微课制作、在线学习和微课大赛等于一体的"微课之家"。教师可引导学生进入相关网站学习，发现问题，扩展思路，并且通过学习，进一步鼓励学生自己制作微课，在这一过程中加深对某一知识点的理解，促进知识内化和信息技术的利用能力。

（3）线下教学。

在这一教学环节，教师注重培养学生的课堂组织能力和独立解决问题的能力，使学生在独立思考、广泛讨论的学习过程中构建起自己的知识体系。对于学生来说，在这一阶段，学生已通过线上准备形成教案及讲课思路。每节课上课之初，由单元负责学生检查同伴观看微课的成效以及预习情况，并进行总结，做出相关评价。之后，学生进行课堂讲解。讲解过程中同伴及教师可随时提出疑问，讲课学生根据个人理解做出回答；如果其他学生对答案不满意或仍不能理解，讲解学生可组织课堂讨论，在讨论中解决问题。通过讨论，使学生在观点的深度、论述的严谨等方面接受挑战，进而提高批判性思维和辩论能力。授课完成后，教师对于学生授课过程中遗漏或未讲解清楚的重要知识点进行补充说明，并处理课后练习中的重点难点，巩固课堂所学知识。最后由教师和学生根据相关评价制度，对学生线上及线下表现共同做出形成性评价和总结性评价相结合的评价。其中形成性评价主要侧重于学生微课学习、问题分析与探究以及互动与交流等方面的表现；总结性评价则主要考查学生对所学知识的理解、掌握和应用能力。

三、成效与反馈

本次以微课为手段的语法课程改革在注重成效导向，根据高阶性、创新性和挑战度等方面的要求对课堂教学内容进行了重新规划与设计，通过线上线下混合式教学，实现对语言、思维、文化与能力的综合培养。在成效性方面，通过课前、课中、课后三个环节的教学设计，将课前预习、课中翻转课堂、课后任务完成等三者有机结合。同时，通过线上平台，随时随地掌握学生的学习状态，及时精准地提供教学辅导或技术支持。在评价体系方面，注重学生学习的质量和成效，从单一的语言规则学习转向包括语言综合能力、思辨能力和创新能力的结合，并通过相应的标准进行打分。在语言综合能力方面，不仅关注语言基本规则，更强调规则在语言实际使用中的准确性、适当性和灵活性，并及时更正语言使用过程中出现的中式英语，注意区分书面语、口语及各类文体中语言的变化。在思辨能力方面，强调相关理论和知识的铺垫，重视语言规则背后的历史文化因素以及语言内部的逻辑性，恰当引入相关语言学知识，使学生透过语言现象了解人类思维本质。在创新性方面，主要注重教学内容和方法。在教学内容上，将思辨模式作为一种语言分析思路，引导学生在这一框架下剖析语言现象，并在此基础上分析语言与创新教育之间的关系。这意味着教学内容将综合跨文化沟通、批判性思考、创新创业教育等三个方面。在教学方法上，充分发挥互联网优势，将线上资源与线下资源有机结合。在课堂上最大可能地调动每位学生的积极性，激发协同创新和团队精神，通过提问环节、讨论环节、课上发表环节以及辩论环节，使知识得到更好的内化。

此外，通过近一年的教学改革实践，以微课为基础的英语专业语法课程网站已初具规模，为团队成员备课、授课、课上课下的师生互动带来了前所未有的便捷。在以微课为手段的英语语法课堂教学模式中，由于课前预习、课堂授课方式以及评价体系的改变，学生对课堂内容的兴趣有所提高，与教师及同伴的互动明显增多，学生的表达能力、自主学习能力、团队合作能力及批判性思维得到较大提升。与之前的语法课堂相比，学生更认可这一教学形式。

四、存在问题与解决方案

由于各方面的原因，这一教学模式在实施过程中还存在不少缺陷，并面临诸多挑战。首先在教师团队方面，大部分教师多年来实施以课堂讲授为主的教学模式，对新型信息化教学存在疑虑，而且对信息技术较为陌生。此外，在微视频的制作内容方面，形式比较单一，仍然以知识点的讲授为主，与之前以教师为中心的课堂讲授方式区别不明显；其次，在学生方面，学生英语语法水平差距较大，有些学生语法知识较为薄弱，自主学习能力较低，对所分配到的任务完成效果不够理想，课堂参与度低。

对于教师团队方面存在的问题，进一步督促并培训项目组成员熟悉现代信息技术，通过讲座及课堂观摩等方式促使他们了解这一技术在课堂改革与创新中的意义。在微课内容设计方面，根据课程难易程度以及学生的接受水平，改变单一的知识讲授形式，充分考虑问题型、结构型微视频，丰富微课形式。对于学生方面存在的问题，教师可在班级内进行测试并实施隐形分层，对于较为简单的知识点，由水平较低的学生负责讲解并予以鼓励。此外，在课堂活动中引入头马模式，确保学生都能参与到教学过程中。

会话叙事视域下语言教学实践研究
——以英语词汇学课程为例

朱冬怡*

摘要：会话叙事是日常会话交际中的故事讲述活动。本研究以笔者录制的课堂语料为研究对象，从课堂会话叙事的互动话语入手，结合英语专业本科二年级学生"英语词汇学"课程，探究经过多轮模式迭代之后所形成的一种可行的会话叙事教学方式，以及会话叙事对英语专业课堂教学的影响。语料分析及实践证明，课堂语境下的会话叙事互动以语料为导向，以学生经验文化为框架，为师生以及生生之间铺就了一条从被动的受述者到主动的叙述者的叙事路径。同时，英语词汇学课程所涉及的英汉词汇之文化与语言特征对比也在叙事互动的过程中得到了有效的思辨与理解。

关键词：会话叙事　语言教学　英语词汇学

一、引言

会话叙事，是会话交际中的故事讲述行为。会话叙事的研究经历了从追求叙事普遍性到特殊性，从依赖叙事文本到倚重叙事实践的发展路径，在后经典叙事学的发展过程中具有承前启后的作用。在结合了Labov等对口语经历叙事的分析后，近年来学者们提出自然会话叙事的即时、动态与互动的经验故事表征，呼吁大家对诸如课堂中、法庭上甚至是饭桌间出现的具有灵活叙事结构的小故事予以关注。由此，会话叙事的研究指向了自然谈话中碎片式话轮组合而成的非典型性的叙事模式，形成了新的叙事转向，开辟了叙事和话语研究的新局面。

值得高等教育从业者及研究者关注的是，此种新的叙事转向已超越其初期发展阶段，从批判宏大叙事，倚重非文学文本叙事并尝试阐述后经典叙事研究的相关概念、理论假设、思路方法，逐渐走向了针对叙事研究的实践应用与拓展。近年来，国内外

---

①陕西师范大学教师教学模式创新与实践研究基金2019年度项目。
*朱冬怡，博士，陕西师范大学外国语学院英语系讲师，研究方向为会话叙事、话语分析。

一些语言与语言教育者也着手向叙事研究发起新的挑战。他们指出，一直以来，叙事研究关注的基本都是那些完整的、连贯的或与人生重要时刻相关的故事，而真实生活中的会话故事往往是零散的、细微的、甚至不值一提的，我们深受这些日常零碎的故事叙事的影响和塑造，而这些"小故事"的展现才是生活本身的形态。由此，这种"新"的以日常生活或自然会话场景为主的自然叙事转向如何应用在语言教育过程，以及叙事转向在语言学和语言教育研究界的对比亟待实践与探究。

二、项目研究的现实基础、理论基础及实施方案

英语专业课堂语境下的会话叙事，是从学生的语言表达技能入手，其间调动学生透过句子探寻丰富文化或价值观的一种关乎表述能力的话语实践模式。就理论基础而言，本课题以会话叙事和语言教育的二元结合切入，亟需明晰的是语言教育并不只是简单的语言知识和技能传授，它与语言特征、课堂语境、社会文化、身份认同等都有密切关联，而在这方面，"课堂会话叙事"的实践研究具有极强的优势。概括而言，新的叙事转向关心的不仅仅是故事，它还进一步选择更贴近生活本身或学习现场的故事。这样的叙事研究将后现代所强调的流动性、语境化、碎片化思维嵌入到对故事的理解之中，力求从细微之处探讨更深层次的问题，为语言教育研究带来更新的理念与发展空间。

就现实基础而言，对于一线教学人员以及研究者来说，将纯熟的语言能力、自如的语言文化切换和深度的专业课话题辨析相结合，从而转化为真实的叙事教学实践，对于师生以及生生之间课堂叙事共同体的形成具有深切的课堂实践意义，更是一种针对教学方法的尝试和挑战。

鉴于此，本课题主要从以下四个方面进行教学实践规划与实施设计。

第一阶段，建构语料库。录制、转写并校对本课题在"英语词汇学"课程中所搜集的课堂语料，完善课堂会话叙事语料库。

第二阶段，对课堂叙事语料进行详细分类，依循教师开启的故事讲述、学生开启的故事讲述以及师生与生生之间的会话叙事互动，详细分析课堂会话叙事的故事话语类型，从而梳理不同叙述者产生的相异的课堂叙事话语行为。

第三阶段，对比课堂会话叙事模式与一般教学模式，以"英语词汇学"为教学案例，强化课堂会话叙事使用模式，调度学生的课堂主体间意识，探究其言语表达背后的语言使用能力及言语思维特征，从而检测其是否适用于语言能力型教学的应用实践。

第四阶段，总结、归纳并反思该研究的意义，撰写以该研究语料为基础的教学研究论文，并接受学界的批评和建议。

三、项目的主要任务及落实情况

从宏观知识层面来看，"英语词汇学"属于具体的语言学范畴，侧重于分析研究现代英语的词汇现象，揭示现代英语词汇规律，特别是其在语篇中的使用规律。中国最早于20世纪50年代从苏联引进了英语词汇学，而如何把词汇的知识用于教学和科研，尤其是帮助学习者习得词汇，得到了国家的重视，词汇学被视为一门重要的、大有发展的学科。

笔者从事的英语词汇学的教学目的是引导学生探索现代英语词汇在语篇中的使用规律。以此为目标，结合学生于每节课主题导入之前的句子分享语境，找到合适的视角切入词汇学已学、已预习或即将展开的课程主题，学生之间进行会话及叙事互动，共同探讨会话语篇中潜在的词汇学问题，产出自己的观点。本课程为大学二年级以下的英语专业本科生开设，学时为18周，共36学时，每周会进行一个词汇学主题论述，并就该主题进行分组讨论。笔者就所录制的28段课堂语料，分析了学生在话语产出中的内容、结构和话语形式，同时对课堂会话叙事互动进行了界定、识别和析取。从笔者的课程主题安排到支持学生内部的会话探讨过程，主要发现了此门课程中师生以及生生之间的会话叙事互动特点，以及会话叙事在推进词汇学课程主题过程中的表现和功能。

项目开展过程中从课程实践到针对会话叙事教学模式的反思，主要获得了以下认识：

首先，会话叙事互动打破了课程设置的边界，使得教学过程中师生互动、生生互动成为语言学习和教育反思共为一体的教与学的铺设。我国语言教育专业的课程设置主要包括语言基础课、语言学习与教学理论课、教育理论课、教育实习四大模块。本研究所析语料发生在英语词汇学课堂上，属于语言学习与教学理论课模块，而会话叙事主要调动了学生在语言基础模块的言语能力，课程设置的边界因此被模糊化，但教学实践证明，会话叙事与语言理论学习的情境相互融合，课程设置的边界也在学生之间被充分调动了主观能动性而进行的叙事互动中补偿并超越。

其次，从英语专业学科内容的层面来讲，会话叙事互动以语料为导向，以经验文化为框架，为学生和教师铺就了一条从被动的受述者到主动的叙述者的"叙事互言"

之路。以词汇学课程为例的探索中我们或许仅仅观察到学生以及师生在其叙事互动中得到的关于构词法、语块、语义、语用以及语境的叙事视角切入，也正是由于语料所限，我们相信在更多不同课程设置的课堂语境下，我们或许能够探究出更多的对学科内容带来良性启发的叙事互动类型。

再者，从英语学科的培养目标定位来看，课堂语境下的会话叙事互动调度了学生丰富的情感表述和自由的思维切换。本项目所探究的叙事互动始终建立在"学生句子共享—会话叙事互动—词汇学理论切入"的多面角度课堂情境之中，从学生所分享的具有多元化的句子主题，到其主动回述经验事件叙事，最终从自身的话语产出中思考并辨析真实生活叙述与话语产出中暗涵的词汇学理论。笔者在实施这一过程的教学过程中，深切体会到了教学过程中学生面对的会话叙事所内化的语言与思想、语言与内容的关联与影响。我们呼唤语言与内容、语言与文化的更深度融合，使语言教学和研究更富于内涵，有更广阔的空间，具有更丰富的知识性、文化性和思想性。

四、项目研究的创新性教学成果与应用时效

从学生对此教学模式的反馈来看，无论是在专业知识的发展方面，还是在语言专项能力的运用和实践方面，他们都取得了进步。学生从受述主体变为讲述主体，而其对于会话叙事教学模式的适应和期待，则更有利于激励我们在今后的教学实践中做出更大胆的突破和尝试。

由于篇幅原因，以下仅列举几例学生针对会话叙事教学模式的反馈：

①窦晓桐41704120。

通过词汇学和综英课中的互动故事讲述，我收获了很多。不仅锻炼了自己的口语表达能力，也锻炼了自己的信心和勇气。同时更重要的是，我将自己的故事透过所学相关主题分享给老师和同学，并且告诉大家自己对于这个主题的心得感想，同学们和老师也会给我眼神和话语上的反馈，这其实是一种交流的过程，在平时也很少有这样的机会。因此我觉得课堂中知识主题的故事讲述这个活动让我受益匪浅。

②陈敏君4104143。

I like this narrative activity very much because I can recommend my favorite words and topics to others. When you state your own experience to others, you feel that your emotions have been vented, which also has a certain warning effect on others.

③免费师范生 李如霜。

我到现在都很怀念朱冬怡老师教我们词汇学和综英的那段日子。冬怡老师上课很投入，有激情，非常有感染力，老师就像一个表演者，把内容最好地呈现给我们，无论是课上还是课下，老师和我们的关系，都是融洽和谐的。在这种轻松的课堂环境中我们更肯学愿学，学得更多。

课前和课中我们都会有讲述当下主题的story-telling活动。同学们在一个学期的时间里，一个不落的全都上讲台分享了自己觉得和所学主题相关的最有启发意义的经历，别看只是短短一个story-telling，其实并不简单。记得轮到我展示的时候，我精挑细选了对我触动很深的story，然后用英文写下感受，为了在课前的那短短几分钟的"小演讲"，我在宿舍演练了好几遍呢。

虽然我平时开朗爱笑，但其实并不是一个很善于表达的人，也不擅长在公共场合做演讲，这种教学模式给了我一个在众人面前表达自己的机会，我想这样课堂的初衷不仅是我们分享个人经历的目的，更是让我们学会如何用英文表达自己的观点，在一定程度上，锻炼了我的思维品质，让我学着如何用清晰的逻辑把心里想的说给别人听，这点对于我来说帮助很大。

在与同学们的分享表达中，我会把自己觉得很好的story和句子抄写在笔记本上，学期末的时候，已经积累了很多很多。通过老师和同学们的分享，我同样学到很多，学她们是怎么展示和表达的，学他们是怎么分享经历和分析词汇的。

还有一点，有时候上课很想回答问题，但是却总是犹豫不定，不仅怕组织不好语音，还担心别人会不会觉得我出风头？但自然的story-telling就很好地解决了我的问题，因为大家都要展示，心里就会觉得平衡和舒服很多，更愿意认真准备，更能够勇敢自信地表达。

总结来说，作为老师，需要具备语言表达能力和良好的课堂组织能力，conversational story-telling可以把这两个能力都锻炼到，这也是对我以后从教时在教学方法方面的一个启发。谢谢冬怡老师！

此外，在该项目实施的过程中，笔者有幸参加了中国高校第一届教学学术年会暨上海交通大学第四届教学学术年会，获得了学界同仁宝贵的批评、意见及建议，并在该届学术交流年会中获得优秀论文展示奖，这极大鼓舞了会话叙事教学模式在语言教学课堂的进一步开展和实践检验。

另有一篇根据此课题研究完成的教学研究论文《叙事的多维转向与应用：从会话

叙事的高校课堂应用谈起》也即将在语言研究性学术期刊上刊发。

五、项目研究中存在的问题与未来的实践设想

通过会话叙事课堂实践的长期训练，学生主动参与话题能力及思辨能力明显加强，最主要的是，他们能够从单一的词汇叙事中探究文化及语言现象，实现了自愿参与、自主学习，从而培养了一种良好的学习习惯和语言态度，对其他学科的学习也起到了促进作用。

笔者在寓教于研的同时，也关注到此种教学模式存在的问题：会话叙事模式下的课堂讲述活动对于积极主动的学生来说，能够促进其通过课堂的会话叙事实现学科话题的真正思辨，自主参与到课堂中来，成为学习的主人，也获取了很好的学习效果；但对于自信心较差的同学而言，由于怯于在课堂上表现，其主动参与课堂的机会越来越少，从而对课堂参与越来越没有信心。

因此，未来教学实践过程中，这种情况就更要求教师在教学中关注学生的学习个性差异，制定适合大多数学生参与的教学方案，同时针对相对薄弱的学生进行个别引导，并使用正向的具有个人激励型的故事讲述与其交流互动，留意不同种类及不同叙述者的叙述对该类学生产生的实践影响，从而使之找到适合自己的学习方法。

六、结语

课堂教学模式创新的应有之义在于教师重新调整课内外及教学主题内外的分配时间、话题视角及参与主体。会话叙事教学模式的自身优势，正是在于它需要学生在课下投入更多的时间完成对所学话题及将学话题的信息检索，待其重返教室时，更加专注于师生及生生之间的"小故事"主题知识互动，挖掘与所学话题相关的共性问题，从而获得更深层次的认知和理解。

基于项目驱动的交替传译教学模式研究

高 芬* 杨 帆**

摘要：基于项目驱动的交替传译教学模式是以人本主义教育观和建构主义学习理论为指导，围绕个人演讲、对子口译和模拟国际会议口译的三项模拟任务，旨在提高学生口译能力、加强学生合作意识、提升其职业素养和增强口译课堂现场感及参与感的创新型课堂教学。该模式的开展可为优化本科翻译专业交替传译教学设计提供一定借鉴，从而为国家输送更多更专业的口译职业化人才。

关键词：项目 交替传译 职业化素养

一、引言

《高等学校翻译专业本科教学要求》规定，翻译专业本科生的口译学习目标是"掌握交替传译技能"、胜任"一般难度的交替传译工作"，这一目标的完成很大程度上取决于交替传译课程的设计和实施效果。然而，当前翻译专业本科生交替传译教学偏重口译理论的讲解和口译技巧的传授，过多关注词汇和句子的听辨，学生缺乏主动性和参与度，未能养成良好的职业素养。

国内的研究者近几年也试图重新改革交传课堂教学，产生了基于MOOC、SPOC和互联网的学习平台等，采用翻转式、开放式或深度联通的交传教学或学习模式。2019年国内的口译教学研究更是着重利用大数据、虚拟现实和人工智能等前沿技术，强化信息技术在口译教学中的应用，建立基于SPOC的深度翻转口译学习模式。然而，一切新技术的运用和新平台的建设均离不开口译学习者的自我学习和自我建构。

---

[1]陕西师范大学教学模式创新与实践研究基金2019年度项目。
*高芬，陕西师范大学外国语学院副教授，研究方向为翻译理论与实践、英语教学。
**杨帆，陕西师范大学外国语学院硕士研究生，研究方向为英语口译。

二、理论基础

项目教学法最早是由美国哥伦比亚大学Kilpatrick教授提出的，他认为"项目"是"在特定的社会环境中所发生的、需要参与者全身心投入的有计划的行动，而项目教学由活动、内容、情景和结果构成"。对项目教学和口译的结合要追溯到2005年，美国语言学专家Kiraly提出，口译教学应以真实翻译项目为依托，实施情境翻译教学。就此，国内学者刘育红、李向东认为只有建立在情境建构基础上的口译教学才能培养出与职场需求接轨的实战型口译人才。

但遗憾的是，目前将口译学习和项目教学结合起来的研究数量很少，且大部分质量都不高，真正将二者完美结合的研究和实践屈指可数。至今，还没有研究以特定项目完成为依托、以模拟真实场景为保障开展的交替传译教学。只有焦丹在构建口译教学动态模式中提到过真实口译实践项目，但其对象为中国援外的口译培训，与本研究的实践项目并不相同。以上的文献检索和梳理表明，国内对于交替传译的课堂教学仍处于探索阶段，各种教学模式依然在实验和研究中，有学术含量和实践意义的学术文章数量非常有限，未能形成成熟有效的教学模式和创新思路。

综上所述，交传课应当主动适应社会需求，根据现阶段国家对外发展战略对口译人才知识、能力、素质提出的新要求，加快教学改革和实践的步伐。因此，本研究提出实施基于项目驱动的交传课堂教学，它模拟现实生活的场景，以一项或多项任务为主线，学生通过参与及协作完成项目，进而建构相应的知识和能力，提高职业化素养。

三、基于项目驱动的交替传译教学研究设计、应用及评价

1. 总体设计

基于项目驱动的交替传译教学共涉及三个项目，包括个人演讲与全班演练、对子口译与重点分析、模拟会议口译（见图1）。具体实施时，教师可根据学生的实际情况做出微调，包括项目时长、难度、顺序、分析重点等，以保障交传创新课堂教学顺利开展。

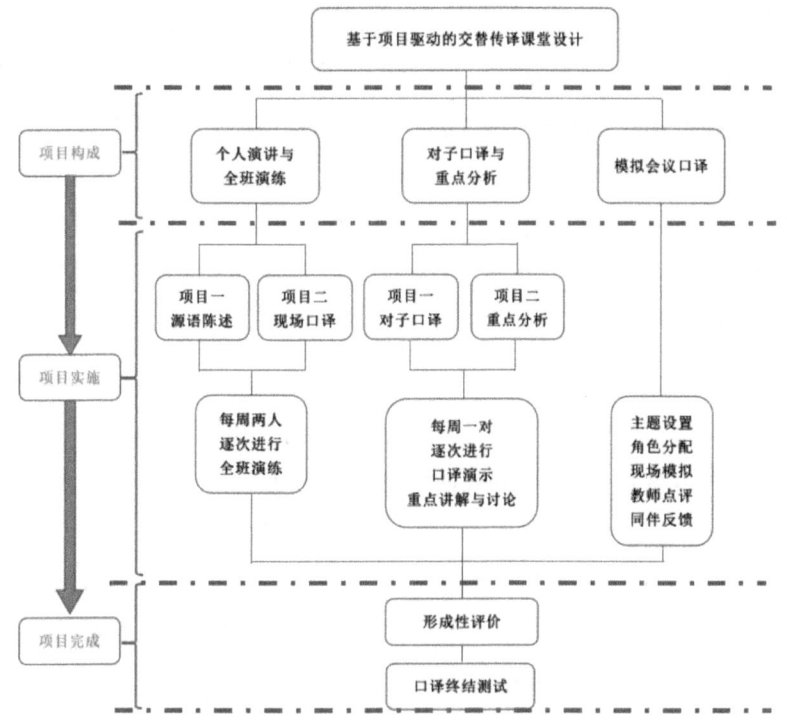

图1 基于项目驱动的交替传译课堂设计

2. 具体设计方案

（1）个人演讲与全班演练。

学生需提前准备自己感兴趣的话题进行源语陈述，陈述的内容可为新闻、时事、感想、故事、评论等，时长不超过2分钟。准备者在规定时间内面向全班进行演讲，需脱稿陈述、注意演讲技巧和互动交流。全班同学按照一定顺序为演讲者进行交替传译，遵守行、立、眼、手、声的职业标准，准确、完整、流畅地用目标语言再现源语信息。演讲者有权决定单次讲话的时长、停顿的次数、语速的快慢、是否有口音等。每周两人、逐次进行、全班演练。

（2）对子口译与重点分析。

教师事先分组，两个学生为一个对子，课前通过网络和现代技术手段查找近三年的演讲视频或主题会议视频。内容可为国内外大事件或有关民生的各种议题，语言可为中文或英文，且带有交传。课堂上，两个学生为所选视频演讲或对话进行现场交传。译员必须完全依赖听辨和笔记，不能参照提前准备的文本或其他辅助材料。口译时长共计六分钟，译后对重要知识点进行短暂的PPT演示和讲解。每周一对，逐次进行口译演示、重点分析和讨论。

（3）模拟会议口译。

全体同学进行一次国际会议模拟，对整个学期的口译能力和素养进行充分发挥和展现。模拟会议紧扣特定的主题——第三届"读懂中国"国际会议闭幕新闻发布会，严格按照国际会议的流程进行。将参会的主持人、特邀嘉宾、大会发言人、交传译员等多种角色分配给学生，使同学们身临其境，为口译的实战积蓄力量、做好准备。考前一周，教师提前设置主题、分配角色、学生现场模拟、会后教师点评和同伴反馈。

3. 教学应用

项目实施的时间为2018—2019学年春季学期的交替传译课堂，上课时间为每周一（三四节），教学周数为16周。1—2教学周为课程简介和交传通览；3—15教学周是实施的主要阶段，包括依托主要口译项目的技能训练，如：个人演讲+全班演练、对子口译与重点分析、模拟会议口译。

实施的对象为翻译2017级大学三年级学生（具备英语专业学习的基础，部分同学已通过英语专业八级考试，未接受过任何口译专门训练但都对口译学习充满兴趣，对成为职业译员充满期待），实施科目为翻译专业选修课交替传译。图2至图7为以项目驱动的交传课堂教学的实施现场。

图2　个人演讲与全班演讲现场1

图3　个人演讲与全班演讲现场2

图4　对子口译与重点分析1

图5　对子口译与重点分析2

基于现代信息技术的英语课程教学模式创新篇

图6 模拟会议口译5　　　　　　　　图7 模拟会议口译6

4. 教学评价与反馈

（1）问卷设计。

交替传译项目教学实施完成后，研究者制作问卷对该项目的教学效果进行调查与反馈，采取李克特五级量表，请学生在符合他们实际情况的数字上打"√"。此外，问卷还包括三个开放性的问题，要求学生做出主观评价和反馈，如：①请你谈一谈课堂上所采取的一个同学发言，其他同学进行口译的模式对你的口译学习有怎样的影响。②请你谈一谈课堂上所采取两个同学一组向教师和同学展示口译，教师进行点评的实践活动，对你有什么启发。③请你谈谈对期终考试采取模拟会议口译形式的感受。

问卷采取网上填写的方式，对实施项目教学的班级展开，要求学生在规定时间完成电子问卷并在规定时间返回。总计发放问卷19人，收回问卷19份，回收率100%。问卷发放之前，分别咨询了口译同行教师的意见，并请翻译班的同学做了预测试，以保证问卷实施的有效性。之后，在对问卷问题进行适当调整和修改相关措辞之后，由教师在班级的QQ群统一发放问卷。问卷收集完成后，由研究者采用SPSS数据分析软件，描述、归纳和总结数据结果。

（2）问卷数据分析。

对受试学生的定量数据结果发现，学生对于项目式的交传教学模式总体满意度为90.35%，其中个人演讲口译、对子口译和模拟会议口译的满意程度分别为85.26%，88.42%和97.37%，这说明该创新的教学模式取得了非常良好的教学效果，使学生在口译能力、合作意识、职业化素养、现场感和参与感等多个方面有了明显的进步和提升。

全体学生能认真准备演讲稿，并能在参与训练的过程中提升自己的口译能力。只

147

是在切实履行教师所强调的职业化素养"眼"（78.95%）、"手"（78.94%）、"声"（78.95%）三个方面还不能尽善尽美，例如：如何与听众保持眼神交流、如何恰当地处理肢体语言以及如何在声音传递上做到掷地有声，清晰有力等方面还有提升的空间。这主要是由于多数同学的心理素质还不过关，面对全班同学和教师进行口译时还过于紧张，对自己的口译行为和产出还不够自信。这一点在第二部分的访谈式问卷中也得到了佐证。

此外，学生也非常认可对子口译的模拟活动（100%）：学生们喜欢与同伴一起采用网络和现代技术手段搜索口译素材，与同伴分工合作一起完成口译任务；为了更好地展示，课前进行多次演练；从教师的点评和讲解中获取到更多的口译知识。遗憾的是，只有63.16%的同学对自己的交传课堂展示比较满意，但更多的同学（78.95%）还是享受向同学和教师展示现场口译的过程，体会到了作为职业译员的真实感和现场感（73.69%）。

最后，100%的学生认为模拟会议口译的形式新颖，他们从中收获良多，例如了解到译员心理素质、口译笔记和译前准备的重要性，从口译实战中发现了自己的问题，有了职业译员的感觉。因此，模拟会议口译的项目开展有力地促进了学生的职业素养培养（94.74%），可以作为口译课堂实战的一种主要形式继续实施（89.47%）。

四、项目存在的主要问题

基于项目驱动的交替传译教学实施一个学期，按计划进行了全班口译、对子口译和模拟会议口译的重要模拟项目活动，基本完成了既定的工作和任务，但实施过程中遇到如下问题：

（1）初始阶段，学生在个人演讲与全班演练的项目活动中，遭遇卡壳、错译、漏译、犹豫等多种问题；个别学生口译中常常出现紧张、怯场等心理素质的问题，因而演讲超时、时间掌控不当，前后语速不一致、译语产出不当等问题。这些还需要教师和学生继续在未来的教学中共同努力解决。

（2）对现代教育技术的运用还不够成熟，口译质量的评估和评价还都处于主观和经验的阶段，评价的标准还需要明确考量和指定。因此，下一步应努力学习、合理利用各种现代教育技术，充分整合各种学习资源，努力在教学中做出相应调整。

五、未来的实践与研究设想

未来交传教学实践上，考虑到学生口译产生的问题及成因，教师应针对性地寻找策略并改进教学，尽量避免类似问题发生；同时，与同类课程的其他教师探讨课程改革的创新措施，听取他们的意见；继续与职业口译员进行沟通，了解他们对交传教学的看法及如何将课堂实践与职业市场完美结合的可行策略。期待该交传课堂的创新能在国内开设同类课程的其他高校试行和实施。发挥示范和辐射作用，在更大的范围予以推广，以期在较短的时间内输送更多的职业口译人才。

未来的口译研究可继续探讨项目式教学模式对学生译员职业化培养的路径及具体实施的方式，即：如何通过课堂教学弥补学生实践机会缺乏、临场经验不足；如何完善学生译员训练和实战相结合；如何采用现代化教育手段和网络资源补偿学生训练量欠缺，如何使教学评价和教学过程完美结合；等等。总之，让教学研究为教学实践服务，为培养更多符合口译市场需求的职业译员做好充分准备。

英语诗歌在大学英语文化教学中的应用研究[①]

吕竞男*

摘要： 目前在大学英语教学改革的各种尝试中，文化导向已成共识。语言课堂逐渐对异域文化开启必要的通道，向学习者呈现其精华的部分。诗歌作为人类精神文化的重要组成部分，不仅是英语语言艺术的精华，更是体悟美学与中西文化差异的最佳对象。将英语诗歌作为切入点，通过新颖的教学活动设计和网络互动教学平台，引导学生体味语言之美、文学之趣，从而激发自主学习的积极性，在诗歌鉴赏的过程中实现提高语言技能与增加审美体验的完美结合。

关键词： 英语诗歌　语言学习　美学体验　人文素养

目前在大学英语教学改革的各种尝试中，文化导向已成共识。越来越多的国内高校为非英语专业学生开设英国文学选读、美国文学选读、英美概况等课程，旨在培养学生跨文化交际能力，促进自主学习能力，使课程兼具"工具性和人文性"，改变应试导向，指引学生关注语言的文化内涵、体会语言之美、思维异同之趣。在这一共识之下，语言课堂逐渐对异域文化开启必要的通道，但是如何才能更好地将文化素材完美融入语言课堂，依然需要大学英语教师不断思考和尝试创新。

本项目着力于将体现文化精髓的英语诗歌作为教学内容，通过新颖的教学活动设计和网络互动教学平台在大学英语课堂中做好示范，以点带面，助力提升学生语言学习能力和文化素养，落实语言教学的文化导向。

一、项目的理论基础

1. 大学英语教学改革的方向

海姆斯提出"交际能力"的概念，强调语言习得的社会化过程，语法符合母语使用习惯的同时，还应学会如何在一定场合与情境中恰当地使用，也就是语言的可行性、得体性和现实功用。交际能力的培养无法在传统的技术性语言教学与学习中实

---

①陕西师范大学教学模式创新与实践研究基金2019年度项目。
*吕竞男，陕西师范大学外国语学院讲师，研究方向英美文学。

现，语言教学必须融合该语言国家的历史、文化、习俗诸方面的内容。

文化是一个极其宽泛的概念，涉及方方面面的内容，因此学习者难以聚焦和把握，大学英语课堂必须呈现其精华的部分，才能引领学生从点及面，由浅入深，体会中西文化的差异。诗歌是人类精神文化的重要组成部分，蕴含人类全部文化心理原型。英语诗歌是英语语言艺术的精华，更是体悟美学与中西文化差异的最佳对象。

2. 英语诗歌区别于日常语言的特点

将英语诗歌作为主要教学内容优势有以下几点：首先，从语言学习的角度来说，诗歌富含音乐性，抑扬顿挫的音韵节奏是英语内在韵律最集中的体现。诵读英语诗歌不仅适合训练语音语调，更有助于培养语感，是学习者提高口语能力最好的范本。诗歌使用的词汇典雅凝练，经典作品更是代表了最优秀的英语语句，不会因时间改变而失去魅力。英语诗歌无疑是学习者模仿的最佳实例。其次，从跨文化意识培养的角度来说，诗歌铭刻着文化，包蕴英语国家的核心文化因素，体现其独特的社会价值。通过鉴赏英语诗歌，有助于学习者加深对英语文化的理解，促进语言学习。此外，从人文体验的角度来说，诗歌的美学价值不言而喻，主题涉及情感、哲理、思辨等诸多方面。学生可以在诗歌鉴赏中收获美学体验，陶冶情操。

3. 网络教学平台的适用性

传统课堂教学在师生互动方面有较大局限性。首先，课堂时间极为有限，无法为学生提供充足的练习机会，更限制了诵读等教学活动，导致诗歌教学失去意义。其次，课堂所能展示的内容无法有效留存，尤其是语音形式内容，学生不能保留以便重复学习，因而影响教学效果。

网络教学平台不仅便于教师发布学习资料，安排学习任务，也有利于学生随时随地自主学习。本项目主要依托云班课的各项功能，将微课、翻转课堂、对分课堂等教学模式灵活地结合在一起，更为有效地组织学生参与学习。

二、项目的实施方案

本项目改变传统教学中散文体作品一统天下的做法，将诗歌作为大学英语课堂的主要内容。一直以来，英语诗歌仅作为中国英语教学课外补充材料，无论学生还是教师都没有给予关注。随着学习者自身思维发展，理解力增强、审美需要提高，这种做法的局限性越来越明显。大学英语课堂中的学习内容无法吸引学生，难以产生情感共鸣，因此英语学习成为枯燥乏味却又不得不为之事。另一方面，缺少接触了解的机会，学生错误地认为英语诗歌高不可攀，晦涩难懂，抑或对英语学习无甚作用。

将英语诗歌作为重点教学内容，引导学生突破心理障碍，体会英语韵律特点，提高英语口语能力，改善语感；发掘诗歌中词汇运用和修辞手法的特色，使学生在写作过程中合理运用简单的文学手段；帮助学生理解诗歌意象和隐含意义，提高分析复杂、特殊句式的能力；满足学生的审美需要，丰富情感体验；同时通过对比中英诗歌的异同，深化学生对中西文化的认识。在关照听、说、读、写、译五种语言技能的同时，强调美学和情感体验。

首先，听与诵的训练。缺少良好语言环境的情况下，听说能力是学习者掌握英语的一大瓶颈。英汉语言的韵律节奏差异较大，错过听说敏感期的学习者往往不自觉地按照汉语的韵律习惯说英语，由于没能把握正确节奏，听的时候捕捉不到重点，说的时候拗口且怪异。英语诗歌恰恰为学习者提供最优美自然的音韵节奏范例，通过跟随经典诗歌诵读片段反复练习，必将有助于学习者体会核心规律，改善听说语感。通过网络教学平台，提交语音作业，可以行之有效地监督学生的练习情况，促成良好的群体氛围。

其次，读与写的训练。将诗歌作为阅读材料的一大优势在于，诗歌篇幅短小，便于教师在讲解的时候逐字分析。为了满足韵律要求，诗歌常使用倒装、省略、拆分复杂句等手段，虽然这样的行文方式造成语义理解困难，但恰恰可以通过理顺这些特殊语句，帮助学生掌握英语句式特点，当阅读"正常"文章时就可以达到"由难入易"的效果。

从语篇理解的角度来说，诗歌即使短小，但依然有其内在逻辑。因此教师可以打乱诗句的排列顺序，再交由学生调整，锻炼语篇理解能力，从而改善行文逻辑。

对于写作训练，诗歌不仅是优美词句的储备库，还有助于学习者学习如何运用修辞手法状物抒情。具体的教学环节可以采用补充完整缺省词句的诗歌，诗歌改写、续写，补写诗歌背景或人物小传，简单的诗歌创作。通过丰富多样的教学活动，给学生创造更自由的想象空间和尝试机会，活动的趣味性和可操作性有助于打破学习内容与学习者之间潜在的隔阂。只有学习者感受到通过个人或集体努力达成设定学习目标，才能真正激发自主学习的兴趣与信心。

再者，译的训练。诗歌翻译一直是翻译的最大难点，但是对于大学生这一思维活跃、创造性极高的群体而言，只要材料难度适宜，能够挑战巅峰，必然能引起极大兴趣。小组合作是这项活动的主要形式，有助于培养学生的互助学习和团队意识。

最后，美学体验与跨文化意识培养。以冥想的方式听诗、编辑符合诗歌意境的图集或者小视频、诗歌诵读配乐表演,教学中充分调动学生的听觉和视觉,引导学生体悟诗歌美学。中英诗歌的主题、意象、音韵和风格等方面都有很大差异,引导学生寻找类似的中文诗作,对比鉴赏,感受文化异同。

三、项目的主要任务及落实情况

1. 教学方法

以对分课堂为主,其他教学方法为辅。张学新教授倡导的对分课堂教学法既接续了教师传道受业的优良传统,又全面提高了学生的参与度和主动权,有助于学生自主进行批判式的探索学习并最终实现知识与能力的内化。它张弛有度,有机统一起教师与学生、课堂与课外,其指导理念与实践原则高度契合本项目的目标需求。

2. 技术路线

整合多种信息化教学手段。信息化技术是服务于教学目的和内容的手段,灵活运用慕课、云协作平台等在内的信息化技术手段,以此整合优质教学资源,保证语音输入输出活动的顺利进行,如图1至图3所示。

图1 云班课自建班课　　图2 名师慕课资源　　图3 名校慕课资源

3. 教学内容的选择

依托项目组成员编写的《简明英国文学选读》教材,以文学史分期为时间顺序,挑选难度适中、内容适宜的名家名篇作为主要教学内容,结合作家生平与时代背景,引导学生体悟中西文化差异,逐步接近英语诗歌,了解诗歌欣赏的基本方法,并从自身专业角度解读诗歌的意义,丰富对语言的理解。

4. 教学实践活动

项目主持人在2018—2019第二学期及2019—2020第一学期开设的英国文学选读课程涉及全校非英语专业二年级本科生共计600余人。图4至图5为依托线上平台开展教学活动的具体方式；图6至图8为课堂现场情况，包括朗诵表演、小组讨论以及翻转课堂；图9为教师监控学生学习情况的分项记录。

图4 课堂活动及测试

图5 课后作业

图6 学生诗歌朗诵表演

图7 课堂谈论

图8 翻转课堂学生展示

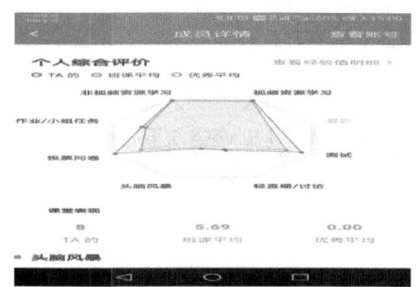

图9 学生学习情况记录

5. 教学研究论文

完成一篇教学科研论文《英语诗歌在大学英语文化教学中的应用研究》。论文结合大学英语教学改革的新思路，探究如何将英语诗歌作为主要教学内容，有效地引导学生进行美学体验，感悟语言之美，体会中西文化差异，从而提升文化素养和批判性思维。

四、项目研究的创新性教学成果

项目成果主要有：（1）项目主持人参加"外教社"杯英语教学大赛，荣获陕西赛区三等奖；（2）在网络教学平台创建班课；（3）完成一篇教学研究论文《英语诗歌在大学英语文化教学中的应用研究》；（4）参加教学研究沙龙2次。

五、项目研究中存在的问题与今后的研究与实践设想

1. 项目研究中存在的问题

（1）课时安排对教学计划的影响。不同历史时期所流传下来的英语诗歌作品风格多变、内容丰富、形式多样，适合作为非英语专业学生学习的作品亦比比皆是。经过两个学期的磨合，教学团队寻找到丰富的教学资源，但目前课时有限。同时作为提升文化素养、强调美学体验的课程，不能一味采取填鸭式教学，而应该偏重于谈论与欣赏等交互式、体验式教学活动。因此如何在有限课时内将素质提升性的诗歌教学与功能性语言教学更有效地结合，是今后本项目需要解决的首要问题。

（2）考察方式对学生学习积极性的影响。目前学生依然要面对大学英语四六级考试的压力，同时学期末的标准化考试也在学习评价结果中占相当大比例。诗歌教学对英语学习的促进作用需要相当长的时间才能体现出来，而学生往往更关注学习的即时效果，因此对学习英语诗歌的积极性会受到一定影响。如何使英语诗歌的学习在应对标准化考试的过程中发挥更大作用，如何让学生坚定信心，在课程结束后也能主动地坚持诵读诗歌、主动地进行美学体验。这些问题都需要继续研究和思考。

2. 今后的研究与实践设想

（1）针对课时的问题，进一步优化教学案例设计，通过开展集体备课，以周为单位，落实具体的教学活动。教学思路应该着眼于提升文化素养，呈现文化精华，争取以点带面，以启发为主，注重传授学习方法，受之以渔。

（2）设计任务式教学要求，充分利用线上教学平台的各项功能，增加学生的参与度。只有加强文化浸润才能使学生更好地掌握一门语言。同时强化美学体验，才有可能改变学生应试型语言学习的错误做法。另外，还应该加强因材施教，针对不同专业的学生设计不同的教学案例，鼓励学生从专业角度解读语言材料，丰富其语言学习的体验。

大学英语外媒阅读教学中的"翻转课堂"模式的应用及反思[①]

杨 蕾[*]

摘要：外媒阅读是陕西师范大学非英语专业二年级学生的必修课，主要目的在于培养和提高学生通过阅读各种英文资料和报刊，进而提高综合运用英语的能力。该项目以教育家杜威的"以学生为中心"理论体系为基础，尝试以学生为主导的英语翻转课堂教学模式，对原有教学模式进行了创新与发展，探索如何有效提高学生的语言输出能力。本教学模式的创新与实践提升了教学效率，改善了教学效果，切实提高了非英语专业二年级学生的阅读及写作能力。

关键词：大学英语外媒阅读 翻转课堂 教学模式创新

大学英语外媒阅读课是非英语专业二年级学生的重点课程，主要目的在于通过大量和广泛的阅读材料培养和提高学生以英语为工具，借助阅读这一方法从而扩大学生知识面，了解全球各个领域最新的发展趋势，同时兼顾英语学习与专业知识有机结合。然而，审视当前的大学英语外媒阅读课程的教学现状，该门课程的实际教学并没有摆脱传统的"精读课"模式，课堂教学依然承袭固有的教师大量讲解词汇与难点，学生被动接受教师在课堂中传输知识的这一固有模式。英语学习仍旧是以"填鸭式"和"以教师为中心"两种模式交替进行，在这样一种教学模式之下，学生被动接受知识，缺乏英语学习的主观能动性和积极性，从而导致学习效能低下，英语综合运用能力相对较弱。在面对这一教学瓶颈之时，大学英语外媒阅读课程中的翻转课堂模式的教学创新与实践就显得尤为突出和必要。

---

①陕西师范大学教学模式创新与实践研究基金2019年度项目。
*杨蕾，陕西师范大学外国语学院讲师，研究方向为英语教学、二语习得等。

一、项目研究的理论基础及实施方法

（一）项目研究的理论基础及研究现状

在以往的英语教学和英语学习中，大多数中国大专院校持有的传统观点认为：大学英语教学只是一种简单的知识的传输和将语言技能传授给学生的过程。传统教学模式中教师的主要职责就是负责向学生传授知识点和语言点，教师担当的就是传统的传道授业者的任务。然而，大多数的学生通过被动地吸收语言知识从而达到掌握语言技能的目的。在这种被动接受语言知识的过程中，教师很难调动学生的学习积极性，因而导致了学生只是为了学习语言而学习语言，这样一来，学生对于语言学习的重要性和目的性都缺乏足够的认识，极大程度上影响了语言学习的效果。随着科技进步和信息时代的到来，人工智能等高科技手段的应用，学生对于语言学习的期待值也在与时俱进，学生不断更新的观念和意识使得语言教学模式的改革势在必行。在过去的几十年里，中国的各大高校也在积极地推行着教育领域的改革和更新。各大高校也在竭尽全力地改进传统的教学模式，在传统模式之上，试图引入和采纳新型的教学模式：即"以学生为中心"的翻转课堂教学模式。通过这种新型的教学模式，尝试实施"以人为本"的教育理念，将学生纳入教学模式的中心，通过教学模式的改良和革新以及师生的角色互换，力求达到教学模式改革的终极目标：最大限度地调动学生的主观能动性，促进学生的学习积极性，激发学生的求知欲，进而使得学生的英语学习过程更加积极，从而达到英语学习与学生未来职业需求之间的完美结合，使得大学英语教学能够更具有实用性。

"以学生为中心"的观点是美国儿童心理学家和教育家杜威提出的。杜威极力反对教学中以教师为中心的做法，反对在课堂教学中采用填鸭式、灌输式教学，主张解放儿童的思维，以儿童为中心组织教学，发挥儿童教学主体的主观能动作用，提倡在"做中学"。现如今，将"以儿童为中心"的观念进一步运用于大学教育就成了现行大学教学中教师们探讨的以学生为中心的教学思想。"以学生为中心"的教学特征是重视和体现学生的主体作用，同时又不能忽视教师的主导作用。"以学生为中心"的课堂特征是美国人本主义心理学家和教育论倡导者罗杰斯提出的。该理论强调积极的具有个人意义的学习，强调自律和自主学习，强调情感在学习中的作用，强调教师真诚地关注学生和协助学生的自主学习的作用。

在当今信息时代，教师在教学中的"知识垄断者"的地位发生了动摇，以教师为主体的传统教学模式受到了挑战。教师不再是学生获得知识的唯一渠道。而在大学英语的教学中，教师不仅要向学生传授语言知识，还要培养学生运用英语的能力。在全面推动英语素质教育的过程中，教学方法和模式的创新已成为素质教育的重要组成部分，是素质教育的具体化表现。

（二）项目实施方法

1. 大学英语外媒阅读课程的改革背景

外媒阅读课程的教学对象是非英语专业二年级学生，是具有一定语言基础的中高级学习者，同时他们这类学习群体未来是以英语为交流的媒介为学习目的。目前，陕西师范大学的非英语专业二年级大学英语选修课的学习者来自全校除英语专业外的三十多个院系，由于地域和专业差异造成的学生英语水平迥异现象颇为突出。由于整个二年级英语课程属于选修课中的必修课，外媒阅读课程以往是专门针对英语专业高年级开设的专业类课程，教学题材多种多样，涵盖各个领域的英文原版文章，题材包括报刊、新闻、小说、散文等，兼具多样性和专业性。对于英语专业学生而言，阅读这样的文章尚具有一定难度。因而，在非英语专业二年级学生选修课中开展外媒阅读教学难度相对较大，亦没有现成的教材可以直接使用或者合适的教学模式可供参考或汲取教学经验。而且，传统英语教学中的阅读材料仅限于为了通过四六级考试所设计的阅读理解类型的阅读任务和材料。在日常教学过程中还存在阅读材料（报刊、新闻）与时代严重脱节、知识严重老化、不能够与时俱进，进而使得学生的学习兴趣减弱等客观问题的出现。综合考量以上教学中存在的问题，大学英语外媒阅读课堂中的教学模式创新与改革就成为一种必然趋势。基于这种趋势，大学英语外媒阅读课中的"翻转课堂"和"以学生为中心"的模式实践就成为必然。

2. 项目实施的过程和方法

本项目实施过程分为两个阶段：第一阶段从2019年4月至2019年7月为课程方案设计及阅读材料选录、学生阅读习惯和阅读水平测试及对比以及具体实施阶段。本阶段也会利用课堂教学时间进行学生阅读能力和水平的对比、测试，收集各方资料与数据。第二阶段从2019年9月至2020年3月为资料及数据处理与分析阶段。本阶段根据上一阶段教学反馈数据整合调整教学的方法和阅读材料的内容，并依据此阶段的数据分析撰写研究报告。

二、项目落实情况

定期召开项目参与者之间的交流会，根据每学期授课班级的专业差异而适度调整教学内容并设计相关的教学活动，讨论教学设计。搜集教学活动所需各种音频和阅读纸质版资料，为课堂活动提供支撑。进行阶段性调研，了解学生对新教学模式和教学活动的评价。项目负责人定期将阶段性教学反馈意见发送给项目合作人，及时沟通总结经验。

在教学过程中实施翻转课堂主要采取了以下几个实践环节：（1）在课堂教学中引入了讨论型课堂模式和分组任务模式两种教学实践。在课堂中给予学生们足够的机会运用英语语言知识，锻炼了学生的口语表达能力。在每节课开始之前，让学生进行三分钟的演讲。内容包括英美国家的风俗、俚语、俗语来源等。在学生完成这些任务之后结合奖励平时成绩等激励手段激发了学生的学习积极性。通过这种模式让学生们学习到跨文化的知识，扩宽了他们的视野，也促进了学生们的批判性思维能力和素养的养成。（2）在第一学期中，给学生布置任务查找知名英美报刊的发展演变历史，并以PPT的形式在课堂中由学生自己组织教学，体验师生角色互换，让学生们从学生的视角理解英美报刊的写作风格。学生们在查找资料过程中，将英美报刊与中国报刊的写作风格，词汇使用加以分类整理，从而认识到不同国家的文化背景对于报刊写作风格的影响。在以这种方式提升学生们的跨文化思辨能力的教学过程中，教师由以往的素材提供者转变为倾听者。学生们的展示演讲被逐一点评，从语言的错误到文化的细微差异都在此过程中得以研讨和学习。学生们通过自己查找资料，也进一步提高了利用各种资源为英语学习保驾护航。在这一教学过程中，学生会自由组合成四到八人的学习小组沟通完成任务，这既锻炼了学生的团队协作精神，也为学生未来的职业生涯打下一定的基础。学生们搜集整理资料的过程实际也是在锻炼学生由被动接受教师传授知识的角色向主动探寻知识的主动学习者角色方向转变的过程。（3）鉴于课堂教学时间有限，教师将课堂任务延伸到学生的日常生活中，组建每周摘抄手册小组。摘抄内容包罗万象，通过这种方法学生扩大了阅读量，不再以"应试教育"为学习的终极目标。变被动阅读为主动阅读，学生们搜寻的阅读材料大多是以自己的兴趣为出发点，这样就能够达到事半功倍的效果。不仅培养了阅读习惯，而且扩宽了学生们的相关专业文献的阅读量从而达到一石二鸟的效应。

三、项目研究的应用实效

1. 翻转课堂的教学效果

在实践教学创新的过程中,项目组成员明显感受到了翻转课堂教学模式对课堂教学效果的促进作用。

首先,学生可以参与到教学过程中,并且可以建议阅读材料的选择,给予学生更多的主动性,调动了学生的学习积极性,学习的动力和兴趣比原来有很大的提高,更愿意参与到课堂活动中。

其次,学生在翻转课堂中有了大量使用英语语言的机会,教师以旁观者和协助者的身份出现在课堂教学中,使得学生在使用英语时所面临的缺乏自信心、忧虑英语口语或者阅读理解能力差的问题有所缓解。

2. 学生的反馈

在教学模式创新的过程中,项目组通过问卷和课后访谈的形式,了解了学生的学习感受和对教学的评价。

在对教学方法的评价中,87.5%以上的学生认为翻转课堂的教学方法对自己的英语学习有促进作用;75%的学生认为通过该门课程的学习,收获很大,扩展了学生的英语语言认知范围和提升了跨文化交际的能力。10%的学生认为翻转课堂模式对于英语水平的提升效果有限。

四、项目研究中存在的问题及今后的研究与实践设想

在此次翻转课堂教学模式创新实践中唯一不尽人意之处在于:由于新老校区的学生数量不一以及教室容纳力有限问题,导致部分班级同时上课的人数过多,从而严重影响了翻转课堂教学模式创新的影响力。

由于翻转课堂中,某些特定时间段由学生担任翻转课堂的主角,学生们初次尝试用英语表达自己的思想和见解,囿于自身英语水平的局限性,导致课堂的有效教学时间被大大缩短了。这一现象在未来的翻转课堂教学中将进行进一步的分析和研究。此外课程缺乏现成的教科书可供使用,教学过程中极大程度依赖教师的经验进行阅读材料的选择,忽略了学生的阅读兴趣和偏好。因此,在此次研究之后,编写合适的相关课程阅读教材也是极为迫切和必要的。

总而言之,大学英语外媒阅读课堂中的翻转课堂教学模式是可行的,这种教学模式使学习的目的性更为明确,课堂气氛活跃,激发了学生的学习兴趣和动力,促进了课堂教学的有效性。

基于OBE理念的综合英语课程教学模式研究①

朱丽英*

摘要： 综合英语课程是英语专业本科基础阶段的主干课程。本项目以OBE教育理念为指导，探索"以学生学习为中心、以成果为导向、注重持续性改进"的教学途径。在教学实践中，引入英国议会制辩论赛，在整合教学内容和教学资源的基础上，采用5P教学模式，能有效地提高学生的跨文化交际能力和思辨能力。

关键词： OBE教育理念 英国议会制辩论 教学模式

一、项目的理论基础

1. OBE教育理念在英语专业教学中应用的可行性

陈彩虹通过对 TESOL Quarterly 2001至2015 年 1619 篇文章的知识图谱进行分析，总结出国际外语教学研究的前沿主题和热点问题集中在语言因素、学生和学习者因素以及学习环境三个方面。从2001年至2015 年期间文献被引的变化分析得出，外语教学研究的总趋势是语言与文化、语言与身份认同、语言与学习策略、任务型语言学习、语言习得以及语言测试和评价。该研究显示，外语教学的焦点已经由纯粹的语言知识教学转向语言与文化知识的应用。在以学习者为中心、以合作和技术为驱动的大趋势下，外语教学研究应该注重育人价值，研究和落实核心素养，着力培养具有中国情怀、国际视野和跨文化交际能力的外语人才。

针对上述的人才培养要求，产出导向理念为高校外语人才培养提供了新的教学思路。OBE理念由美国学者斯派蒂在1981年率先提出，一经问世，便在欧美多国获得了广泛重视和应用。此后经过10年左右的发展，形成了比较完整的理论体系，如今依然是美国、英国、加拿大等国家教育改革的主流理念。在教学设计上，OBE理论提倡一

---

①陕西师范大学教学模式创新与实践研究基金2019年度项目。
*朱丽英，陕西师范大学外国语学院讲师，研究方向为外国语言学及应用语言学、比较文学与世界文学。

种以学习效果为导向，以最终目标，即学生学习的最终成果或顶峰成果为起点，反向设计课程，开展教学活动。该理论强调学生有明确的学习目标和预期表现，教师更清楚如何帮助学生学习。在教学内容上，OBE强调知识的整合，以知识（能力）结构出发，使课程的学习与知识（能力）结构相呼应，最终使学生达到顶峰成果。在师生关系上，OBE强调以学生为中心，教师采用示范、诊断、评价、反馈以及建设性介入等策略来引导、协助学生达到预期成果。由于OBE理念能明确地整合并有效组织教学过程中的各个环节，让学习者在自身的学习当中能够充分实现理想的目标，因此能够很好地解决外语教学中语言知识习得和核心素养培养的问题。

2. 综合英语课程的特点及改革趋势

综合英语课程是面向英语专业一年级和二年级学生的基础阶段主干课程，其主要目的在于培养和提高学生综合运用英语的能力。目前综合英语课的主导教学模式有两种：一种是以教师为主导的讲授（presentation）+操练（practice）+输出（production）的模式；另一种是以学生为中心的任务型教学模式，即教师划出语言点和背景知识，由学生以个人或小组合作的方式汇报之后师生共同讨论、分析和练习。这两种教学模式均存在以下弊端：课堂信息量有限、思想性不够、教学过程中将注意力主要放在语言基本技能的训练上，却忽略了教材内容和教学过程中对学生综合素质的培养，导致学生注重语言形式而忽视语言所表达的思想内涵，综合素质难以提高，无法满足国家发展对外语复合型人才的需要。

蒋洪新指出，我国外语专业人才培养存在以下不足：重技能轻素质、重专业轻通识、重应用轻文化。在教学中，教师采用以语言为中心的教学法（language-centered methods），将教学重点放在语言技能知识的灌输上，缺乏对学生文化与价值观的引导，导致学生综合运用语言的能力较弱，尤其是跨文化交际能力和思辨能力不足。针对以上问题，他认为外语复合型人才培养不仅涉及语言能力和专业素质，更注重培养诸如思维能力、创新能力、分析问题和独立提出见解能力等。

综上，在OBE教育理念下，综合英语课程教学改革需要在夯实学生语言技能的基础上，将培养学生的跨文化交际能力及思辨能力作为主要的努力方向；整合教学内容和教学资源，使综合英语课程的教学符合学生的学习需求，满足学生提升核心能力的诉求。

二、项目完成的主要任务及落实情况

1. 制定课程目标

OBE教学模式要求教学活动都围绕着一个根本的目标,让所有学生在学习活动结束时能够获得成功,强调的是以高峰成果即根本目标为导向。

因此本项目组首先重新制定了课程目标。在OBE模式中,课程目标必须首先确定,教学内容服务于教学目标,教师可根据目标对内容作出取舍,课堂活动和课程资源的利用都要围绕课程目标开展。课程目标不仅是课程内容的教学目标,更着眼于学生未来工作要达到的目标。项目组根据陕西师范大学英语专业培养方案以及师范生从业的基本规范来共同确定以下综合英语课程的教学目标。

本课程主要培养学生三个方面的能力。一是综合运用英语的能力。要求学生在理解课文的基础上学会品味文章的思想美、修辞美、逻辑美和结构美,加强对文章进行分析、评论和批评的能力;通过阅读带动听、说、写以及翻译能力的提高。二是跨文化交际的能力。通过本门课程的学习,学生能从知识的广度和深度上认识文化的多元性和差异性,培养学生跨文化交际的能力。三是思辨能力的培养。通过课堂中的讨论和辩论活动,培养学生的思辨能力和教学科研能力,开拓学生的知识视野。

2. 规划课程管理

围绕新的课程目标,项目组对课程内容做了选择、删减和补充,所有内容安排都是以"产出"为中心进行设计。为了达成前述的课程目标,笔者在课堂教学中引入英国议会制辩论赛(简称BP)的形式。

在实施过程中,笔者先向学生介绍BP辩论制的竞赛规则并在对分易学习平台传送相关资料供学生学习。BP制的国际标准对辩手的语言能力、逻辑思维能力以及应变能力要求较高。为了增强学生的信心,笔者在课堂中稍微降低标准,将赛前15分钟抽取命题改为提前两天发布命题,让学生有充分的时间进行小组讨论和准备辩词。辩论过程依然按照国际惯例,每位辩手均拥有一个议员角色,每人发言7分钟,正反方从上院到下院交替发言,没有自由辩论等任何快速交替发言环节。在"非保护时间"(发言的第一分钟和最后一分钟之外的所有时间),对方辩手可以提出"质询"("POI")。在课堂中,BP制的辩论相当于"角色扮演"的活动,进行辩论的8位学生都要在发言中完成各自辩位的任务。在正方支持辩题、反方驳斥辩题的基础上,每个人的发言结构仍需满足其角色规定的论证要求。

在教学过程中将每单元的内容分成5个步骤进行。即前期准备（preparation）、布置辩题（proposition）、小组讨论（panel discussion）、辩论展示（performance）和改进完善（perfection），简称5P模式。每个单元完成一次与本单元主题相关的BP辩论。所有的学习内容及活动为这个目标服务。这些单元目标的设定与课程目标一致，即培养学生综合运用语言的能力与思辨能力。在项目实施阶段共进行了7个单元的学习，完成了7轮的辩论赛。

3. 建立评价机制

项目实施之前，综合英语课程的评价形式主要是由学生的考试成绩、出勤率和平时作业三部分组成。这种评价方式比较单一，明显不适应OBE模式的要求。没有将评价与课程目标结合起来。所以，在新的课程设计中，项目组建立了多样化的合理评价机制，课堂表现部分根据学生的辩论完成度、辩词质量以及对同伴的辩词修改和辩论评价组成。课程评价体系如表1所示：

表1 课程评价体系

环节	形式	分值	权重
平时成绩	课堂考勤	5分	12.5%
	辩论表现	15分	37.5%
	辩词质量	10分	25%
	课外自学	10分	25%
期末考试	闭卷考试	60分	100%

除了教师评价外，在辩论环节中还加入学生自评和组员互评环节，对学生的表现做形成性评估与总结性评估。这样一方面能让学生全面了解自己的学习情况，另一方面也便于教师充分掌握学生的水平和能力。这一评价机制使学生对该门课程较为重视，在很大程度上也配合了教师的课程教学工作。

三、项目研究的教学创新性成果和应用实效

本项目在综合英语课程的教学模式上做了尝试性的变革。改变过去以讲解课文和练习为主的教学模式，在教学中打破固有的综合英语课程讲授模式，采用5P教学模式，合理整合教学内容和教学资源。在综合英语课程中引入BP制辩论赛，并对辩论过程实行全流程管理，极大地提高了学生的课堂积极性，通过辩论，学生的高阶能力、自我发现、自我探索以及团队协作能力都得到了有效的提升。

在综合英语课程中加入BP制辩论赛，学生充分了解了赛制，有的同学还加入了学校的辩论社团。笔者根据单元教学内容设计的辩题延伸了课本知识，不仅使学生接触到了专业知识以外的大量信息，而且内化了课本知识。

在准备辩论期间，学生需要不断地调查、研究、比较、思考。在这个过程中，学生发现问题、解决问题的能力得到了提升。在辩论过程中，学生需要根据对方的观点，调整自己的论证逻辑，还要回答对方的质询，这充分锻炼了他们临场应变的能力。在辩论中，如何在坚持已方论点基础上做到有理有节、不卑不亢，成为学生们面临的难题。他们要用逻辑震慑对手，用表情、语言感染观众，因此辩论也是一种跨文化交流。在这个过程中，生生交流得到了加强，而且学生在实践中学习了跨文化交际的知识。

实施BP制辩论，培养了学生团队合作意识。BP制辩论不仅仅是个人才能的展示，更是团队合作精神的体现。在辩论中，笔者始终强调队友之间的相互配合与支持。在辩论中表现出的默契度以及相互鼓励，展现了团队的凝聚力。在综合英语课堂上通过辩论的训练，无形之中增加了学生的相互配合和默契，有助于形成和谐上进的课堂氛围。

BP辩论制的形式及其内涵都与OBE倡导的理念高度契合。在OBE理念指导下的课堂模式中，教师和学生的角色都发生了变化。教师在课堂有限的空间和时间内让位于学生，把课堂交还给学生，使学生成为课堂真正的主人。OBE教育理念认为每位学生都是有才能的，不同的学生在学习过程中都会得到不同程度的成长和成功。总之，在综合英语课堂中引进BP制辩论赛收到了较好的教学效果，能给学生以施展才能的机会。

四、项目中存在的问题及今后的研究与设想

项目实施过程中取得了不少成果和收获，但是也存在一些问题。

1. 存在的问题

（1）辩题的选择需要改进。在项目实施中，教师选择跟单元主题相关的辩题。在实施中发现，有些辩题难度偏大，学生不易掌握辩论的方向，很难找到合理的立论点。

（2）由于课时所限，每学期只能在班级进行7—8次辩论，在有34名学生的班级里，每名同学最多只有2次参与辩论的机会，课堂锻炼的机会过少。

（3）在辩论过程中，没有参与辩论的同学热情度不高。每次辩论只有8名同学参加，其余同学作为观众评委参与打分和点评，但是这些没有辩论任务的同学没有完全投入到课堂。课后与学生谈话发现，由于辩论中有些同学的语速过快，语音不清晰，再加上自己对辩题的理解有限，所以在辩论过程中容易走神。

2. 今后的研究及设想

针对以上问题，项目组还可在以下方面继续改进和研究。

（1）把辩题的选取权交给学生。在选取辩题时可面向学生征集选题。由学生决定选题，教师在措辞和表达方式上规范辩题的语言。

（2）优化辩论任务的安排。可以在课程教学伊始让学生在班内组成8人一组的辩论小组，并为自己的团队设置logo，每次辩论任务要求所有同学参与辩论，课堂内指定一组展示，其余小组在课外辩论，然后上交辩论录像。在整学期的所有辩论任务中，组内成员需要轮换辩位进行辩论。

（3）在OBE教育理念的指导下，项目组成员还可在课堂实践中发掘更多服务于"产出"目标的教学活动。

OBE教育模式和思维型课堂教学实践研究[①]
——以美国文学选读课程为例

郭英杰*

摘要：根据《国家中长期教育改革和发展规划纲要（2010-2020年）》，针对陕西师范大学英语专业教育教学现状，该项目参照OBE教育模式和思维型课堂教学理论对美国文学选读课程进行教学模式创新与实践研究。传统教育模式容易忽视学生学习的自主性和目标性，学生的思维也没有得到充分锻炼。通过结合OBE教育模式和思维型课堂教学理论的优势，该研究旨在打造高效课堂，一方面注重学生的学习效果和成果产出，另一方面努力提升学生的思维品质和核心素养。

关键词：美国文学选读　OBE教育模式　思维型课堂教学

十七大提出"优先发展教育，建设人力资源强国"的战略部署后，党中央、国务院为促进教育事业科学发展，全面提高国民素质，又颁布了《国家中长期教育改革和发展规划纲要（2010—2020年）》。根据《纲要》，人才培养体制改革不仅要更新人才培养观念、创新人才培养模式，还要改革教育质量评价和人才评价制度；就高等教育而言，不仅要全面提高高等教育教学质量、提高人才培养质量，还要优化结构办学特色、增强社会服务能力。这就从宏观层面对国内高校的未来发展提出更高层次的要求。就陕西师范大学美国文学选读课程而言，这既是机遇又是挑战。长期以来，传统教育模式和社会需求之间存在一定矛盾，教师的教与学生的学之间也存在"不和谐"的方面。在此背景下，基于OBE教育模式和思维型课堂教学理论的美国文学选读教学模式创新与实践研究被提上日程。

一、项目研究的理论基础及实施办法

1. 关于OBE教育模式

OBE教育模式，也被称为学习产出教育模式、成果导向教育模式、能力导向教育模式或目标导向教育模式。OBE教育模式源自加拿大的职业培训，由于实践效果显著，西方国家于20世纪90年代将它广泛应用，并推广到基础教育领域。1994年，美国

[①]陕西师范大学教学模式创新与实践研究基金2019年度项目。
*郭英杰，陕西师范大学外国语学院副教授，研究方向为大学英语教学、跨语言文化研究。

学者斯派蒂在《基于产出的教育模式》一书中指出，OBE教育模式使每个学生都能成功地展示以学习经验为出发点的知识习得过程；成果导向是希望学生在学习经验结束后能够有效地展示学习结果。虽然OBE教育模式在国外存在时间不长，但C. Claassen、Roy Killen等学者已进行系统研究，认为OBE教育模式的核心是成果产出，实施过程包括定义学习产出（defining）、实现学习产出（realizing）、评估学习产出（assessing）和使用学习产出（using）。可见在OBE教育模式中，学生学到了什么和是否成功远比他们怎样学和什么时候学显得更为重要和有现实意义。

2. 关于思维型课堂教学理论

该研究所参照的思维型课堂教学理论源自林崇德、胡卫平于2010年发表在《北京师范大学学报》第1期的学术论文《思维型课堂教学的理论与实践》。林崇德、胡卫平经过长期系统的理论研究和实践探索，提出聚焦思维结构的智力理论，其核心是思维的"三棱结构模型"，他们认为，思维的心理结构是一个多侧面、多形态、多水平、多联系的结构，涉及思维的目的、思维的过程、思维的材料、思维活动中的非智力因素、思维的品质、思维的监控等方面。这为相关教学实施和课堂教学改革提供了科学依据。在把思维结构的智力理论与课堂教学结合过程中，思维结构与课堂教学、教师专业能力发展、创造性人才的成长规律与培养模式等方面都需要关注和研究。这同时也要求一线教师在组织教学时能够围绕思维心理结构模型，创设教学情境，从认知冲突、自主建构、自我监控、应用迁移等方面，培养学生的思维品质，提升他们的思维能力，最终实现高效课堂。

3. 美国文学教学与OBE教育模式及思维型课堂教学理论

基于OBE教育模式的特点，同时结合思维型课堂教学的优势，在美国文学教学过程中将二者和谐统一，将有利于把教师"学会教学"和学生"学会学习"有机地建构在一起。一方面，OBE强调学生从学习的一开始就要有明确的目标，强调知识整合和成果导向，学生遵循学习计划，教师协助学生有效安排学习；另一方面，只注重学生学习产出不足以完成教育教学的全部内容，培养学生的思维能力也是教育的重要目的，因为：①课堂教学既离不开"教师的教"，又离不开"学生的学"；②在整个教学环节，教师和学生的核心活动是思维；③促进学生积极主动地进行思维，是提高课堂教学质量的关键，也是课堂教学改革的方向。鉴于此，把OBE教育模式的优势与思维型课堂教学理论的优势有机联系和嫁接，将会对陕西师范大学英语专业美国文学选读课程的建构和发展带来裨益。

二、项目完成的主要任务及落实情况

针对美国文学选读课程教学模式创新，教师在实际操作过程中要努力建构以下5种授课类型。①师生互动，启发教学。相关细节包括：提问→思考→答疑→练习→评价。②教师引导，系统授课。相关细节包括：授课→理解→巩固→运用→检查。③学生思辨，自主学习。相关细节包括：自学→思辨→练习→自评→反馈。④讨论互学，合作共赢。相关细节包括：诱导→学习→合作→讨论→练习。⑤问题检验，升华评价。相关细节包括：问题→探索→报告→反思→评价。这些授课类型希望以学生的学习成果为导向，以培养他们的思维能力为核心，以评价结果为依据，适时调整和应对学生的学习需求。

针对美国文学选读课程教学目标，教师还要努力完成以下任务：一是教师能够依据美国文学选读课程标准的要求和英语专业学生的实际情况，科学合理地确定课堂知识、能力和情感的三维教学目标；鉴于教学目标预设与课堂实际情况不匹配的情况，教师能够在教学过程中及时对教学目标做出调整，以最大限度地面向全体学生，并体现教学目标的灵活性。二是教师能够在美国文学选读课程的具体教学环节，突出知识形成和思辨过程，激发非智力因素，引导学生主动学习；学生在课堂上是否能够主动参与教学环节，主要体现在教师能否采用灵活机动的教学策略调动学生学习的积极性，能否有效激发学生进行思维，能否给予学生更多的时间和机会进行必要的小组合作和个人展示，使学生分享彼此的学习成果。三是教师需要重视学生核心素养的培养，借助思维变革，有机整合已有经验，体现认知建构思想。换言之，教师需要在美国文学教学中，结合核心素养的内涵、意义和基本要求，培养学生的思维品质，在深刻性、灵活性、创造性、批判性、敏捷性等方面适时跟进，并进行监测和反馈，最终以多种方式巩固学生的学习成果，实现既定的教学目标。

根据OBE教育模式以及思维型课堂教学理论的要求，在实现美国文学选读课程教学目标的前提下，制定以下教学规划和评价设计：

（1）规划课程管理。围绕课程目标，教师对本门课程的教学内容进行查漏补缺，教学安排以"产出"为中心进行设计，根据课程总目标和相关教学目标的实际需要而定。相关细节除了规划课程教学内容和教学方法，还要确定各章节需要掌握的重要知识点，并根据英语专业美国文学选读课程的上课流程，重新规划和调整课程内容的习得顺序。教学方法体现灵活性原则，既要有OBE教育理念的"产出"效应，又要有思维型教学的"反思"和"批判性"特点，从课上、课中和课下全面加强学生的综合素质，培养其解决问题的能力，并为他们能够胜任未来的研究或者教学工作而进行综合设计。

（2）建立评价机制。目前评价形式主要是学生的考试成绩、出勤率和平时作业完成情况。这种评价方式比较单一，明显不适应OBE教育模式和思维型课堂教学的要求，所以在此课程设计当中，教师应该以"产出"为导向，以体现学生学习能力和思维品质的培养要求出发，建立多样化的评价机制，能够针对不同教学内容和目标进行不同形式的考核。考核方式可采用周/月测验、专题汇报、小作业、课堂展示、五分钟讲课、分组合作调研等多样化方法。除了教师给学生的学习评价，该项目还设计了学生给教师的教学评价环节，评价内容包括：教师教学的实际效果、教学方法改进、学生学习收获、思维训练成效、教学意见和建议等方面。

三、项目研究的教学创新性成果和应用实效

1. 课堂教学创新性成果

（1）设置认知冲突，通过问题引导学生思维和探究。教师要做好充分的课前准备，在此基础上，通过巧妙设疑引导学生积极思维；同时，教师做好引导工作，经过学生比较独立的探究和思维活动，完成相关文学问题和知识点的解答，并寻求建构高效课堂的途径和方法。

（2）突出知识形成过程，具体流程包括：明确目标—接受信息—加工编码—抽象概括—操作运用—获得成功。实践证明，该过程不仅有助于教师发挥"引导员"和"建构者"的角色，还有助于学生自觉、主动地习得知识，培养他们的独立精神并发展其智力和思维能力。

（3）联系已有知识经验，重视非智力因素的培养。无论是OBE教育模式，还是思维型课堂教学，已有知识和经验对学生习得知识、促进思维发展具有重要作用。此外，包括情感因素、意志因素、个性意识倾向性、气质和性格等在内的非智力因素，对学生的学习活动也起着动力作用、定型作用和补偿作用。这既是教师必须要关注的内容，又是学生核心素养需要培养的重要方面。

2. 其他项目成果

（1）参加教学模式创新与实践启动会、报告会各1次。

（2）参加教学模式创新观摩课2次。

（3）主持教学模式创新沙龙活动1次。

（4）参加在中国上海举行的2019年第四届远程教育与学习国际会议（会议网址：http://www.icdel.org），并做小组发言。会议期间，与来自美国、英国、加拿大、墨西哥等国的国际学者进行交流，分享陕西师范大学教学改革成果以及关于我校美国文学教学的经验。

（5）完成相关教学研究论文1篇"Opportunities, Challenges and Policies: Foreign Literature Teaching and Distance Education in China"。

四、项目研究中存在的问题及今后教学研究与实践设想

1. 项目中存在的问题

一是传统的课堂教学模式和思维仍然会扮演一定的角色。这要求教师和学生双方都要继续解放思想、提升自我意识和觉悟。传统的课堂教学模式容易操作，但是也容易造成教师单向灌输、学生被动接受的局面，而且学生学习的自主性如果被忽视，其学习产出就不会达到预期的效果。

二是由于对OBE教育模式和思维型课堂教学理论理解不到位、不深入，在具体的教学实践环节，教师自身也会迷茫和困惑。在新时代教育教学改革不断深入的情况下，培养高素质的创造性人才依然任重而道远，因此，要实现《国家中长期教育改革和发展规划纲要（2010—2020年）》制定的目标，教师需要继续砥砺奋进、踏实学习。换言之，教师只有塑造过硬的专业本领，努力提升自己的综合素质，才能最终打造适应新课改要求的高效课堂。

2. 今后的教学研究与实践设想

（1）以英语课程教学为基础，以现代信息技术为支撑，以基于学生学习产出的教育模式为导向，开展外国语学院美国文学选读课程的教学模式创新与实践，构建"教师乐于教""学生乐于学"的互动式、探究型课堂，打造具有我校特色的"金课"。

（2）以深化我校教师教学改革为契机，有的放矢地结合英语专业学生的个性特点及学习需求，通过对教学理念、教学思想、教学规律的探究，把握学生习得知识的规律，培养他们主动学习、积极思维的能力，有效提升教育教学质量，培养英语专业学生核心素养。

（3）创设良好的教学情境，在课堂教学过程中贯穿思维型教学理论和方法。具体包括：①以成果为导向，反向设计，正向实施，实现和谐课堂。基于逐步深入的问题，引导学生进行批判性思维的养成，强调学生基于思维的训练和合作式探究；②引入科学教学理念，注重学生的思维品质和能力培养，实现双赢课堂。重视师生互动、生生互动和学生对美国文学史及相关经典文本选读的知识积累及自主性建构；③实施分层教学，因材施教。不仅注重学生自我监控以及思维能力的升华式培养，而且可以将相关理论知识和个性化学习迁移到真实教学情景之中。

基于文本图示建构的发散思维能力培养[①]
——大学英语阅读教材行动研究报告

刘 薇*

摘要：发散思维能力培养作为新课标和教材的应然功能，同时也是创新思维的核心。本研究采用行动研究法，通过构建大学英语阅读材料中的世界图式，增加英语阅读教学和发散思维培养的融合面，在大学英语阅读教学中通过构建文本图式来培养学生的发散思维，从发散思维内涵的新解读、图式理论和阅读理解的关系、大学英语教材阅读模块的任务特征三个方面充分论证其可行性。

关键词：发散思维 图式 阅读教材

创新性思维和创新能力是21世纪人才必备的基本素质。2007年美国制订的《"21世纪素养"框架》将学习和创新技能列为学生的核心素养。2010年新加坡颁布的"21世纪素养"框架中，将批判性、创新性思维列为学生的核心素养。我国在《国家中长期教育改革和发展规划纲要（2010—2020年）》中也提出了培养学生的核心素养体系，与以前提倡的素质教育一样，它重视培养学生的创新精神和实践能力。发散性思维是创新思维的核心成分，培养发散性思维是创新型人才的重要组成部分。

一、研究背景与理论基础

根据大学英语课程标准的要求和对发散思维涵义的新解读，大学英语教材阅读模块要求扩散信息，具有培养学生发散思维的功能。在实践教学过程中，却发现学生在学习这些阅读模块时出现信息难以发散的现象。

研究采用行动研究对此问题进行探索，首先分析现象成因，认为学生难以扩散信息是因为他们难以延展文本图式变量。然后，提出假设性方案，认为具有典型性、多向性、双码性和继发性图式构建活动能促使中心信息扩散出多项信息分支，从而提高

[①] 陕西师范大学教学模式创新与实践研究基金2019年度项目。
*刘薇，陕西师范大学外国语学院大学英语教学部讲师，研究方向为英语教学、应用语言学。

思维发散能力。之后，通过课堂英语阅读教学的环节来验证基于图式构建扩散信息的效用。最后根据研究效果，以图式构建活动性质为参照，提炼出在大学英语阅读教学中培养学生发散思维的活动原则。

图式构建的实质是呈现事物结构，凸显成事物内部或事物之间的关系联结，特别是强调在"一对多"的基础上形成事物关系网。教学的知识目标是让学生形成网络状的知识表征。

语篇教学是受到图式理论影响的一种阅读教学模式。图式理论讨论的是如何获取、加工和组织知识。图式被称为"认知上的建筑模块"，是个体关于世界知识的网络状心理框架和认知结构，展现了"由过去经验和已有知识简化而成的个性化世界"，用它来呈现人们是如何在长时记忆中表征和组织所存储的信息。基于图式，"人们能够回忆、修正自身行为、注意关键信息或者预测事件最可能发生的结果"。因为"个体拥有的图式决定着他从新的文本中学到什么"，因此，教学中教师的任务是"帮助学习者完善原有图式、发展新的图式和建立图式之间的关系"。图式理论被引入二语阅读教学是因为阅读理解的失败部分来自对背景知识进行激活的无效性，因此，可以在阅读二语材料前适当阅读同一主题的母语材料。因背景知识缺乏或难以有效调动而造成阅读困难使人们反思自下而上的阅读模式，提出了自上而下的阅读模式，继而提出相互作用阅读模式。语篇教学的主要任务是语篇分析，语篇作为一个完整的交际信息单位，它要满足语义连贯、语言衔接的要求。通过语篇分析，梳理文本信息内部的联结关系和辨析实现这种联结的语言手段，亦即梳理出信息单位之间的关系。对于在英语阅读教学中培养学生的发散思维而言，这种梳理信息关系的心智操作有助于学生产生"由此及彼，由点到面"的思维联结。

对话教学所体现的平等、民主等观点和所提倡的对话和互动等行为的美好的价值来观照教学，也期望通过教学行为来培养这种价值，对话教学应此而生。用对话教学来观照英语阅读教学，旨在于实现课堂生态中各构件之间的对话，"教师—学生—文本"这三者形成了以下的对话关系：教师在课前通过"师—本"对话，与文本进行思维互动，了解文本所含思维方式并将其转换成学生可能理解的形式。对话教学关注教学过程更甚于教学结果，关注图式构建过程更甚于图式内容，它提倡通过课堂生态内部各要素之间的平等的互动来构建图式，这种互动牵涉老师、学生、文本三者，其中，课堂上最为显性的是师生互动。

综观文献，关于外语学习和思维培养的关系的观点经历一个"无涉—涉入—互动"的演变过程，可以说，人们趋同于一个观点：外语学习和思维培养关系密切和相互促进。关于图式构建教学模式的研究，已有研究多关注知识节点的联结和知识结构的构建，而较少关注这种联结活动下的思维活动状态。探索某个知识节点是如何"由此及彼"地与别的知识节点产生联结，如何"由一到多"地形成结构，才能够从根本上理解知识的内在逻辑，并在已有结构上形成更多的对外联结，使学生基于知识逻辑产生拓展领域或产生新质领域。已有研究对思维发散内涵赋予诸如联想、推段、批判、创造等之类的意义，以预读、文本信息、课后练习等为平台，探索出练习变式、一句多义或多译、情节续编、图示支持等策略，这些研究为在英语教学中培养发散思维提高了有价值的思考。

二、研究内容、目的和方法

1. 研究内容

根据大学英语课程标准的要求和对发散思维涵义的新解读，大学英语教材阅读模块要求扩散信息，具有培养学生发散思维的功能。在实践教学过程中，却发现学生在学习这些阅读模块时出现信息难以发散的现象。研究采用行动研究对此问题进行探索，首先分析现象成因，认为学生难以扩散是因为他们难以延展文本图式变量。然后，提出假设性方案，认为具有典型性、多向性、双码性和继发性图式构建活动能促使中心信息扩散出多项信息分支，从而提高思维发散能力。之后，通过课堂英语阅读教学环节来验证基于图式构建扩散信息的效用。最后根据研究效果，以图式构建活动性质为参照，提炼出在大学英语阅读教学中培养学生发散思维的活动原则。

2. 研究目的

创新与应用的实践目标是通过行动研究检视如何进行图式构建活动才能有助于将中心信息扩散为多项分支信息，在此基础上总结提炼在大学英语阅读教学中培养学生发散思维的活动原则。研究拟达到以下目的：

（1）重新审视发散思维的内涵，将发散思维解读为使事物关系多维联结的认知过程，英语阅读模块任务要求将中心信息扩散出多项分支信息，成为培养发散思维的课程资源。

（2）对教学实践中学生无法扩散信息的现象进行分析，提出研究假设：典型性、多向性、双码性和继发性的信息构建活动能有效促进中心信息扩散出分支信息，从而有助于发散思维的培养。

（3）以大学英语教材阅读模块为平台，以构建文本图式为内容，形成三个研究模块，检视文本图式构建活动对信息扩散和思维扩散的效果。

（4）根据研究效果，总结和提炼在大学英语阅读教学中培养发散思维的活动原则。

3. 研究方法

（1）文献法。在文献综述中采用文献检索法，从语言学习和思维发展的关系、英语阅读教学和在英语阅读教学中培养发散思维三个方面去了解基于英语阅读教学培养发散思维的研究状况，从中发现研究有待拓展的方向，同时从这些文献中借鉴有价值的观点。

（2）经验总结法。教育科研上的经验总结法就是"一线教师借助一定的理论框架使自己的零散的教学经验进行抽象化、类别化、体系化的研究方法"，它是通过各种方式收集反映某种教学实践的事实和材料，经过整理、分析和加工，将现象材料提升为理性认识的方式。本研究的经验总结法，不但基于多年的教学实践探索，而且也借鉴了诸多教学案例所提供的经验。

（3）行动研究法。在此的行动研究指的是教学行动研究，它包括在教学实践中发现问题，经过理论论证进行归因并形成问题解决预设方案，将方案付诸实践，在实践过程中不断反思，修改计划，并将之付之于下一轮的行动。虽然行动研究因实验控制的宽松和缺少精细的量化研究而在科学性上受到质疑，但是由于研究者的深度观察、循环反馈和研究材料丰富而被赋予足够的信度，其研究成果可以具有一定的可模仿性或适当的可迁移性。

三、研究项目方案及其实施与实效

1. 研究方案

根据阅读图式理论，读者图式对文本的意义具有解释性和导向性，图式内容的丰富性对文本理解具有更多的指向性，也具有更广的解释范围，从而使文本理解更流畅也更丰富。

第一，材料分析：有待激活扩散的信息储存。新标准大学英语综合教程中的主题紧扣学生的现存生活，也对学生未来生活进行引导和提供准备，用以激发背景知识的问题或材料以生活中关注度高的命题为内容，还力求问题化。将事例置于某种具有冲突性质的问题中，让学生做出选择或判断。因为经过信息辨别、比较和判断之后的心理认识过程，比直接对信息进行存储更能留下深刻印象。

第二，教学场景。教学场景广泛而丰富，根据研究需要，以思维成果（在此表现为所提取的背景知识）的"多""杂""新"为评价指标，主要呈现是否在图式构建支持下的活动效果，文本图式构建缺位下激发知识背景已经做过，只重点描述图式构建支持下的教学场景。

在变量延展逻辑的支持框架中，"5W+H"是学生易于理解和接受的经验结构，可以将其作为延展学生背景知识的支持框架。学生在这套信息框架的辅助下，思维得到多个向度的激活和扩散，丰富了话题信息。提供信息框架构建图式，让学生将外在认知框架逐渐内化，需要经过示例、试用和自创三个阶段。

第一，试行阶段。

针对缺乏信息框架支持下激发背景知识时存在的不足，本阶段活动包括三个内容：一是提供"5W+H"所激发的信息集群，为学生提供一个案例，让学生理解此模式中的六个方面是如何与主题内容联系的。二是提供更多的经验常模，使信息得到进一步延伸。三是提供思维导图，使信息放射状呈现，以便鼓励产生更多的子级信息。

第二，模仿阶段。

通过活动，学生可以根据所提供的信息框架有效地激发背景知识。但是由于学生对信息框架不太熟悉，或者难以将信息框架与主题的内容进行有效联系，所以，呈现出被动完成任务和提取知识速度缓慢的现象，更多的练习机会可以改善这种现象。

第三，自创阶段（示例）。

活动材料：新标准大学英语综合教程（三）Unit1–Catching Crabs

活动任务：激发关于大学毕业求职与生活路径选择的背景知识，对相关知识进行领域外联结，如亲子关系与子女的人生选择、父母在子女教育中的角色与影响等，培养学生思维发散的能力。

活动步骤：活动步骤分为以下。

第一步：确定信息中心。根据阅读模块所提供的图片和问题，激活学生与此匹配的信息。以"Graduation & Pursuit of Happiness"为中心词。

第二步：扩散初级分支信息。以"5W+H"为最初的信息提取线索，然后以上述提到的基本模式作为后继信息的激活码。

第三步：延展变量逻辑。以思维导图中的若干知识节点为平台，鼓励学生激活出更多的域外信息。学生激发知识背景，形成思维导图。

2. 方案实施

（1）实施案例一。

活动材料1：新标准大学英语综合教程（一）U1R1–Diary of a Fresher

活动任务：激发关于新生入学迷茫适应期与学习生活路径思考与选择的背景知识，对相关知识进行域外联结，如英语国家大学生的校园生活、父母在子女教育中的角色与影响等，培养学生思维发散的能力。

活动步骤：

第一步：确定信息中心。根据阅读模块所提供的图片和问题，激活学生与此匹配的信息。以"College Life of a Fresher"为中心词。

第二步：扩散初级分支信息。以"5WH"为最初的信息提取线索，然后以此作为后继信息的激活码，思考中西方大学的异同，完成篇章结构分析。

第三步：延展变量逻辑。以思维导图中的若干知识节点为平台，鼓励学生激活出更多的域外信息。学生激发知识背景，形成思维导图。

（2）实施案例二。

活动材料2：新标准大学英语综合教程（一）U3R1—Learning to think

活动任务："在'苏格拉底之死'中你看出了什么？"；网络信息轰炸的信息甄别；怎样理解"众口铄金，积毁销骨"

活动步骤：

第一步：确定信息中心。根据阅读模块所提供的图片和问题，激活学生与此匹配的信息。以"Think for yourself"为中心词。

第二步：①用核心词"radical"解析文章的结构与写作手法。

②扩散初级分支信息。以"5WH"为最初的信息提取线索，然后以此作为后继信息的激活码。

Q1: Why can "thinking for yourself" be dangerous?

第三步：延展变量逻辑。以思维导图中的若干知识节点为平台，鼓励学生激活出更多的域外信息。

Q1: How do you think about the information online?

Q2：When and why do some people tend to believe the information online?

学生激发知识背景，形成思维导图。

（3）实施案例三。

活动材料3：新标准大学英语综合教程（一）U4R1— Family Affairs

活动任务：以"family"为中心，激发学生思考与讨论关于代际间爱与价值观的传承；爱的能力；爱的烦恼与困惑活动步骤：

第一步：通过关于圣诞节的短视频图像激发"节日"与"家庭爱"（见图1）。

第二步：通过"5WH"与图文进行文章信息讲解（见图2）。

图1 圣诞节短视频激活"节日"与"家庭爱"的联结　　图2 通过"家庭价值观"拓展到"家风建设"

第三步：延展变量逻辑。以思维导图中的若干知识节点为平台，鼓励学生激活出更多的域外信息。

（4）实施案例四。

活动材料4：新标准大学英语综合教程（一）U8R1— Body and Mind

活动任务：成败的思辨关系 ——成王败寇

活动步骤：

第一步：通过"牛头犬"与"美国开国元勋"图片对比（见图3），找出"bulldog"的精神内核。

图3 对比探讨"bulldog"内核品质

第二步：从观念的"与时俱进"过渡到"现代健康新理念"的思考。

第三步：延展变量逻辑。通过道家"无为而治"探讨以下5种观点（见图4），激活更多。

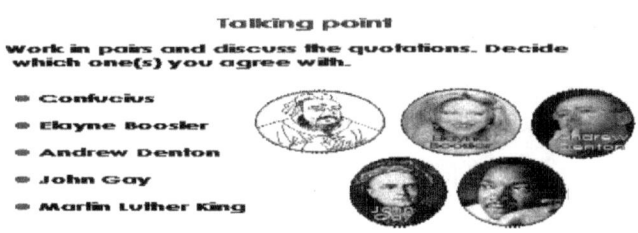

图4 五种对待生活与成功的态度

（5）实施案例三。

活动材料5：新标准大学英语综合教程（二）U4R1— Can we live without our mobile phones?

活动任务：科技发展对人际间交流方式的影响，手机的利弊之争活动步骤。

第一步：通过"跨文化交流"的图文引入到"手机交流"的主题（见图5）。

图5 从"跨文化交流"到"手机依赖"

第二步：通过图示文本对文章结构与内容进行讲析（见图6）。

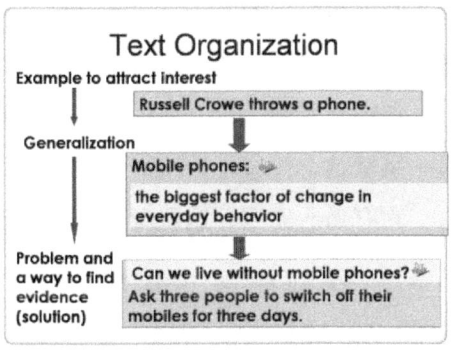

图6 图示法解读文章结构与内容

第三步：延展变量逻辑。以思维导图中的若干知识节点为平台，鼓励学生以"科技对生活的影响"为主题，分设6个相关话题进行思考讨论，最终以习作的文本形式激活出更多的域外信息。

话题如下：

①There are social, medical and technical problems associated with the use of mobile phones. What form do these problems take? Do problems of using mobile phones outweigh the benefits?

②Do you agree that modern technology has given us more leisure time than before?

③It is said that the fast pace of our everyday life, as a direct result of the rapid development of telecommunications technology and travel industry, has negative effects on individuals, nations and the globe. To what extent do you agree or disagree?

④Nowadays people can carry out tasks such as shopping and banking even business transactions without meeting each other face to face. What are the effects on individuals and the society?

⑤Many employees may work at home with modern technology. Some people claim that it benefits only workers, but not employers. Do you agree or disagree?

⑥It seems that with the increase in use of mobile phones and computers, fewer people prefer to write letters. Will the skill of writing disappear completely?

四、研究的反思

研究针对学生在激发背景知识和讨论开放性问题时难以扩散信息的现象，提出研究假设，认为典型性、多向性、双码性和继发性的图式构建活动可以有助于促使中心信息扩散为多项信息分支，从而促进学生思维发散。然而，由于研究的落脚点是如何培养发散思维，是以大学英语英语阅读教学为平台来对此进行验证，也即验证了在英语阅读教学中可以培养学生的发散思维，并对培养活动提出思考。这种落脚点暂时忽略了另外一个方面的验证，那就是发散思维或者产生多维关系联结是否能够提高英语阅读教学效果。产生多维关系联结，仅仅是为培养发散思维而进行？抑或它对英语阅读能力也有作用？如果有，它有哪些作用？这些问题既需要理论上的探讨，也需要实践的验证。

基于TED演讲的大学英语口语教学模式创新研究[①]

杨盛兰[*]

摘要：本课题以产出导向法为指导，以实现大学英语口头表达能力的发展目标为目的，将TED演讲引入大学英语听说课堂，探索和实践如何利用TED演讲建设科学、高效的大学英语听说课堂教学模式。努力实现"以学生学为中心"，体现教师的中介作用，重视学生的产出和高阶能力的培养以及师生合作互评，构建符合时代需要的当代大学生的口头表达能力。

关键词：TED演讲　大学英语口头表达能力　产出导向法

一、导言

针对大学英语教学中口头表达能力的培养，《大学英语教学指南》（教育部2017最新版）在基础目标与提高目标之基础上，提出了发展目标，即"能用英语较为流利、准确地就通用领域或专业领域里一些常见话题进行对话或讨论；能用简练的语言概括篇幅较长、有一定语言难度的文本或讲话；能在国际会议和专业交流中宣读论文并参加讨论；能参与商务谈判、产品宣传等活动。能恰当地运用口语表达和交流技巧。"当前，两人对话、小组讨论等方式早已普遍被采用，然而具有更高要求的展示活动、演讲和学术交流能力未得到足够重视，未达到目前培养国际人才的要求。

TED为一家非营利性组织。该机构每年召集科学、技术、设计、音乐、文学等领域的卓越人物，每人进行最多18分钟的演讲，即TED演讲。创立至今，以Ideas Worth Spreading为主旨，其海量演讲产生了广泛国际影响，也在互联网世界引发极大关注。国际上，TED演讲已被引入多种学科教学；国内，也已有许多大学将其引入英语教学。本课题尝试以产出导向法为指导，对TED演讲资源进行合理与科学利用，将其与大学英语教学中的口头表达能力培养相结合，改善口语教学，创新大学英语教学模式。

[①]陕西师范大学教学模式创新与实践研究基金2019年度项目。
[*]杨盛兰，陕西师范大学外国语学院讲师，研究方向为美国文学、美国史。

二、项目研究的理论基础及实施方法

1. 项目理论基础

首先，教育信息化不仅为教学模式创新与实践创造了技术条件也提出了新的而又迫切的要求。2018年4月，教育部印发《教育信息化2.0行动计划》，作为办好网络教育，积极推进"互联网+教育"发展，加快教育现代化和教育强国建设的行动指南。据此，高等教育发起了一场教师课堂的革命与学生学习的革命。教师不断探索新的教学模式，推动教学模式变革，从而引起课堂教学变革。基于学科，教师更新教学理念，改进教学方法与手段，实现教师角色与学生学习方式的改变。

其次，大学英语教学的重要性与现状迫切要求大学英语教学变革。从大学英语的工具性来看，以考试为评价手段检测学生英语的听、说、读、写、译的能力显然存在不足，更应重视学生在学术和职业领域使用英语的能力。从其人文性来看，大学英语目前应以对学生进行跨文化教育、培养独立和申辩思维能力、提高人文综合素养和全面发展以及如何利用英语"讲好中国故事"、促进中外交流为目标。由此可见，实现大学英语口头表达能力的更高目标应与当前课堂变革紧密结合。

再次，产出导向法（production-oriented approach，简称POA）可为当前的听说课堂改革提供方法指导。根据文秋芳及其团队的研究成果，产出导向法的理论体系包含三部分，即"教学理念""教学假设"和"教学流程"。教学理论主要有"学习中心""学用一体"与"全人教育"；教学假设聚焦"输出驱动""输入促成""选择学习""以评促学"；"教学流程"则包括"驱动""促成"和"评价"。本课题即以产出导向法为指导，又充分考虑学情和听说课程的特点，意在探索如何利用TED演讲构建新的听说课程教学模式。

最后，TED演讲的一些基本特征为将其引入大学英语听说教学，特别是对口头表达能力构建提供了物质基础。TED演讲具有学术性、前沿性、新颖性、创新性、多样性、影响力广等特征，基本以英语为演讲语言。在语言教学与学习中，TED演讲资源丰富，可视为多技能学习的资源，即可作为培养听、说、理解、写作、审辩思维等能力的优质资源，为教学提供了充分的选择。TED演讲的视频、录音与文稿均可以免费下载，利用当前的多媒体编辑软件等技术进行处理，完全可为课堂所用。演讲既可作为泛听、泛看、泛读资源，也可以作为精听、精看、精读资源，既可作为课上教学资源，也可作课后或跟进自主学习资源。

2. 项目实施方法

本课题以产出导向法为指导，以实现大学英语口头表达能力的发展目标为目的，将TED演讲引入大学英语听说课堂，探索和实践如何利用TED演讲建设科学、高效的大学英语听说课堂教学模式。从而，本项目制定了如下实施方案：

（1）选择演讲。收集最具影响力和代表性、与学生实际结合最为紧密的演讲，从语速、主题、内容、风格、难易程度等方面进行分析，充分考虑我校大一、大二学生英语水平和要求的演讲以及所承担班级的具体情况，以符合一定逻辑、风格各异、话题丰富、难度递增的原则对演讲进行分类。

（2）设计学生视听方案和策略。根据TED演讲的特点和学生学情，明确学生在语言输出前对视频内容的掌握程度、掌握的策略，设计教师监督本过程的方法。

（3）设计学生如何产出。以学生产出为导向，制定学生产出的方式、手段、可利用的技术以及需达到的要求。在教学实践中依据学情的变化和教学反思对具体的设计进行必要调整。如针对一个演讲学生可能需要完成五个任务以实现产出：就内容回答问题、构建个人语料库、内容重述、思维拓展性问题讨论与展示、个人演讲构建与展示。本课题的学生产出任务设计基本遵循从低阶思维到高阶思维的要求，实现知识目标到解决问题的综合能力、思维能力发展目标的发展过程。

（4）设计环节实现教师掌握和监督学生课上课下的学习。针对课前学习，任课教师提前告知学生学习目标，设计线上或线下任务和展示自主学习情况，如：QQ群内个人语料库展示；针对课上，教师结合学生产出与评价环节，达到各环节的要求和合理分配时间；针对课后，设计线上答疑、写作环节进行巩固。

（5）明确教师和学生的角色。所有教学环节的设计和进行以学生学为中心，尽可能实现学生产出的最大化；尽量实现教师中介作用的最大化和合理化，教师不仅仅重视结果，更强调过程和方式方法的训练，如：撰写演讲稿过程中如何选择话题、如何构建内容，在演讲过程中如何控制音高、语速、节奏，如何增强感染力和说服力等。

（6）构建互动型和合作型的课堂。师生之间与生生之间为互动和合作关系，课下的部分自主性学习环节和课上的所有教学环节以互动和合作的形式进行，既强调个人自主学习，也强调小组互助学习，既强调个人知识的掌握和能力的提升，也强调互动所产生的思维碰撞和拓展。

（7）设计评价手段。设计相应的成果展示、问卷调查等手段，测试学生能力变化，收集学生对小组表现、班级表现、教学等方面的反馈，并据此对下一轮的教学做出相应的调整和优化；对将TED演讲引入大学英语听说课程的可行性分析、总结和评价。除教师的课上和线上的评价外，学生可对课堂展示（如：演讲）进行现场点评，讲稿可线上生生互评，期末可对本组表现点评，学生期末可选出最佳演讲等。

三、项目完成的主要任务及落实情况

1. 展开和完成的主要任务

（1）构建课程内容。2019年9月，完成本课题第一、二阶段工作，即收集、分析与归类足量TED演讲，完成视频的基础编辑、足量任务设计和问卷调查设计。每个演讲均向学生提供三个版本，包括：中文字幕版、英文字幕版和无字幕版，也向学生提供多种获取视频的途径，学生可根据个人情况自由选择。两个学期共精选十个演讲，每个学期使用四至五个。在教学具体实施中，根据实际情况做出必要调整，如2020年初，在全球新冠病毒疫情下，及时准备和设计教学内容和任务，将2015年比尔·盖茨的演讲《下一场爆发？——我们未做好防备》纳入课程内容。遵循从低阶思维到高阶思维的要求，为所选演讲设计了相应任务与活动。为了了解学情和教学效果，共设计了两份调查问卷。

（2）2019年9月至2020年12月，完成第三个阶段任务，开展教学实践，录制教学视频，展示成果，开展问卷调查。自2019年3月起，项目负责人已将TED演讲引入课程。2018—2019学年第二学期，在我校2018级本科英语普通班B27班（物理+文学）与B77班（思政+哲学）的英语听说课上，以精选TED演讲为材料，开展教学实践，并在期末对两个班学生的演讲进行了大约四个小时的录制，学生的表现总体不错。2019-2020学年第一学期，在2019级本科英语普通班B37班（历史）以及2019级专业硕士英语54班（教育）和55班（对外汉语）的教学中，分别在前者周一的听说课中与后者周三的硕士英语课中引入TED演讲。2019—2020学年第一学期，利用"问卷星"平台，对2019级本科英语普通班B37班分别于9月和12月展开两次问卷调查，分别收回39与40份有效问卷。

2. 具体教学实践与构建教学模式

（1）一个学期所选演讲话题各异，演讲者身份各异，难度也有差异。顺序根据学情而定，2018—2019学年第二学期所选演讲包括如下主题：学习外语的秘密、塑造中国的年轻一代、如何获得幸福、手机对人际关系的影响。2019—2020学年第一学期所选演讲为：新病毒的爆发、如何防止刻板印象、对网络暴力说不、如何看待中国崛起。五个演讲的难易交叉安排，风格各不相同。

（2）约每3个教学周完成一个演讲，每周大约耗时1—1.5个课时。

（3）每个演讲大致设计五个任务，基本包括：就内容回答问题、构建个人语料库、内容重述、思维拓展性问题讨论与展示、个人演讲构建与展示（或辩论）。

（4）课前线上线下学习。总要求为：充分理解演讲内容；带着问题，带着任务，做好准备来上课。学习内容与任务见表1（学生可根据自身情况适当调整）。

表1 学习内容与任务

视听频次	视听版本	视听要求与任务
视听1	无字幕视听	完成"课程设计与任务表"中就演讲内容设计的"快速答题部分"（Task 1，选择、判断正误或简答）
视听2	英文字幕视听	完成"课程设计与任务表"中"个人语料库"的构建（Task 2）
视听3-4	中、英文字幕视听	完成"课程设计与任务表"中"主要观点"（Task 3）部分，即用英文总结与复述演讲内容
视听5	英文字幕视听	思考与准备"课程设计与任务表"中"小组讨论"（Task 4）一栏中的思维拓展问题，为课上小组讨论与展示做准备
视听6	英文字幕视听	模仿演讲，准备演讲或辩论（Task 5）

（5）课上学习。课上学习要求为：学生忙起来；英语说起来；脑筋动起来；师生互动起来。经过一个学年的探索与调整，确定了课上教学内容与活动，详见表2。

表2 课上教学内容与活动

周次	完成任务	课堂教学环节
第一周	Task 1-2	教师快速检查课前准备情况，并全班通报；教师导入课程，对视频内容的背景和演讲者的背景进行介绍；核对Task1的答案；小组成员组内分享各自的语料库（重难点词汇、短语、句子等），组内答疑，任课老师监督并机动进行个人答疑；小组提交问题至QQ群，任课教师全班答疑、词汇答疑，提示并讲解个别重难点；教师评价
第二周	Task 3-4	小组分享与完善主要内容与观点并复述，教师监督；教师抽查2个小组课堂复述，评价与总结，穿插讲解复述要求与方法；小组讨论提出思维拓展问题；课堂抽查组员重点问题讨论结果展示，教师评价与总结，穿插讲解如何限定问题范围、如何拓展思维、如何组织语言
第三周	Task 5	班级四分之一学生展示2—3分钟演讲；学生评议；教师评议与总结；穿插讲解如何构建TED演讲文本，演讲展示的基本技巧

（6）课后学习与任务。其主要为学习效果巩固，具体内容为：建议学生再仔细视

听一遍演讲，加深理解，进行自由反思；复习收集的语言知识；修改演讲稿，并与精读课的教学设计相贯通，以书面写作任务提交；要求学生每月录制一个演讲视频，统一提交QQ群，集体评议。

四、项目研究的创新性教学成果和应用实效

1. 教学模式变化与创新

（1）线上线下学习相结合，充分调动和提高学生进行自主学习的能力。

（2）以"学生学为中心"，个人自主学习与小组学习相结合，强调个人的主观能动性和小组互助学习，强调个人和小组的产出。教师主要起中介作用。

（3）以TED演讲为基础，帮助学生拓展和加强词汇学习，引导学生体会和欣赏公开演讲的技巧和魅力，克服畏难和恐惧心理，培养学生归纳总结演讲内容、语篇分析和构建能力，提高话题选择能力和组织讲演的能力，以及增强审辩思维能力（critical thinking），实现知识与能力的正向迁移，学与用同步进行。让听说课与精读课形成有机统一。

（4）培养学生如何以自身经历、体验为中心，以自主提出问题—解决问题—评价产出为基本路径，以TED演讲为模式，合理组织和展示演讲，切实提高学生口语表达能力，培养学生构建有思想、有逻辑、有论据、有说服力，同时不乏幽默或情感，也不乏清晰道德取向的演讲。

（5）在培养上述能力的同时，教师注重引导而非灌输，注重补充交流技巧，认可新颖和差异，鼓励学生以"我"为基点而非空谈，引导学生关注现实、关注自我实现、拓展眼界，从语言的工具性和人文性两个方面来进行培养。

（6）强调学生评价和教师评价相结合，提高学生的互评能力，在学生中培养良性竞争关系。

2. 学生的评价与反馈

通过第二个无记名调查问卷，40个本科生的评价反馈体现如下：

（1）在评价本学期所选演讲难度问题上，72.5%的学生认为适中，其余27.5%的学生表示难。该数据表明所选演讲难度符合学情。

（2）对所选演讲的话题与内容，62.5%的学生选择满意，选择一般与非常满意的分别为22.5%与15%。没有选择不满意的。在四个演讲中，分别有50%的学生表示最喜欢"如何获得幸福"与"手机对人际关系的影响"两个演讲，有75%的学生表示最不喜欢"塑造中国的年轻一代"。学生的喜好为后面的教学视频的选择提供了参考。

(3）自己的课堂表现一般，分别57.5%与20%的学生表示喜欢或者非常喜欢小组学习，45%和30%的学生分别认为所在小组总体表现好或者一般，72.5%的学生表示自己对小组贡献一般。结合问卷调查（一）分析当前数据分析，可能存在几个方面的因素。一方面，尽管绝大多数学生表示喜欢小组互助学习，但该班为一年级新生，学生从灌输式课堂、考试导向、大部分没有听说课的经历的高中英语教学到当前高要求、高强度的听说课堂的转变需要一个适应的过程。另一方面，这也反映学生认为自己的发展空间较大，可以通过后面个人和小组的努力实现。当然，这也说明小组的互助学习存在一些不合理的地方，如有些小组成员课前准备不足或课堂参与热情不高、小组成员能力不均衡或者某些小组活动环节设计不合理。

（4）针对课堂任务设计，分别有60%和67.5%的参与者指出，演讲与辩论最具挑战性，五个环节受欢迎程度递减排序为：小组讨论、讨论个人展示、辩论、演讲、主要观点总结。可见，学生对培养高阶能力的环节存在畏难情绪，高阶能力不足。

（5）从关于学生能力提高方面的问题答案分析可以得出几个结论。除了语法和信息量，大多数学生认为自己在词汇量、语音语调、结构逻辑、观点陈述、自信心等方面有所提高；特别是在个人观点陈述和自信方面，大多数学生认为提高较大；但绝大多数学生认为语法没有得到明显提高。此结果基本与本课程本学期的教学目标相吻合。

（6）从对教师的评价来看，分别有57.5%和35%的学生表示与任课教师交流基本顺畅或顺畅，分别有50%和30%的学生表示任课教师符合或者非常符合其所期待的角色。

五、项目研究中存在的问题与今后的研究与实践设想

（1）学生差异。首先，学生的词汇量、口头表达能力等能力班内差异很大；其次，班级英语水平差异。如项目负责人所带B37班，有个别同学听不懂课，掌握不了视频内容，也存在甚至说不出一句完整英文的现象，也有一些同学对"以教师教为主"的传统课堂到"以学生学为主"的课堂的转变感到难以适应，自主学习能力差。再如，项目负责人所带两个专业硕士英语班，由于专业的不同，两个班级的英语水平有差异。任课教师采取以下几个办法：适当差别对待，在一些任务设计中准备难易不对等的两种选择供学生选择；小组互助学习，如词汇部分、主要观点和讨论部分，通过小组学习模式相互补充；线上答疑，对个别有困难的学生提出学习建议，对学生的问题进行解答；尊重学生，耐心引导，鼓励和肯定进步，强调态度、方法和以小积大。

其次，项目负责人所带班级专业不同，本硕不同。处理办法有：视频选择有差异；任务设计内容、难易程度和要求有差异。

（2）2019—2020学年第一学期计划每两周学习一个视频，出现了个别学生对读到、听到、看到的信息存在理解不深入、留于应付的现象，也有一些学生反映压力较大，任务重。解决办法：考虑到上述问题，以及2019学年第二学期学生其他课程密集，计划修改了教学计划，本学期覆盖四个演讲，每三周完成一个演讲，任务设计更加细致，争取达到"精学"的目的。

（3）从学生的能力来看，大部分高阶思维能力较弱，需要在高阶思维能力培养方面给学生提供支架帮助。可在教学过程中穿插指导和培养学生如何运用演讲中的语言知识、演讲技巧，分析如何思考和回答各种思维拓展问题，如何对别人的演讲进行评述，如何创作自己的演讲。

（4）在技术层面上，项目负责人不大擅长，除了利用QQ、个别APP与网站，并没有充分利用Blackboard等平台或各种教育技术。今后应虚心求教，善于学习，积极使用。

六、结语

口头表达能力是大学英语教学中的最重要的能力之一，也是非英语专业学生英语能力的一个短板。该课题的研究不仅表明，将TED演讲引入大学英语课堂有助于实现大学英语教学口头表达能力的更高目标和发展目标；同时也表明，合理利用TED演讲，通过低阶到高阶任务的设计，可以有效提高学生低阶与高阶思维能力。

然而，该课题仍然在不断实践和摸索中。首先，有必要进一步完成课程建设。在现有基础上，继续吸纳更多优秀演讲或结合其他优质教学资源，丰富教学内容，满足不同专业与不同水平学生的需要。其次，应继续完善课程设计与实践该教学模式。在学生任务设计、教师教学环节设计、课堂活动组织方式以及学生互助学习方式等方面可以更加丰富多样。再次，可更多利用教学平台和教学技术手段，让线上线下学习结合更加紧密。

基于现代信息技术的俄语课程教学模式

PKИ理论下网络辅助俄语语法教学研究

王 翠*

摘要：语法教学是俄语教学中的核心课程，语法知识和规则的掌握和应用与学生的综合语言能力以及未来职业发展密切相关。用网络辅助俄语语法教学可以体现ＰＫИ理论所提倡的强调语言的交际性、培养学生实际交际能力的宗旨。根据ＰＫИ理论原则我们在构词、词汇、句子、语篇等层面开展紧密结合最新和最实用语料的理论和实践教学活动，教学过程信息量大，互动性强，能全面促进学生的创新和思考能力，提升语言的综合运用能力。

关键词：PKИ理论　俄语语法教学　网络辅助

PKИ理论是指将俄语作为外语进行教授的理论。将俄语作为外语进行教学的中外教育领域都十分重视俄语语法教学。因为俄语语法体现俄语的语言体系、规律和规则，语法知识和技能是学生综合运用语言能力的基础，所以俄语语法是俄语教学的重要的组成部分。

一、俄罗斯与中国对外俄语（PKИ）教学史梳理及研究动态

俄罗斯对外俄语（PKИ）教学法约有百年历史，其中的俄语语法教学一直贯穿其始终。

20世纪20至30年代，俄罗斯对外俄语教学法成为独立的学科。此时的教学目的非常实际，即让学生综合掌握所有类型的言语活动，特别关注读和说，提倡自然教学法和翻译法。早期主要是直接教学法和自觉教学法，目的是让学生发展自主性和独立性。为学生选择各类主题文章以学习词汇，语法学习则以句法学为基础。学生自我规划学习，学生在观察各类语言事实中学习外语，而不是以现成的方式学习外语。研究型教学方法也包括观察法、实验法、参观法，对口语交流能力的培养都不明显。此外，

---

①陕西师范大学教学模式创新与实践研究基金2019年度项目。
*王翠，博士，陕西师范大学外国语学院俄语系副教授，研究方向为俄语语法学、俄汉对比。

游览法则有助于学生通过实地参观，丰富自己的日常用语和专门词汇。Л. С. Выготский 和 С.И. Бернштейн 提倡在教学初期讲授实践语法，学生在表达中可以不遵守语法规则，教学后期则讲授理论语法。

20世纪40至50年代是俄罗斯对外俄语教学法理论和实践的基础奠定阶段。Л. В. Щерба 的语言学思想对外语教学的理论产生了极大的影响。他提出语言现象有三重性（言语活动、语言材料、语言系统），占核心地位的是言语活动。这些思想主要包括：要区分学习外语的实际意义和一般教育意义；本能掌握语言和有意掌握语言的区别与原理；指出对比方法在学习外语中有重要作用。该阶段积极使用语法翻译方法、自觉对比方法和综合教学方法。语法教学为了使学生再现语言系统，辨别语言的意义成分和结构成分，因而区分消极的语法和积极的语法。此时俄语语法教学以形式语法为核心，在句法基础上讲授语法规则。20世纪50年代中期的教学方法大讨论中，学者们一致认为对外俄语教学方法中要强调教学活动不仅是教师教授知识的活动，也是学生的学习活动。

20世纪60至80年代中期是俄罗斯对外俄语教学理论迅猛发展阶段。该阶段中有意实践教学法得到极大发展。与此同时，学者们开始对视听法产生兴趣。对外俄语教学法中出现了许多新的思想和趋势，心理学理论成分结合语言学理论的观点开始占主要地位。某些概念性的问题得到深入研究，如专业语言Е.И.Мотина）、言语礼节（Н.И.Формановская）、语音教学（Ю.Г.Лебедева）、语调（Н.В.Черемисина）、词汇（А.А.Брагина）、语法（В.И.Остапенко）、言语对话教学（Д.И.Изаренков）等。教学方法强调教师和学生活动具有相关性。

以 С.Г.Бархударов 为代表的学者们认为俄语语法教学的目的是使学生掌握语法结构和整个语法体系，结合语音、词汇和国情知识完成交际任务，按照心理学理论分阶段使用不同的教学方法，完成具体的教学任务。将言语活动由有意识的控制转变为自动化过程。

20世纪80年代末至90年代末是俄罗斯对外俄语教学理论的完善阶段。交际和认知语言学及社会语言学都对该阶段的对外俄语教学产生了重大影响。受各种学科理论的影响，对外俄语教学理论不断完善，研制出许多新的教学法（交际教学法、个性化教学法、大纲和问题式教学法、强化教学法等），理论研究成果丰硕，М.М.Галеева，З.Н.Иевслева，М.Н.Вятютнев，Н.А.Любимова，В.И.Остапенко，В.И.Половникова，И.П.Слесарева 等对俄语语法和词汇等各层面的教学进行了广泛的论述。功能语言学和认知语言学对俄语语法教学产生了促进作用，开始以功能语法教学为主，学生除了掌握词汇和语法知识，还要考虑到言语礼仪、跨文化元素等。对外俄语语法教学中划分了两种实践功能语法：描述性的功能语法（适用于教师）和交际功能语法（适用于学生）。

20世纪90年代起至今是对外俄语教学法综合化、多维化和跨学科化阶段。学者们结合认知语言学、功能语言学、心理学、文化学、民族学、社会心理学和言语行为理论等，力求建立涵盖所有相关机制和元素的最佳对外俄语教学法模式，除了语法翻译法、直接法，自觉对比法，还有听说法、视听法、自觉实践法、认知法和交际法，这些方法中都融合了俄语语法的教学。Е.С.Полат、Э. Г. Азимов 和 А.А. Атабекова 尤其关注了计算机技术和网络在对外俄语教学中的作用和地位，但缺乏具体的辅助俄语语法教学的操作研究。

目前根据 Костомаров，А.А.Акишина，А.Н.Щукин 等人的观点，РКИ 理论以功能交际法为特色，主要由交际性、充分顾及学生的母语特点、顾及所学语言国的语言国情等三大内容构成。РКИ 理论的核心是强调语言的交际性，培养学生的实际语言交际能力。РКИ 理论原则大致包括以下内容：针对各国国情和外国人特点，区别对待，方法各异；重视培养外国学生的联想能力、构词能力、遣词造句时的搭配能力，同义词表达能力及排除本族语干扰的能力；注意语言单位的出现频率和使用场合；注意教学和教材的系统性、多样性、知识性、趣味性，使之融为一体，互为补充；注意在基础阶段推行强化教学；教学过程中重视学生的心理因素；强调情景教学。

西方其他国家将俄语作为外语的语法教学也基本遵循俄罗斯的 РКИ 理论。经过多年的努力和实践，РКИ 理论在俄语教学领域发扬光大，得到了各国俄语学人的广泛认同。目前用计算机辅助俄语语法教学的理论和实践研究仍处于探索过程中。

我国的俄语教学始自清朝康熙年间，经历了新中国成立前后和改革开放后时期，约有300年的历史。早期的俄语教学基本以直接法为主。新中国成立前的俄语教学以教学大纲为指导，制定明确的目标，设置课程，确定课程内容，教学方法仍然以直接法为主。20世纪50年代至90年代俄语教学主要是语法翻译法、自觉对比法和自觉实践法。俄语语法教学基本以学生掌握俄语的语法结构，遵守语法规则为主，学生对语法结构的掌握大多仅停留在句子层面，缺乏在具体语境和交际情景中灵活使用语法的能力。

21世纪以来，在引进和吸收 РКИ 理论的基础上，不断探索和创新，结合我国实际情况，形成了具有中国特色的俄语语法教学模式。王燮康、陆锦林、吴贻翼、程千山、陈国亭、郭淑芬、杨海云、严巧丽，李岩等都探讨了俄语语法教学、词汇教学及功能语法在教学中的应用问题，强调俄语语法教学要以提高学生的实际言语交际能力为主。尽管学者们提出要结合网络和现代信息技术进行俄语语法教学，但具体且深入的研究尚未展开。

二、本课题的设想

本课题即以PKИ理论为基础，利用网络技术进行俄语语法教学，使学生掌握俄语语法范畴及其规律、规则以及相互关系，准确且熟练地运用于言语交际之中。通过语法教学活动的创新，研究新的语法教学模式，提高教学效果。根据不同的语法主题，以多种灵活的形式帮助学生深刻理解俄汉语言体系的异同，准确且迅捷地使用具体的语言手段，掌握和提高运用俄语的技能。将俄语语法教学理论与教学改革实践紧密联系，希望为我国俄语教学理论创新提供一定的参考与借鉴。

三、具体的教学实施

具体的教学实施可以分为初级俄语语法教学阶段和高级俄语语法阶段，语法规则、词汇、练习等不同领域的语法教学内容。

（1）按步骤、分阶段进行语法教学。针对每节课的语法知识点进行讲解、练习、使用和巩固。在讲解及练习部分增加语法学理论为基础的语言现象分析，以俄语环境中的真实语料为讲解对象；在语法和语言知识的教授过程中穿插国情文化知识。语音、词汇、语篇等方面都蕴含着语法内容，借助语法理论和语言知识进行深层分析，详细阐释，可以帮助学生快速记忆、理解和掌握，自觉与自己的母语进行对比，并在自己的表达中再现这些知识。高级语法教学阶段则将语法延伸至语篇，从形式结构扩展到功能，甚至是认知的阐释，语法与修辞、话语等学科相结合。

（2）教学过程中要区别对待语法规则。"基本规则要讲透，并让学生熟练掌握，尤其是泾渭分明的地方，不容含糊"。记忆和使用语言规则要经过相应的训练，对某些学生该过程某种程度上艰巨而又枯燥，因此教学过程中可以借用俄罗斯中小学的PPT，小视频、图画等教学材料，也可以根据内容搜索相关材料，使教学内容生动形象又趣味横生，使学生便于记忆又印象深刻。

（3）语法教学与词汇教学紧密结合。词汇量是俄语学习的重要突破口径和基础。词汇学习不仅是综合俄语、俄语阅读和听说活动中语言素材的重要来源，更是口头和书面表达中必不可少的部分。词汇量的大小直接影响语言表达的准确性、丰富性和生动性。通过学习构词知识，对词进行分解、重组、对比、造句等可以帮助学生很好地区分同义词、近义词、形近词、同形异义词。词汇材料来源于俄语国家语料库和学习网站，通过限定条件的搜索，可以查询到相关的例句，通过对不同子语料库的筛选，分别抽取不同语体的例句进行分析，不但能深化对词汇的掌握，也可增加对功能语体差异的切身感受，培养学生对语言现象的辨析力。

（4）从语法角度分析语篇。通过词汇联想，形成不同的语义场，借助语篇中的词法、语义、修辞手段，从衔接与连贯角度，分析语篇的情景结构、主题的分化等。这既是对各语法点的融会贯通，也是对语篇组织能力、阅读能力和翻译能力的综合训练。在该阶段我们将学生分成不同的小组，各小组从不同角度对同一语篇进行分析，教师在学生讲解之后进行点评，这既使学生开阔了视野，加深了对文章整体的理解，也对自己的写作有所启发。

（5）注重语法练习部分的讲解。在该阶段除了教师的讲解，利用各类语言书籍，做详细的补充说明之外，还可以选择使用网络上恰当的句子等表达。因为以往语法参考书上的例句有的带有较明显的历史痕迹，有的例句并不符合实际的交际情景。因此，针对这种现象我们需要寻找更贴合现实交流场景的语言表达。

（6）改革俄语语法课的考查方式，让学生重视平时练习的完成情况。平时的练习内容针对性强，小测验的内容覆盖面则较广泛，既包括基础题型，也包括提高和扩展题型。针对每次作业的测验的错题进行讲解，启发和引导学生自己寻找对答案的合理解释，鼓励学生提出质疑、发展自我查阅的能力。

四、应注意的问题

利用网络技术辅助俄语语法教学对于教师的教和学生的学都极有益处，但是该过程中应注意以下几个问题：

（1）教师备课必须充分。课前不仅要熟悉教学内容，语法规则，还要借助网络寻找大量相关的语料并上传至教学平台，对比分析，提出相关的问题和解答。对于学生可能产生的疑问也要有所准备，针对易混淆的内容还可以组织学生进行课堂讨论。

（2）教师在备课中要针对教学难点精心设计互动话题。在讨论环节教师要做出示范和指导及解释，使学生各述己见，言之有物，言之有据。循序渐进，培养学生思索、提问、查阅的能力。

（3）语法教学的目的是提高学生在具体语境和交际情景中的语言应用能力。在基础阶段必须要推行强化教学，掌握课本内容为主，同时还要重视学生的心理因素，强调情景教学。

（4）要充分调动学生积极性，发展学生全面的语言综合运用能力。今后教学过程中可以增加口头和书面作文的环节，让学生注意在语篇中运用语法知识，使表达恰当合理。让学生在学习平台上传口头或书面作业，教师分别进行相应点评。

五、教学效果与反思

注意紧密结合俄语规范的发展和新的语言现象，做出相应的教学措施改进。例如，对两可语言现象，俄罗斯人也不清楚的语言现象应该做了解或不予考查的处理。今后应加强应用篇章语言学相关理论与俄语语法相结合的教学模式，提高学生的言语交际能力。

学生对本课程的评价基本是肯定式的，例如，课件和教学资源丰富，能补充书上没有的知识点，培养学生自主比较探索的能力。语法学习有章可循，教学内容丰富、多样、条理清晰，可以激发学生的兴趣，习题与讲解相配合，学习效果好。

总之，在ＰＫИ理论指导下，网络辅助俄语语法教学过程实现了教学资料的新颖性、鲜活性及信息化，借助BB、QQ等平台，学生可以随时反复查看并思考，师生之间可以随时交流互动，教师答疑解惑的针对性更强。这种方法以切实培养学生的实际语言交际能力为目标，能考虑到学生的母语特点、俄语特点和语言交际性的特点，全面发展学生的综合能力。

基于"产出导向法"的信息化教学模式研究①
——以综合俄语课程为例

段李敏*

摘要："产出导向法"教学体系由教学理念、教学假设和教学流程三部分组成。其中，教学理念包含"学习中心说""学用一体说""文化交流说"和"关键能力说"，教学假设包括"输出驱动假设""输入促成假设""选择学习假设"和"以评为学假设"，教学流程包括由驱动、促成和评价三个阶段组成的若干循环链，是教师主导下师生合作共建的教学过程。本项目运用"产出导向法"理论体系，采用辩证研究范式，以综合俄语课程为例，通过多轮教学实验的理论与实践互动，进一步验证POA在俄语教学中应用的可行性和有效性，并以此为依据构建信息化环境下基于POA的俄语专业实践课教学模式。

关键词：产出导向法 综合俄语 信息化

信息化环境为教育领域带来了变革和挑战。教育信息化的本质内涵，就是"运用以多媒体和网络通信为核心的信息技术，来优化教育教学过程"，实现"信息技术和教育教学深度融合"，最终目标是实现课堂教学结构的根本变革，即教师、学生、教学内容和教学媒体这四个要素的地位和作用的改变。本课题基于"产出导向法"（production-oriented approach，简称POA）理论体系，采用辩证研究范式，探讨信息化环境下POA在综合俄语教学中的具体运用，通过多轮教学实验的理论与实践互动，验证POA在俄语教学中应用的可行性和有效性，并以此为依据构建信息化环境下基于POA的俄语专业实践课教学模式。

---

①陕西师范大学教学模式创新与实践研究基金2019年度项目。
*段李敏，博士，陕西师范大学外国语学院讲师，研究方向为语用学、话语分析。

一、理论基础及实施方法

（一）理论基础

"产出导向法"是北京外国语大学中国外语与教育研究中心研究员文秋芳及其团队经过多年的实验和探索而构建出的一套教学理论体系。该体系原型为"输出驱动假设"，后被修订为"输出驱动—输入促成假设"，2014年被正式命名为POA，并形成了包括教学理念、教学假设和教学流程在内的完整的理论体系。之后，POA团队经过不断研究和讨论，进行了两次修订。经过十多年的研究和实践，该理论体系日臻完善。

POA理论体系包括"教学理念""教学假设"和"教学流程"三部分。其中"教学理念"是指导思想，"教学假设"是理论支撑，"教学流程"是实现方式。具体内容如图1所示：

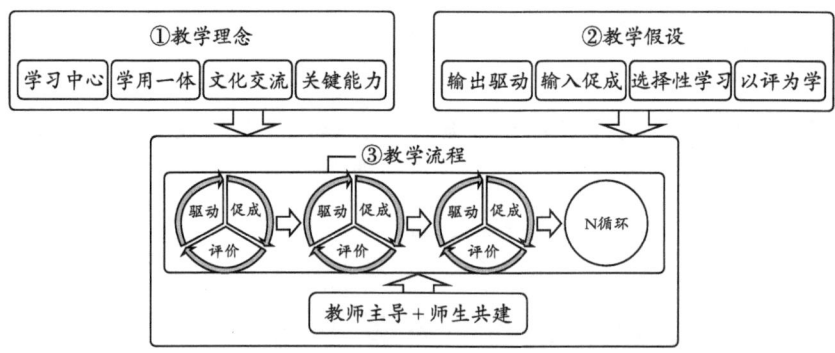

图1 "产出导向法"理论体系

教学理念中的"学习中心说"主张课堂教学的一切活动都要以"有效学习"为目标，都要服务于学习本身。"学用一体说"中的"学"包括听和读等输入性学习，"用"指的是说、写与译等"产出"活动。该假设主张边学边用、学用结合，即尽量缩短输入性学习和产出性运用之间的距离，使其有机联动，融为一体。"文化交流说"旨在正确处理目的语文化与学习者本土文化的关系，主张不同文明之间相互对话、相互尊重、相互理解、相互学习。对于外语专业学生来说，"关键能力"包括语言能力、文化品格、思维品质、迁移能力、学习能力、合作能力等，教师要在POA教学活动过程中潜移默化地发展学生的这些能力。

教学假设部分的"输出驱动""输入促成"逆转的是"先输入后输出"的传统教学顺序，即让学习者先尝试输出，并意识到产出困难，教师再针对性地提供相关输入，使输入与输出任务精准对接，有效促成输出顺利完成。此处，"输出被认定为既是语言习得的动力,又是语言习得的目标;输入是完成当下产出任务的促成手段"。"选择学习"指的是根据产出需要,从输入材料中挑选出有用的部分进行深度加工、练习和记忆。凡是与产出任务关系不大或者不重要的输入部分都可以搁置起来。这样就可以在有限的时间内,集中精力学习和理解产出任务所需要的语言形式和百科知识。"以评为学"假设主张,在教师的专业引领下,学生边评边学、边学边评,打破"学"与"评"的界限,将评价作为学习的强化、深入阶段。POA始于产出,止于产出,特别重视对产出结果的有效评价,提出将"师生合作评价"作为教师评价、学生自评、学生互评等评估方式的补充。

教学流程是由驱动—促成—评价三个阶段组成的若干循环链。每个阶段又包括若干教学环节。三个阶段互相联系,没有严格界限。每个单元教学可设一个大产出目标,每个大目标又可分为若干小产出目标。因此,每个单元包含三个阶段组成的完整循环,每个阶段内部包括若干子活动,每个小目标又可构成微循环。整个教学流程是师生合作共建的教学过程,教师必须充分发挥主导作用,即引领、设计、支架等作用。

POA是立足中国国情,结合中西资源,针对本土外语教学中"学用分离"的弊端而提出的外语教学理论。从理论上说,POA强调"学用一体""学习中心""输入与输出无缝对接"等,这是任何一种外语语种教学都要遵循的原则。因此,有理由相信,该理论不仅适用于大学英语教学和英语专业教学,也适用于其他外语专业的实践技能型课程教学。当然,各个语种有其自身特点,教学对象和教学环境也不尽相同,POA在其他语种专业教学中应用的可行性需要实践检验。

鉴于此,我们尝试将POA应用于俄语专业的教学实践,并结合信息化环境,探讨基于POA的信息化外语教学的实现路径。

(二)实施方法

信息化外语教学主要有以下几种创新教学类型:交互合作式外语教学、语料库及数据驱动外语教学、游戏与外语教学。本研究主要采用交互合作式教学方式。在教学过程中,通过在线平台建设课程,实现资源管理、教学管理、互动交流、考核评价和跟踪统计,将课前任务和预习,课中学习和交互,课后评估和反馈等环节无缝衔接。例如,学生在论坛设定每课学前目标,总结学后反思,课前观看微课,课中师生互动,完成各项产出任务,提问答疑,未能解决的问题在论坛讨论。教师在平台每日发布任务清单,布置每日听写,上传拓展资源,发布测试,笔头作业通过平台提交,语音作业(背诵、转述)通过qq群作业提交,所有作业教师均在线做出针对性评价和纠正，将评价结果及时反馈给学生，并选择部分作业进行师生合作评价。

我们以学生有效学习、顺利产出为目标，充分利用了在线平台的各项功能，安排好教学环节和课内外活动。教学过程遵循POA三个基本流程：

（1）"驱动"阶段。

主要任务：通过产出使学生认识到自身不足，产生"饥饿感"，从而调动其学习积极性，刺激学习欲望。

质量指标：交际性真实性、认知挑战性、产出目标恰当性。

教学步骤：教师呈现交际场景和产出任务→学生尝试产出→师生共同分析产出困难→教师说明教学目标和产出任务

（2）"促成"阶段。

主要任务：帮助学生"逢山开路、遇水架桥"，为完成产出任务提供脚手架。

三个条件：内容（百科知识）、语言和话语结构。

质量指标：精准性、渐进性和多样性。

教学步骤：教师详细说明产出任务→教师提供输入性材料、学生进行选择学习→教师设计系列活动、学生练习产出、教师指导并检查。

（3）"评价"阶段。

教学步骤：师生共同学习评价标准→学生提交产出成果→教师课前略评，选出典型样本→师生课上合作评价典型样本，完成针对性练习（或师生课后评价）。

二、项目实施过程

（一）深入解读，剖析理论内涵

（1）整理POA理论体系，密切跟踪其发展动态，更新既有理论，为研究做好理论支持。

（2）研究教育信息化的本质内涵，分析信息化外语教学的形式与特征，提炼出信息化外语教学的研究重点，为促进信息技术与外语教学的深度融合提供理念引导。

（3）分析《普通高等学校本科外国语言文学类专业教学质量国家标准》，总结新时代俄语专业教学改革的新方向和新任务。

（二）系统规划，重构课程内容

根据POA特点，对教学目标、教学内容、教学流程和教学活动进行重构设计。在《大学俄语（新版）》第二册、第四册分别选取了两个单元作为实验单元，其他单元则有针对性地开展POA教学。

（三）整理资源，建成在线平台

建成本课程Blackboard在线教学平台，不断更新课程教学资源。通过腾讯课堂和腾讯会议直播授课，以qq群辅助课堂教学。

（四）过程管理，开展教学实验

根据POA框架，开展了跨度为三个学期的教学实验。包括5轮小型研究，进行了理论—实践—反思的多轮循环。其中2019年春季学期的综合俄语（四）课程是在面授课堂开展POA教学。2019年秋季学期的综合俄语（一）课程以整个学期为单位进行教学实验，主要形式为线上线下混合式教学。2020学年春季学期，受疫情影响，正常的教学方式转变为在线教学，原本采用的线上线下混合式教学转变为线上课程学习+线上直播教学相结合的混合式教学。每单元的教学实验包括教学目标设定、教学内容编排、教学任务设计、教学过程组织和教学效果评价等。

（五）收集反馈，验证教学效度

通过同行建议、问卷调查、访谈和反思日志等方式收集反馈，并将反馈结果与教学实验过程相结合进行了分析，验证了POA在俄语教学中的有效性，为教学方案的优化和教学模式的构建提供了数据支撑。

三、项目成果和应用实效

（一）项目成果

（1）建成综合俄语（一）（二）两门课程的Blackboard在线教学平台，并不断更新教学资源。平台资源分为四个模块：课程信息资源、课程内容资源、拓展性资源与储备性资源。课程信息资源包括课程介绍、课程大纲、教师介绍、考核标准、学习指南等；课程内容资源包括教案、课件、音频、教学视频（引用的开放慕课优秀课程视频及教师自己录制的微课视频）、图片、作业测验等；扩展性资源包括俄语慕课平台、俄语搜索引擎、俄语学习网站、中国主流媒体俄语网站等；储备性资源包括其他教材、学生作业作品等。

（2）构建出信息化环境下开展POA教学的模式和教学方案。

（二）应用实效

从实验和反馈结果可以看出，将POA应用到俄语教学中，结合各类信息化教学手段，能够较明显地提升学生的学习兴趣和积极性，学生的学习目标更加明确，产出效果也有了一定程度的提升。疫情期间采用在线授课，可以更充分地使用各种信息化手段，在线平台的使用也完全融入到了日常教学之中。但与面授相比，网络条件下的互动还未能完全达到与课堂互动同等的效果。但我们仍通过多种形式的产出任务来弥补上述不足。学生能够积极使用在线平台进行自主学习，在2020年春季学期的线上教学中，综合俄语（二）Blackboard平台的生均访问量多次在全校课程中排名前十。

学生对信息化环境下的POA教学均持肯定态度，给出了积极反馈。调查问卷显示，学生普遍认为，与传统教学方式相比，这种模式更能激发自己的学习兴趣，学习效果也更好，有利于提高语言能力、学习能力、思维能力和学习能力。在学生的文字性评价材料中，"生动""有趣""形式丰富""方式灵活""互动积极""主动参与""资源丰富""目标明确""进步"等高频关键词充分说明了这一点。以下摘取部分学生的评价片段：

①产出导向型教学可以培养我们的综合能力。

②段老师授课时生动形象，极具幽默感，非常能调动课堂气氛，寓教于乐，激发学生无限兴趣……

③老师上课讲知识点的方式特别灵活，与高中时的填鸭式教育有很多不同……没有像去年一样感觉对于课程自卑胆怯了，即使遇到了困难再尴尬也会想着去解决而不是去逃避。所以俄语课不止让我收获了俄语知识，也让我改变了以往的思维模式，比以前自信坚强很多……

④在老师的引导下，可以说是养成了比较好的学习习惯。

⑤学习不应该是被动接受，而应该是主动参与的过程。

⑥电子化教学把教材变薄了，把精华的东西展现在我们面前，使大家的学习和复习更有针对性，也增强了大家学好这门课的信心。

⑦现在我已经由最初的不喜欢讲、不敢讲，变成了现在喜欢说俄语，喜欢和同学老师互动，感觉自己与上学期相比，语音也有很大的提高，很开心。

⑧听说读写译各个方面都很重视……

⑨……提高自己用俄语思考的能力，拓宽每一个话题所学的知识量。非常赞!!!

⑩通过这些资源学了很多知识，每一课的话题学完后都能有所收获。

⑪……让我们把书本上的知识和现实联系起来。

⑫综合俄语课是目前为止节奏最紧凑、最让人无法分心的课程。

⑬在我心里这段时间的综俄课程已经是门完美的课程了！

可以看出，本项目的实施取得了良好的效果，学生在学习观念的转变、综合能力的发展、自信心和兴趣的提升等方面都有明显进步。

四、存在的问题与今后设想

第一，在综合俄语（一）的教学中，由于教学对象的特殊性（零起点无俄语基础），若完全按照POA的教学流程和教学方法是行不通的，因为POA主要针对具备一定交际能力的教学对象。因此，我们针对零起点学生语音阶段的教学，对具体操作方法和实施过程进行了调整，当然，效果如何还需多轮实践的检验。另外，通过调查发现，不同水平的学生对同样的产出任务反应不同。个别学生认为任务挑战性不足，有的则认为挑战性太大。今后，我们计划根据不同年级制定相应的POA教学方案，同时尽可能有针对性地布置不同的产出任务，以适应不同水平的学生。

第二，缺乏现成的POA教学材料。尽管我们在现有教材中选择合适主题或单元，结合课外优质资源进行了改编，再开展教学实践研究。但是材料数量仍然较少，若要开展更多单元的教学实践，还需下大功夫进行POA教学材料的整理和编撰。我们计划在该课程的四册教材中分别选择四分之一进行POA教学材料的改编，后续根据实践情况扩大范围。

第三，学生对POA不适应。长期以来，师生习惯在课堂上用"课文中心"教学法，对生词的关注多于言语交际能力的培养。尽管我们不断强调以完成产出任务为目标，反对死记硬背，但仍有学生提出"背单词有力不从心，背不完的感觉""感觉疲惫，需要背诵记忆的内容太多了"等。因此，我们需要花时间"刷新"学生的学习理念。另外，在教学实践中，可以将POA与传统方法交替使用，这样不仅为学生提供了逐步适应的机会，同时也使其获得对比、体会POA与传统方法差别的机会，增加学生对POA的感性体验和理性认识。

基于微信平台的综合俄语教学模式创新研究①

宋晓婧*

摘要： 对高校俄语专业基础阶段课程进行基于微信平台的教学模式创新研究和实践表明，这种混合式俄语教学能够实现新时代信息化的要求，实现学生移动化、主体化、自主化学习，创新成绩评价体系，激发学生的学习主观能动性，提高教学有效性。

关键词： 高校俄语教学　微信平台　教学模式创新

一、引言

国内学界基于微信平台的教学模式创新研究始于2013年，我们在中国知网以"微信""微信平台""教学模式创新"为关键词进行搜索，并对全部检索结果进行分析后发现：从研究层次来看，54.55%的研究与基础教育和中等职业教育有关；18.18%的研究与高等教育相关；15.58%的研究为基础研究；5.19%的结果与行业指导有关。

以"微信平台""高校教育""高等教育"为关键词进行交替式文献搜索，对相关研究结果进行统计后显示，从2015年开始才出现将微信平台与高校教育教学模式创新相结合进行的研究。从学科分布来看，教育理论与教育管理相关研究占38.73%，而外国语言文字相关的研究只占了8.45%，且这部分研究以大学英语课程为主，将微信平台与高校俄语专业课堂教学模式创新相结合的研究产出结果为零。

由此可见，基于"互联网+教育"背景的高校俄语课堂教学模式创新研究尚处于发轫阶段，基于微信公众号平台的俄语课程混合式教学模式是一次新的探索和尝试，其优势有待进一步发挥。

大学俄语语言文学专业大学一年级、大学二年级学生的学科基础课与专业必修课均属于基础阶段范畴，旨在培养学生在俄语学习初级阶段的听、说、读、写、译综合技能，形成言语实践能力与交际能力。目前，我国高校俄语专业基础阶段教学普遍存

---

①陕西师范大学教学模式创新与实践研究基金2019年度项目。
*宋晓婧，博士，陕西师范大学外国语学院讲师，研究方向为俄语语用学、话语分析。

在一系列问题：（1）课时量少而教学任务量大，知识点繁多，且学生不易理解，无法顾及学习能力各异的学生；（2）师生、生生间互动缺乏，大部分课程传统教学方式均为教师一个个知识点进行讲授，学生被动听讲、记笔记、进行对话实践，课后学生忙于完成作业，很少进行面对面的交流；（3）学生对知识点的学习主要依靠记忆和背诵，很难体现学生为中心的主动学习方式；（4）考核方式单一，期末成绩基本以考试笔试加口试为主，平时成绩以对话实践、书面作文、课堂听写等为主。目前，本专业学生普遍认为基础阶段的学习知识点琐碎而繁杂，但时间的不充足明显不够消化所有知识点；上课方式单一，缺乏创新性；学生主动参与积极性不高，缺乏学习动力。

总之，以上问题严重影响了本专业基础阶段教学效果，急需通过教学模式改革与创新提高课程教学有效性。

二、课程教学模式创新与应用实践的主要任务与目标

基于微信平台的高校俄语专业基础阶段课程混合式教学模式创新研究旨在通过微信这一新的移动学习平台，创设良好的俄语学习情境与氛围，发布、推送、转发筛选后的俄语公众号信息、微课程、微视频等，激发学生的学习兴趣，组织学生进行有意义的群内交流与讨论，使学生通过协作、交流式学习将旧有知识、经验与网络学习资源中获得的新知识有效联系并形成意义建构，构建学生自己的知识网络，提高学习有效性。具体体现为以下主要任务：

（1）创建相关课程微信公众号，建立师生微信群，充分利用微信平台的各种功能，如：推送、群发、转发、投票、发起活动等，组织俄语资源的发布、共享、收藏和管理，进行点对点、点对群等多样化交流互动，完成在线答疑等。

（2）实现学生移动化学习，鉴于俄语专业基础阶段课程知识点琐碎而繁杂，有限的课堂时间无法使学习能力各异的学生全部掌握并消化这些知识点，而微信操作便捷，互动高效而及时，教师可以将每个专题的各个知识点以微视频、微课的形式上传至该平台，将课堂课件拆分、细化，分门别类群发或单独发给学生，学生利用课下碎片化的时间根据自身情况进一步学习，加深对知识点的思考与理解，实现真正的移动化学习，成为课堂教学的有效补充。

（3）创新相关课程考核与评价方式，打破原有的传统考核评价方式，不再仅局限于笔试与日常课堂表现，借助微信平台的各项功能，学生可以通过微信平台完成每个话题的小组讨论并将结果上传至该平台，进行听说测试并以语音形式发送至群里或单

独发给教师,还可以将自己搜集到的俄语相关知识在该平台进行资源共享,或是将内化后的知识转化为所建公众号的信息进行编辑与推送,教师则可以随时随地以多种形式检验学生学习效果。此外,引入小组内学生互评、师生互评的评价体系,实现更合理的评定。

(4)组建专业课程相关教师学科小组群,通过群内及时讨论教学存在的问题,增进教师间交流,跳出任课老师自我视域的局限,以及教师间教学相互反馈与建议在时空上的限制,在更宽阔的视野下升华对本专业课程教学的认识,促进教学有效性的提高。

三、教学实践的规划和具体实施

我们将基于微信平台的俄语专业基础阶段相关课程教学模式创新及应用实践分成课前、课堂和课后三部分,针对不同课程本身特点及教学目的,合理分配听、说、读、写、译不同能力培养所需的精力和时间,使学生的综合能力在课前与课后均得到训练与强化。

1. 课前

教师明确任务,围绕教学目标,注意知识体系的完整性与系统性,在平台上传相关课程相应的微视频、听读材料、课件、练习或测验题,布置预习任务,努力做到精炼简短,主题突出,目标明确,内容适中,结构合理。在微信后台使用微信关键词自动回复功能发布本课学习重点、难点及其解释,针对群内多数学生有问题的知识点给予阐释,对个别疑问采取点对点方式单独答疑。对于需要就话题进行现场辩论的课堂,则提前将学生分为若干组,分解任务,各组建临时微信群讨论。学生通过微信平台查看本课任务,阅读相关资料,进行预习,完成自我检测,思考自己有疑问的知识点,在群内讨论交流,并将学习结果及时反馈给老师。

2. 课堂

教师根据课前平台反映出的问题,采用问题式、案例式、探究式、情景再现式、角色互换式等各种教学方法重点解决学生共有问题,深化学生对知识点的理解与掌握,提高学生问题意识。通过话题讨论、辩论,分角色情景剧表演、情景对话、语言游戏等方式着重在课堂上训练学生的言语能力。学生结合课前借助微信平台的预习,明确自身有问题的知识点,在课上组织小组讨论,正反方辩论,言语实践活动等,运用已有语言知识,完成学习活动,学生间互相纠错,教师协助,实现以学生为中心的教学。

3. 课后

教师通过微信公众号发布简明版本课主要内容总结，推送本课相关的词汇、语法知识点拓展及相关文化、国情资料，供有余力的学生巩固提高，对基础薄弱的学生实施个性化单独答疑。以问题为导向设计课后测验，加以简短文字或图片以"作业形式"通过微信平台发布，检测学生学习效果。同时，学生将学习成果如：小组讨论后的主要观点、PPT汇报展示、本课知识点扩充等等上传至公共平台，资源共享。

学生阅读平台中的复习资料，自我总结本堂课核心知识点，反复消化直至吸收内化为自我知识，分组编辑课堂拓展知识资料，上传至平台，发挥主动性。基础薄弱的学生可以与教师点对点式互动交流，提出问题，共同解决。

四、教学模式创新研究拟解决的主要问题

（1）打破俄语专业基础阶段课堂传统的时空限制，拓宽师生互动时空。实现随时随地的俄语教学活动和俄语学习行为。

（2）改变俄语课上以往教师"满堂灌"、学生"静听"的单向互动模式，实现师生、生生点对点、点对群的多向互动交流。

（3）改变以往课堂无法顾及学生语言学习能力差异的情况，通过微信平台，教师可以更有针对性地对学习能力各异的学生展开课程学习指导，采取点对点、点对群的方式，将适合于不同学生的俄语知识以图片、文字、语音、微视频、微课程等各种形式发送给单独学生或某几个学生构成的临时群，并充分利用微信平台的投票与发起活动功能，掌握学生对每堂课的意见和建议，动态了解学生学习效果的差异，及时调整教学策略。

（4）改变学生没有俄语学习的动力与兴趣，有畏难情绪，教学效果不佳的状况。目前本课程大一、大二的学生基本都是00后，接受新鲜事物能力强，敢于颠覆传统与权威，是各种新技术的最先使用者，能够熟练使用微信社交平台。基于此平台进行俄语课程的教学，学生除了阅读吸取教师推荐的俄语相关资料之外，可以主动在微信平台搜集并筛选自己感兴趣的俄语学习材料，并对每个专题相关的俄语词汇、语法知识和俄罗斯国情文化资料进行整理，写成小文章推送至公众号，这一过程提高了学生选择、整合、处理、管理信息的能力，也训练了他们的文字写作能力，全面提高学生俄语学习的主观能动性。

（5）改善以往教师课堂教学效率低的问题。由于本专业课内容繁多而课时量不

足，课堂教学往往匆忙而紧张，常常并不能达到教师预期效果，学生对知识的吸收程度各异，教学效率低，课后教师需要花费大量时间精选内容。而借助微信平台，教师可以随时在这一虚拟互动空间里布置作业、通知预习、强调重点、推送补充资料，完成听说测试等等，将学习主动权教给学生的同时大大提高了课堂教学效率。

五、教学实践的具体落实与应用实效

本项目建立了2018级俄语班微信群，在微信群里发布和综合俄语课相关的音频、视频、微课、课件、课前预习作业、每课核心知识点、课后作业、课后补充听读材料、练习题、测验题、与每课话题相关的国情文化知识，期中检测、听写检查、听读检查等等均在群里进行。

同时，我们建立了综合俄语课微信群资料库，资料库中包括的内容有：综合俄语课每个话题的课件、音频、微课、主要知识点、课后小测验、学生对综俄课每个主题的ppt小组展示，师生分享到群里的各种课外补充材料，与俄罗斯相关的国情文化知识介绍，各种语言知识点的精讲与汇总，这些资料在不断地扩展与补充中，该资料库可以为之后的每一届俄语专业学生学习综合俄语课提供丰富的材料。

微信平台极大方便了综合俄语课程教学，教师可以随时与学生在微信中互动，打破了时空的限制，课前预习、课堂互动、课后测验等等进行都非常方便，同时更新了教学评价方式，对学生的课业评价更为多样化。微信平台对综合俄语课效率和教学有效性的提高起到了极大的促进作用。

微信平台实现了优质网络资源及学习资料的共享，使学生学习更加自主化、个性化、便利化，提高了学生检索资料的兴趣与能力，调动了学生学习的主动性和积极性，课后作业上传平台促进了学生更加认真去完成课业。总体而言，微信平台对学生俄语学习帮助很大。

六、教学模式创新实践中存在的问题及今后的设想

目前，基于微信平台的综合俄语课教学模式创新在实践中主要存在的问题为：未能建立起综合俄语课程公众号，由于综合俄语课程授课对象为大一新生、大二学生，对于大一新生来说，俄语是一门完全陌生的语言，他们入校开始的俄语学习是从字母开始，建立公众号交给学生整理俄语相关知识点、搜集资料并写成小文章推送至公众号对于他们来说非常困难。而对于大二学生来说，维护公众号虽然可以实施，但无法做到较快的更新速度，因为学生课程量大，课业繁重，知识点比大一时多了很多，且

难度明显加大，经过和学生沟通，我们发现，我们在师生群里推送的相关知识并不是全部学生都有时间和精力消化，掌握程度因人而异，且学生的知识储备不足以使他们正确辨别高质量的推文，即使是自己搜集整理写出来的相关知识点的小文章或语法点合集也是错误层出不穷，类型各异。因此，项目目前未建立起本门课程公众号。这一问题可以根据年级差异来解决，低年级教学可以先通过微信平台群聊模式改变教学模式，高年级教学则可以实现课程公众号的建立。

目前，传统课堂教学仍是学校教育的主要形态，如何将微信平台顺利与俄语专业课任课教师日常教学活动衔接，实现该平台在俄语教学活动中的常态化是需要特别关注的问题。对于这一点，则需要教师不断学习、思考与探索，永不停息地站在教育技术与信息化前沿，自觉学习先进的教学信息化技术，并始终关注高校俄语专业教学模式创新的最新资讯，将其大胆应用于自身教学活动，在创新中发展、提高。

七、结语

基于微信平台的高校俄语专业基础阶段教学模式创新旨在实现该课程的混合式教学，提高学生学习俄语的主观能动性，真正实现俄语专业课"以学生为中心"的原则，同时改变传统的单一式学习方式，以期形成移动化、多元化的学习途径。同时为俄语专业提高阶段的教学模式创新提供参考与借鉴。这种混合式教学模式符合21世纪信息时代学生的学习需求以及高校俄语专业教学改革的大趋势，具有重要的实践和现实意义。

"互动式课堂情景教学+多媒体网络平台"教学模式的构建结题报告[①]

——以高级俄语为例

徐 华*

摘要：高级俄语是俄语专业高年级的综合训练课程，通过本门课程教学帮助学生掌握系统的词汇、语法、修辞知识、全面提升学生听、说、读、写、译等基本技能，培养学生的跨文化交际能力和逻辑思辨能力。本项目通过构建"互动式课堂情景教学+多媒体网络平台"的教学模式，在教学过程中根据专题创设相应的教学情景，为学生提供使用俄语进行交际的环境和气氛，让其在真实语言环境中进行语言技能训练。同时，利用课程QQ群作为课堂教学的有效延伸，进行专题讨论、答疑解惑、布置和批改作业、进行教学评价等，该教学模式在教学实践中取得了良好的教学效果。

关键词：互动式情景教学　多媒体网络平台　高级俄语

我校俄语专业招收的学生均为零起点，高级俄语课程安排在大三学年，选用的教材是外语教学与研究出版社出版的普通高等教育国家级规划教材《"东方"大学俄语（新版）》第5册、第6册教材。在教学过程中面临的主要问题是学生的俄语水平参差不齐，有部分学生俄语基础较好，学习兴趣浓厚，借助于辞典能够大致掌握教材中等难度的文章；另外一部分学生在基础阶段专业基础不够牢固，在学习高级俄语这门课程的过程中存在着生词量过多、句子语法结构看不懂、难以掌握教师所讲的内容、口语表达只会运用最简单的词汇和表达方式、写作文时存在较多的词汇、语法错误、理解和翻译文章极为吃力等困难。

传统的教师讲授式教学模式主要以分析文章中句子的语法结构、对重点词汇和句型进行扩展练习、作业通常以翻译和写作为主，偶尔也会布置一些口语作业。缺乏活

[①]陕西师范大学教学模式创新与实践研究基金2019年度项目。
*徐华，陕西师范大学外国语学院讲师，研究方向为外国语言学及应用语言学。

泼的课堂学习气氛，学生以被动接受知识为主，缺乏适当的口语练习，无法流利地运用俄语进行口语交际。我们必须改变高级俄语课程传统的教学模式和教学方法。

一、项目研究的理论基础

1. 俄语情景教学法

语言"情景教学法"即是指在语言学习过程中，有目的地引入或创设具有一定情绪色彩的、以形象为主体的生动具体的场景，以引起学习者一定的态度体验，从而帮助他们理解教材，并使语言学习者的心理机能得到发展的教学方法。换言之，俄语情景交际法就是模拟真实生活，创造情景，提供使用俄语进行交际的环境和气氛，在一种假设的环境中进行语言交际训练。虽然这不是真正的交际，但它有助于使学生获得真实的交际能力。通过这样的情景模拟训练，既提高了学生的俄语口语表达能力，也巩固了课堂教学内容。

2. 高级俄语的课程特点

高级俄语是俄语专业提高阶段的必修课程，通过对《"东方"大学俄语（新版）》第5册、第6册教材学习，指导学生夯实语言基础、掌握俄语专业提高阶段必备的听、说、读、写、译等综合技能，提高学生的语言实践运用能力，特别是跨文化交际能力；培养学生对经典文学作品的分析、欣赏、批评能力、逻辑思维能力和独立思考的能力，使学生从知识的广度和深度上认识到文化的多元性和差异性，最终为培养具有坚实的俄语语言文化基础、合理的知识结构、深厚的人文素养和良好的创新能力、跨文化交际能力，能在外事、经贸、文化、教育、科研、旅游等领域从事翻译、研究、教学、管理工作的德才兼备的俄语复合型高级专门人才。

二、项目完成的主要任务及落实情况

1. 项目完成的主要任务

本项目通过构建互动式课堂情景教学+多媒体网络平台辅助教学的模式，充分优化高级俄语课程教学内容，将教师的主导作用与学生自主言语实践有机结合起来，以取得良好的教学效果；同时，利用QQ群作为课堂教学的有效延伸，将其引入高级俄语课程的课前、课中和课后环节，打破传统教学模式下师生互动的时空局限性，改良本门课程的教学方法，丰富教学手段，同时创新教学评价和反馈机制，充分调动学生学习的主动性。

2. 项目落实情况

自从本项目立项以来，笔者作为项目主持人带领项目成员在科学理论的指导下，主动采取各种有效措施，努力推进项目的实施，已经按原定研究计划和实施措施完成各阶段的任务，使项目顺利完成。

2019年4月，本项目成员在项目主持人的带领下，启动项目，设计了调查问卷，在2016级俄语专业学生中初步调研了高级俄语课程教学中存在的问题。调查结果表明，高级俄语课堂教学存在的主要问题如下：教材内容陈旧，不能与时俱进；课堂教学时间不足，难以满足教学需求；学生缺乏真实的俄语语言交际环境。课堂教学方法不够多样化，以教师讲授为主，学生分组讨论为辅；课程评价方式单一，以期末考试成绩为主。

2019年7月项目组成员参加了中国高校第一届教学学术年会暨上海交通大学第四届教学学术年会，聆听了几场和外语教学改革相关的学术报告，与同行探讨了外语课堂教学中遇到的困难及可能的解决方案。2019年8月参加了高校教师教学素养与课堂教学质量提升专题研修班，参加了游永恒主持的"教学方法的选择与创新"研讨会和权新峰主持的"基于思维等级和主动性学习教学过程的设计"通过参加这两次研讨会，为项目组成员进行课堂教学改革打下了一定的理论基础，也与同行进行了广泛的交流和沟通，为项目研究做了充足的准备工作。

2019年8月底在俄语专业2017级学生中进行了问卷调查，了解了即将授课班级学生的专业知识结构和基本技能。建立了专门用于高级俄语课程QQ群，项目组成员和2017级全班学生加入该群，任课教师在QQ群上传了本门课程的教学计划、教学大纲、教学进度表、单元教学的设计方案、教学课件及本门课程应阅读的相关参考书目等，以便让学生随时下载、浏览和学习。

项目组初步尝试将传统的教师讲授式教学模式转化为课堂情景教学+多媒体网络平台辅助教学的模式。每个单元学习之前，教师向学生们介绍该单元的主要学习目标和安排时间。我们将每个单元的内容分解为五大任务模块：引言和单元导入模块、主课文学习模块、词汇-修辞习得模块、互动式情景学习模块、学习成果的交流和评价模块。

引言和单元导入模块由学生分组完成，学生分为5人小组，小组成员分工和交流讨论等小组学习方式逐步了解本单元课程的主要背景知识，完成课前积极词汇练习。

主课文学习模块由传统的教师讲授为主的课堂教学模式转变为以学生学为主的模式。首先由学生根据教师提供的课件对课文词汇、语法点和常用句式进行自主学习，其中涉及的难点和重点由教师引导和帮助学生进行细致分析和讲解，从而达到熟练掌握的程度。

词汇-修辞习得模块由教师带领学生进行同根词和近义词辨析，反义词训练，由学生对专题积极词汇和固定表达方式进行总结，促进学生掌握积极词汇在语义、语用、修辞、搭配等方面的运用。

互动式情景学习模块根据所学的专题创设不同的教学情景，学生以对话、小组讨论、辩论、专题报告和即兴表演等方式训练言语交际能力，使学生在鲜活的语言氛围中运用俄语对所学专题进行交流和互动。通过互动式情景教学模块培养学生边学边用，利用本单元新学的语言知识和技能，对专题内容进行阐述、分析和应用。比如，在学习完第五册第一单元"职业选择"后，由教师指导学生用俄语撰写个人求职简历，分组进行模拟面试。由面试官提出与招聘岗位相关的若干问题，求职者要阐述自己对所应聘岗位的认识及自身具备的优势。最后师生共同对招聘过程中学生的表现进行点评。

学习成果的交流和评价模块。学生将自己完成的各项作业上传到课程QQ群，其中包括自己制作完成的视频和音频作业、小组编排的话剧、制作的PPT、搜集的最新俄语时事新闻等资料等，并可以对这些资料不断进行更新、修订和补充。学生们互相交流本单元的学习经验和体会，在交流的过程中可以积极提问和讨论。师生共同进行单元学习评价。首先是学生个体自我评价，然后是学生之间互评，最后由教师对所有学生在本单元学习过程中的表现做总结性评价。

三、项目研究的教学创新性成果

（1）对高级俄语课程的教学内容进行了重构。项目组对高级俄语课程的教材所涉及的16个单元全部进行了内容重构，细化为五大学习模块。根据每个单元的具体内容为学生创建了具体的互动式学习情景，以教师起主导作用，学生为学习主体的教学理念为指导，灵活采用对话、小组讨论、辩论、专题报告和即兴表演等方式训练言语交际能力，使学生在鲜活的语言氛围中运用俄语对所学专题进行交流和互动，充分调动学生自主参与课堂教学过程的积极性。由于高级俄语课程所使用的《"东方"大学俄语（新版）》第5册、第6册教材出版年代较早，学生们感觉到教材内容略显陈旧，很难与日新月异的实际生活联系起来，因此项目组增加了一项新的学习内容，每周安排三名学生搜集俄语时事新闻，用课前十分钟讲解俄语时事新闻，并将新闻上传到课程QQ群，供同学们课后复习。这样既更新了教学内容，也训练了学生快速搜集、整理和分析俄语新闻的能力。

（2）构建了课堂情景教学+多媒体网络平台辅助的教学模式。本项目通过构建互动式课堂情景教学+多媒体网络平台辅助教学的模式，充分优化高级俄语课程教学内容，将教师的主导作用与学生自主言语实践有机结合起来，不但使教学交际行为的参加者得到扩展，而且为师生之间的配合和互动提供了方便快捷的途径。师生的互动、学生与学生的交流、课堂教学与网络平台学习相互促进，贯穿始终。

（3）搭建了QQ群作为辅助教学平台。任课教师利用QQ平台上传了本门课程的教学计划、教学大纲、教学进度表、单元教学的设计方案、教学课件及本门课程应阅读的相关参考书目等，以便让学生随时下载、浏览和学习。通过QQ可以随时与学生进行交流，及时答疑解惑。

（4）教学评价方式也由结果性评价逐步过渡到过程性评价。对学生在教学过程中各个教学模块的表现进行记录和评价，过程性评价参与者多元化，将教师评价、学生自我评价及同伴互评结合起来，通过QQ平台进行教学评价，使其变得更加客观、开放和有效。

（5）2019年7月参加了中国高校第一届教学学术年会暨上海交通大学第四届教学学术年会；8月高校教师教学素养与课堂教学质量提升专题研修班；12月参加莫斯科大学俄语学院和西安外国语大学俄语学院合办的"俄语专业教师能力提升工作坊"；还参加了教师教学发展中心组织的教学学术沙龙四次。

四、项目研究中存在的问题及今后的研究与实践设想

1. 项目研究中存在的问题

第一，学生近年来高级俄语课程的课时不断被压缩，按照编写教材时的设计，每个专题的教学时数应该为16学时左右，但现在每个专题的实际教学时数为12学时左右。在有限的教学时间内学生难以很好地掌握课程教学内容。

第二，学生俄语水平参差不齐，部分学生一二年级综合俄语和语法基础不够牢固，存在着课文中句子的语法结构看不懂、听不懂老师所讲的部分教学内容的问题，部分学生语言运用能力较差，存在大量的词汇、语法和语用错误。

2. 今后的研究与实践设想

鉴于课堂教学时间有限，未来教学实践之中将继续细化课程的教学模块，把更多的学习任务交由学生自主完成，教师充分利用课程QQ群进行检查和答疑解惑。

学生组织互助学习小组，同学之间互相帮助促进学习。语法基础较为薄弱的同学对二年级语法课程进行复习，尽量克服口语和书面语中常出现的各种错误，争取进一步完善和提高学生的口头和书面表达能力。

基于现代信息技术的混合式教学模式

基于"运动APP+学习型团队"的混合式大学体育教学模式应用研究报告①

文 艺*

摘要： 本研究以混合式教学模式在大学体育教学中的应用为研究对象。在教学实践方面运用团队学习模式组织教学，并将大学体育教学与学生课余体育锻炼，通过运动APP的使用联结在一起，实现课内外教与学同步。通过构建学生的学习型团队，改变课堂组织形式，增强师生教学互动、生生学习交流，打造有效的教学环境。通过研究，混合式教学模式能够促进以学生"学"为中心的教学目标，塑造大学生的团队精神，提升学生团队创新能力。研究对于大学体育课程改革，促进学生团队学习及课余体育锻炼行为养成，具有理论和实践意义。

关键词： 大学体育 学习型团队 混合式教学模式 运动APP

一、项目研究的理论基础及实施方法

近年来高校信息化教学持续推进，以及手机运动类软件广泛使用，为体育教学改革提供了新的契机和抓手，对如何构建新的体育教学模式提出思考。"混合式教学模式"是运用现代信息教育技术，对传统高校教学模式进行改变和融合，构建出课堂教学与网络教学相结合的新型学习模式。

（一）项目研究的理论基础

1. 运动类APP

"运动类APP"是指导大众进行运动项目学习，帮助用户记载健身数据等功能的智能手机或可穿戴的第三方应用程序。例如，步道乐跑、Keep、咕咚、悦跑圈、智能手环等便携式记录装置。

2. 学习型团队理论

学习型团队是学生之间为完成共同目标，共享信息和其他资源，并按一定的规则

---

①陕西师范大学教学模式创新与实践研究基金2019年度项目。
*文艺，陕西师范大学体育学院讲师，研究方向为教育学、大学体育教育。

和程序,通过充分的沟通和协商开展学习活动的群体。学习型团队以团队的共享性为核心要素,成员之间通过知识技能共享,产生较强的互动性等。

3. 大学体育混合式教学模式

基于混合式教学模式理论,大学体育混合式教学是通过面授体育技术、技能学习,结合信息化的教学,将两种获取知识的学习途径融为一体,形成相辅相成的一体化教学模式。

(二)项目研究的实施方法

1. 引入混合式教学模式

充分利用我校先进的现代教育技术Blackboard教学平台建课(以下简称BB平台或者B课)、微信公众号、运动APP和微信班级等信息化教学、互动手段,开展混合式教学,构建线上线下相结合的教学联结,积极引导学生自我管理、主动学习,激发求知欲望,提高学习效率,提升团队自主学习能力。为了更好地实现混合式体育教学,课程组开放多个留言途径,包括:B课、微信班级群,学生可以留言,任课教师进行教学答疑与帮助。

在课程教学环节,采用学生线上课前预习和自学,带着未解决的动作难题和疑惑来到课堂,教师首先安排学生团队自行解决困惑,各小团队"领导"带领全队练习和学习探索。通过自学、自练和教师答疑解惑,学生很快掌握了本次课的动作难点。教师随后安排各团队进行展示比赛,进一步巩固和提升学生动作质量。在一次次的小比赛的情景中,学生的表现力得到提升,自信心增强,团队越来越有默契,团队学习的氛围逐渐形成。图1是体育课教学混合式在线教学模式框架;图2、图3为BB平台课程;图4为运动APP步道乐跑统计。

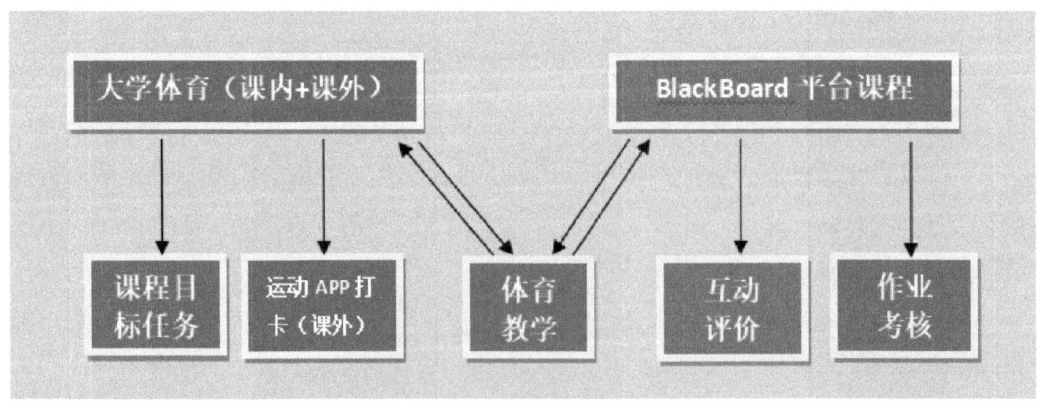

图1 大学体育课程混合式在线教学模式

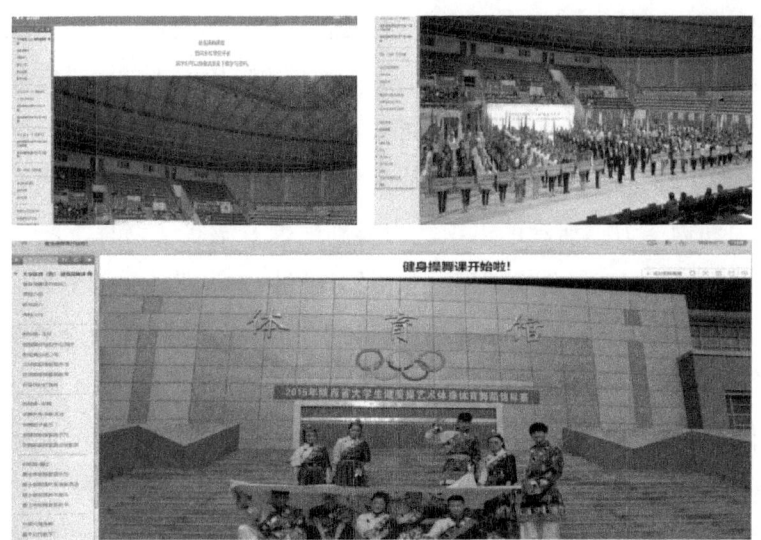

图2 基于Blackboard平台建设的健身操舞课程

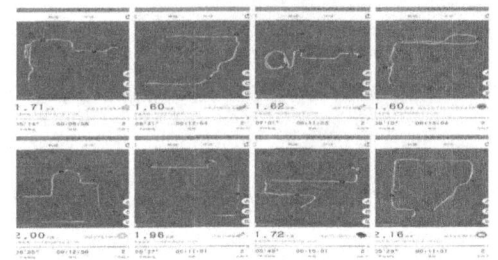

图3 基于Blackboard平台建设的武术课程

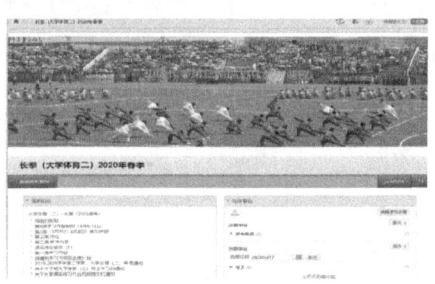

图4 运动APP步道乐跑的数据统计

2. 构建学生学习型团队

本课程将学习型团队的理念融入合作小组之中,通过构建学生团队学习方式,提高团队合作学习效率的心理机制,进行团队绩效评价。团队成员任务分工明确、结构合理,通过集体学习、协同合作,共同完成课程学习任务。为适应社会发展对未来人才培养提出素质要求,随着高校体育教育改革的不断深化,各种新式的教学模式、方法纷纷出现,在啦啦操教学中构建学习型团队,对学生的技能掌握和思想品德教育方面有着很好的促进作用。学习型团队组织形式,在教学中可以充分体现学生学习的主体地位,激发学生主动学习的兴趣和动力,提高学生的课堂参与程度。通过构建学习型团队,加强对大学生的团队学习能力和团队精神的培养。

3. 创新教学方法和教学手段

依据体育运动规律和课程教学大纲要求,促进学生"学"为中心,实施教学方法和手段创新。最为特色的是课程的准备活动和基本部分:在准备活动部分,利用运动

APP进行学生热身跑，这样安排便于学生通过运动APP了解身体"激活"状态，比如：记录运动里程、运动速度、运动强度等信息，教师也可以在学期内进行数据分析，给学生提供运动建议。另外，课前安排各团队同学进行游戏设计，把设计好的游戏带到课上，组织全班同学一起玩，通过游戏的创新设计和实施，学生突破固有思维模式，丰富了想象力和创造力，活动的组织能力得到锻炼。游戏结束时，首先进行教师点评，然后是学生团队互评，每次课根据互评结果，选出本课最有趣游戏，冠以游戏王称号，并计入团队积分。在课的基础部分，依据青年人争强好胜和追求新意的心理特点，使用比赛教学法，安排团队学习成果展示，以赛促学，增强学生团队的竞争意识、练习积极性及创编能力。

4. 搭建学生课内外展示平台和引入多元化的评价

课程进行学生创新能力考核、技术能力考核及身体素质考核，采用游戏化、多元化课程评价方式，对学生学习过程进行指导与反馈。通过设计线上和线下知识问答，促进学生主动学习。课堂教学采用积分、进阶和增加挑战性等手段，并进行学生学习效果评价。通过多种形式和多元主体评价，全面考核学生对知识、技能的掌握和运用，激励学生在团队中努力学习。比如：在啦啦操课程考核与评价中，融入啦啦操课程目标和评价方法多元化要素，设置团队考核内容与方法，改善多年以来啦啦操课程单纯以个人体育技术、技能的成绩评价方法，以多角度、多层次、多主体参与，对学生进行全面评价，促进体育课程评价方法的有效性。

（1）搭建学生课堂、校内展示平台。

任课教师在课上，为了提高学生团队练习效率，检验练习效果，安排了课上团队间小竞赛（见图5）。

图5 课上学生团队展示和团队展示评价

课余，课题组教师搭建校内展示平台，暨大学体育教学成果"操舞类课程教学成果展示暨操舞项目达标赛"展示活动，该活动举办多年，参与同学众多。每年举办的该活动，极大地调动了项目组教师授课积极性，调动了学生准备参与达标和展示的积极性，是教学互动和教学相长的有效平台（见图6、图7）。

图6 操舞类课程教学成果展示暨操舞项目达标赛

（2）多元化的教学评价。

下图为课内多类型内容和任务完成的评价，包括游戏创新、素质练习和有氧健身舞创编（见图7）。

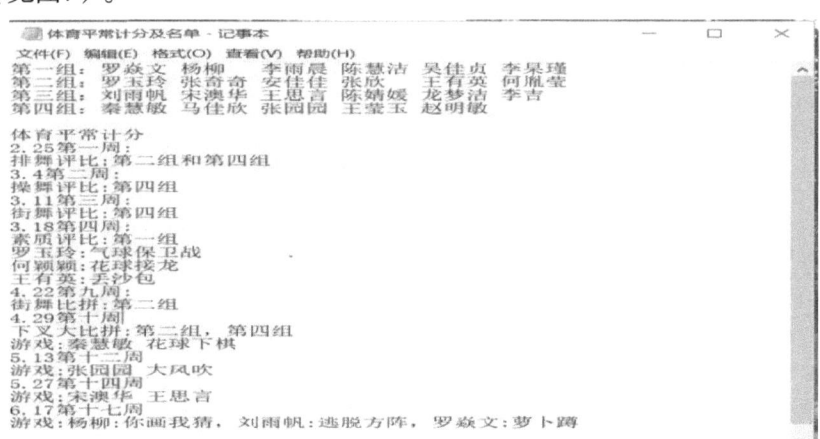

图7 教学评价汇总

另外，通过举办校内展示活动，各团队成绩均达到80分以上，学生体育综合能力得到提升，团队凝聚力和团队精神得到升华。

5. 引入新兴教学项目内容和身体素质练习手段

（1）新教学内容和身体素质练习器械。

注入新兴项目教学内容。往年我校操舞类课程主要包括健美操和形体等。这些项目有的技术难度较大，锻炼效果难以呈现；有的教学内容套路音乐节奏缓慢，动作偏向于广场舞的感觉。因此，任课教师及时更新、调整、重组教学内容，选择了花球啦啦操教学内容，并优化教学设计。

融合与拓展身体素质练习（见图8）。在教学中发现学生完成跳跃类难度动作时，表现出身体控制力和腿部力量较弱。任课教师安排使用小器械（健腹拉力器和小跳绳）进行核心力量辅助练习。通过一段时间练习，学生两项素质均有所提升。身体素质拓展方面，任课教师更新练习项目，将身体素质练习强度和难度较大且枯燥与缺乏趣味性内容进行删减，拓展新内容，满足不同需求学生的练习要求。

图8 学生使用健腹拉力器进行锻炼

（2）引入运动APP进行身体素质练习。

学生在课余时间进行耐力素质和综合素质练习，使用运动APP"步道乐跑"进行跑步打卡，使用Keep进行核心力量训练。学期初进行积极引导使用，学期中进行团队领导监督与督促，学期末团队成员自行约跑、约练。通过1学期的跑步等锻炼，同学们参与积极性很高，耐力等素质得到明显提升（见图9、图10）。

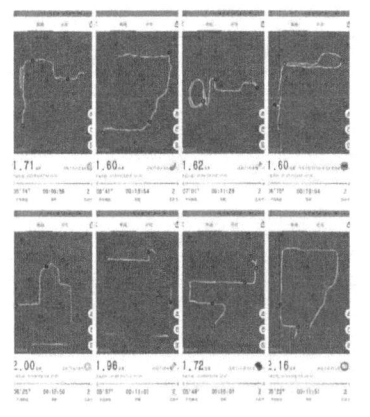 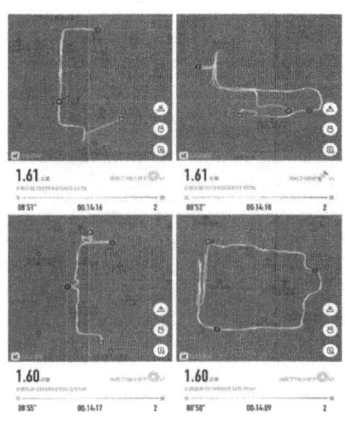

图9 学生步道乐跑APP打卡记录

图10　运动APP之Keep课程

6. 教学竞赛拓展

（1）比赛获奖（2019年）。

国家级：第15届中国大学生健康活力大赛暨中国大学生健美操、校园健身操舞锦标赛，获得乙组中国风个人全能第一名，健身排舞三等奖（见图11）。

图11　2019全国比赛留影和获奖证书

省级：2019年陕西省大学生健美操艺术体操啦啦操及校园健身操舞锦标赛，获得甲组中国风健身舞集体第二名，爵士啦啦操集体第三名（见图12、图13）。

图12　2019年省级比赛留影

图13　2019省级比赛获奖证书

2019年陕西省大学生羽毛球锦标赛暨"校长杯"比赛,获得甲组女子团体第三名(见图14)。

图14　2019年省级羽毛球比赛留影

二、项目完成的主要任务及落实情况

（一）构建大学体育学习型团队，提升教学效果

大学体育构建学习型团队，促使有相同学习兴趣或爱好的学生，在共同目标的激励和指引下，通过共同学习和分享学习经验，共同完成某一目标或任务。团队成员的组成充分考虑学生们的认知水平、技术能力、表现力等，或者学院背景、学源等个体特征。在大学体育教学中构建学生的团队学习，激发个人学习的动力，提升个人学习效果，个体融入集体中，促进团队学习绩效提升，教师的教学效果通过学习型团队最大化的展示出来。

（二）丰富大学体育教学教法，促进团队成员学习方法改变

大学体育的教法与学法具有师生双边互动的特点。教师在教的时候，更多地体会学生的感受。学生在学的时候，思考教师的教学目的，体会学习的方法。大学体育教学过程复杂，教师需要在传统教学的基础上，钻研新的教学方法，教学方法与学习型团队学习过程相辅相成，为教学目标的达成服务。另外，学生的学习方法，教师在教学中进行指导与帮助，必要时深入学生团队进行学习，帮助学生完成自主学习。在教与学的相互转换过程中，教学促使学生不断理解、归纳，将体育知识内化成自身知识，这体现了每一项体育技能形成过程的始终，并迁移到学生日后长期的社会生活实践中。

（三）加强大学体育教学互动交流

传统的体育课堂教育方式，难以满足师生、生生之间的互动需要。因此，教师在课内技术动作学习方面，可以组织学生团队之间进行"比舞"展示活动。通过教学展示，增强学生自信心和审美能力，促进学生从被动接受知识，到主动寻求学习内容和创新等。课外，组织学生观摩比赛，加强与其他同学的交流与学习。

（四）促进大学生团队精神养成，激发学生创新行为

大学体育教学中，可以有效地培养学生团队精神和团队学习意识，进行广泛、深入的相互沟通、交换与合作，发挥团队集体的聪明才智，推进目标任务顺利完成。比如：啦啦操套路的动作组合，需要多人配合完成。在队形编排等环节，在动作美化等方面，大家集思广益，积极创新，凸出队伍的特色和套路特点。在完成技巧大学体育高难度的动作时，学生之间需要默契配合与相互信任，需要学生具备很强的团队意识和合作精神，才能达到美的艺术效果和震撼的展示效果。

（五）改革大学体育教学的评价模式，促进学习型团队的全面成长

大学体育学习型团队教学和学习模式的改变，带来与之相适应的评价模式创新，评价是对学生参与体育学习活动全面评价。第一，多个阶段学习评价，即过程和终结性评价相结合。第二，将个人和团队间的评价结合起来。第三，进行多主体的共同评价，鼓励学生参与评价全过程，任课教师和学生团队的技术骨干共同参与评价过程，对团队学习成果进行评价，避免因个人评价产生的失误及偏差。科学、合理的评价模式促进了学习型团队成长与绩效提升。第四，丰富评价内容。在评价过程中将技能和身体素质、团队精神和团队学习过程等有效结合。第五，评价更加灵活，动态实时评价。对于任务完成度较好的团队，进行加分和口头鼓励。最后，实施部分教学内容的以赛代考，以这样的形式替代传统课堂考评，比如：团队间的集体展示优胜队伍，期末可以免考对应的内容。

三、项目研究的教学创新性成果和应用实效

（一）项目研究的教学创新性成果

1. 利用学校的Blackboard教学平台，建成信息化课程健身操舞和武术

2018—2019学年，健身操舞课建成使用，其拥有丰富的教学资源和互动性的教学板块。2019—2020学年，课程组继续更新武术课程，该课程在BB平台学生访问量较高，课程内容丰富，话题讨论参与度较高。

2. 发表教学研究论文2篇

团队成员以项目为研究契机，教学中不断归纳与总结，形成发表了两篇教学的教学研究成果。

3. 参加2019年中外体育教育论坛暨第七届全国大学体育教育科学论文报告会获奖

论文"团队学习教学模式在高校大学体育教学中的路径探索"获得报告会二等奖。

4. 申请实用新型专利1项

教学中重要的物质保障之一就是器材，适合的器材能够帮助学生进行身体锻炼。除了申请专利，课程组在教学中还大量使用了自制器材，各团队同学积极参与，协作完成的器材承载了学生的创新智慧，这个过程增强了学生的动手能力和参与感。

5. 参加学校组织的第三届课堂创新大赛

项目主持人参加了由教务处组织的课堂创新大赛获得术科组三等奖。

6. 带领学生参加国家级和省级健康活力大赛取得佳绩

课题组在教学实验班中，挑选学生进行业余训练，带领她们参加各级各类比赛，均获得第一名的好成绩。

（二）项目研究的应用实效

信息化技术在校园的应用，不仅方便了教学，丰富了授课形式，而且提高了学生学习兴趣，促进了教学质量的提高。

1. 利用数字化校园网环境，搭建教学平台

借助学校Blackboard平台建成的健身操舞和长拳课程，经使用积累了大量与学生学习相关的素材，课程中不仅包括上传的教学资料，还包括了学生精彩的讨论留言。通过交流互动提升教学有效性，使体育教学中的交流形式多样化。

2. 关于学生使用步道乐跑运动APP的调查

研究对学生课内外使用步道乐跑进行了一年的跟踪调查，得到了学生使用步道乐跑的基本运动信息（见图15、图16），下面举例说明。

2018-2019下学期（陕西师范大学）乐跑成绩6-15

乐跑总次数40~50次（含晨跑）（其中晨跑不少于10次）课外健康跑的成绩会占本学期体育成绩的10%

学号	姓名	性别	年级	学校提供院	专业	班级	有效次数	累计里程	平均单次里	晨跑次数	晨跑总里	有效时长	乐跑分数
41835018	李雅楠	女	2018	料科学与工程学	材料类	35031801	50	83.37	1.67	10	17.01	580分39秒	100
41835009	仲伟	男	2018	料科学与工程学	材料类	35031801	50	109.76	2.2	16	33.06	738分23秒	100
41835002	张海洋	男	2018	料科学与工程学	材料类	35031801	50	107.85	2.16	10	20.54	770分29秒	100
41835017	杨涵然	女	2018	料科学与工程学	材料类	35031801	50	81.48	1.63	11	17.76	665分14秒	100
41835027	梁徐韬	女	2018	料科学与工程学	材料类	35031801	50	86.17	1.72	10	16.29	617分34秒	100
41835033	陈思捷	女	2018	料科学与工程学	材料类	35031801	53	100.03	1.89	39	72.51	730分14秒	100
41835024	贾诗瑞	女	2018	料科学与工程学	材料类	35031801	50	87.81	1.76	10	16.82	580分40秒	100
41835036	史瑞新	女	2018	料科学与工程学	材料类	35031801	50	172.54	3.45	12	42.43	1120分30秒	100
41835031	张蓉婵	女	2018	料科学与工程学	材料类	35031801	50	88.38	1.77	10	16.61	611分48秒	100
41835026	李佳瑞	女	2018	料科学与工程学	材料类	35031801	50	89.95	1.8	31	55.71	566分54秒	100
41835035	杨雨璇	女	2018	料科学与工程学	材料类	35031801	50	109.75	2.2	19	40.59	733分5秒	100
41835019	岳雅琪	女	2018	料科学与工程学	材料类	35031801	50	89.9	1.8	10	18.35	568分45秒	100
41835037	杨梓萌	女	2018	料科学与工程学	材料类	35031801	50	87.17	1.74	10	17.15	632分58秒	100
41835039	王英卿	女	2018	料科学与工程学	材料类	35031801	50	87.91	1.76	10	16.8	611分50秒	100
41835034	王梦培	女	2018	料科学与工程学	材料类	35031801	50	90.37	1.81	10	18.06	736分58秒	100
41835022	李为上	女	2018	料科学与工程学	材料类	35031801	50	89.68	1.79	25	41.81	672分26秒	100
41835025	方琳雅	女	2018	料科学与工程学	材料类	35031801	49	94.3	1.92	15	26.77	598分34秒	96

图15　材料工程与科学学院部分学生步道乐跑APP记录

41809128	杜雨佰	女	2018	地理科学与旅游学院	地理科学	09011802	50	84.4	1.69	14	23.35	632分53秒	100
41809103	华丽丽	女	2018	地理科学与旅游学院	地理科学	09011802	50	131.34	2.63	19	44.58	903分33秒	100
41809136	杨淑婷	女	2018	地理科学与旅游学院	地理科学	09011802	50	88.22	1.76	11	19.13	612分10秒	100
41809093	郭玉婷	女	2018	地理科学与旅游学院	地理科学	09011802	50	102.33	2.05	10	19.63	700分6秒	100
41809087	刘睿文	女	2018	地理科学与旅游学院	地理科学	09011802	58	111.39	1.92	20	37.95	706分21秒	100
41809117	钱思杨	女	2018	地理科学与旅游学院	地理科学	09011802	50	90.02	1.8	10	16.37	674分6秒	100
41809121	王海潞	女	2018	地理科学与旅游学院	地理科学	09011802	50	86.77	1.74	15	26.65	529分19秒	100
41809139	马梦瑶	女	2018	地理科学与旅游学院	地理科学	09011802	51	87.71	1.72	12	23.87	652分11秒	100
41809102	张源源	女	2018	地理科学与旅游学院	地理科学	09011802	50	100.69	2.01	10	19.92	700分27秒	100
41809096	辛晨涵	女	2018	地理科学与旅游学院	地理科学	09011802	50	90.79	1.82	20	36.96	617分2秒	100
41809137	王亚娟	女	2018	地理科学与旅游学院	地理科学	09011802	51	94.82	1.86	10	20.7	700分42秒	100
41809110	谢雨欣	女	2018	地理科学与旅游学院	地理科学	09011802	50	83	1.66	13	21.91	645分8秒	100
41809112	张琳杰	女	2018	地理科学与旅游学院	地理科学	09011802	50	98.31	1.97	27	53.89	662分58秒	100
41809133	赵方圆	女	2018	地理科学与旅游学院	地理科学	09011802	50	88.35	1.77	13	22.35	586分17秒	100
41809132	龚文迪	女	2018	地理科学与旅游学院	地理科学	09011802	50	87.76	1.76	10	16.54	618分10秒	100
41809143	耶赛尔.吾拉木	女	2018	地理科学与旅游学院	地理科学	09011802	50	90.34	1.81	11	19.4	604分12秒	100
41809144	提古丽·合衣巴	女	2018	地理科学与旅游学院	地理科学	09011802	50	102.25	2.05	11	22.9	649分13秒	100
41809076	张晨铭	男	2018	地理科学与旅游学院	地理科学	09011802	49	105.7	2.16	45	97.32	732分38秒	96
41809140	刘宣锦	女	2018	地理科学与旅游学院	地理科学	09011802	49	94.55	1.93	10	17.99	638分36秒	96
41809129	李润莹	女	2018	地理科学与旅游学院	地理科学	09011802	48	86.78	1.81	10	17.6	616分43秒	92

图16　地理科学与旅游学院部分学生步道乐跑APP运动记录

研究还针对学生使用步道乐跑情况，进行了问卷调查。问卷发放给陕西师范大学

2018级和2019级非体育专业的部分学生。问卷调查结果显示，使用运动APP步道乐跑可以养成学生自律的锻炼行为，且使用频率较高。通过APP提供的服务，学生之间的约跑行为可以鼓舞相互之间锻炼。从锻炼效果看，同学们普遍认为对自己的身体素质有提升效果（见图17、图18、图19、图20，图中数据来自：陕西师范大学体育学院苏豪华同学的调查研究）。

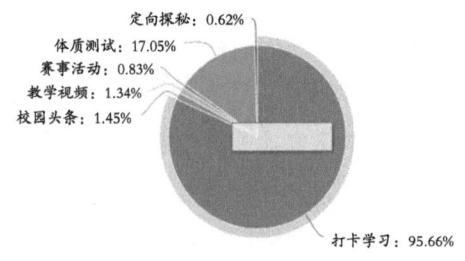

图17 学生选择使用步道乐跑功能

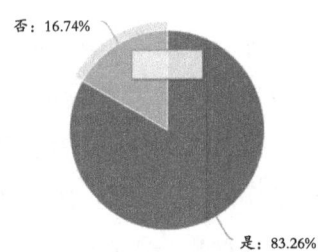

图18 学生使用步道乐跑锻炼频率

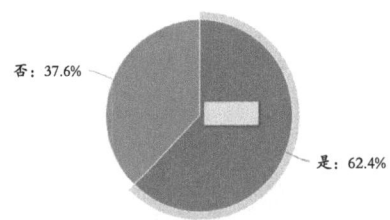

图19 学生使用步道乐跑后是否
带动他人一起锻炼

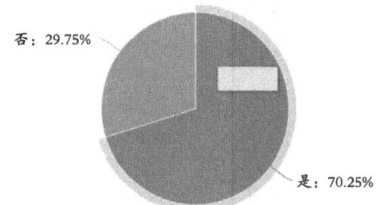

图20 学生使用步道乐跑后是否提高
自己的身体素质

3. 关于混合式教学模式应用实效

运用信息化教学平台、运动APP、微信公众号等新兴媒介，通过微信班级群等手段，加强师生联系和信息互通，体育课好似"从未"下课。项目组因地制宜，搭建校内教学展示平台，组织学生参与校外比赛等形式，激活学生学习型团队，使之成为"乐学"团队。在教学组织上体现差异化，在教学规定动作上体现具体化，在教学创新方式方法上凸显精准化。

四、项目研究中存在的问题及今后的研究与实践设想

（一）项目研究中存在的问题

1. 运动APP的使用和选取

目前手机运动APP种类较多，评价参差不齐。在甄选时，课题组教师亲自试用，咨询专家问询同行，选出Keep、步道乐跑等运动APP，甄选需要进行纵向和横向比

较，时间较长，建议教师从文献资料和用户口碑中，挑选适合的运动APP使用。

2. 混合式教学模式应用

课题组将混合式教学模式应用于操舞、武术和小球类教学中，应用效果较好。但在信息化课程建设中，需要教师投入大量的精力，进行视频拍摄和制作，耗费较多人力和物力。另外，混合式教学的线上与线下教学不是简单连接与拼凑，它们内部存在复杂的机制，需要进一步深入研究。在学习型团队中，小球类项目教学内容因主要包含个人技术战术，故培养学生团队精神，实施团队学习较为困难。在后续研究中，课题组将针对小球类项目混合式教学进行深入探讨。

（二）今后的研究与实践设想

1. 优化设计学习活动与互动环节

混合式教学模式对课程安排和活动编制提出新的要求，对任课教师的信息化素养提出高要求，在线上线下融合的教学实践中，怎么实现高质量、高效率的混合，如何评价混合效果，是后续研究需要深思的问题。"互联网+教育"催生了新的大学体育课程模式，现代教育技术丰富了教学内容和教学手段，使课程具有"高阶性、创新性、探究性和个性化"特点，因此如何"用活"信息化课程，加强多个学习平台交互使用，促进课内外教学有效性，提高学生自我搜索学习资料，共享资料等仍是需要研究的问题。

2. 良好的校园体育文化触动学生参与体育运动

校园体育文化核心价值为，提升学生自信心、艺术修养，培养团队精神等方面。学生通过参与体育运动，养成自己坚毅的性格和顽强拼搏的精神，更具备了一种优雅与自信。未来，课题组将通过组建俱乐部方式，带动更多学生加入其中；支持俱乐部的学生参加校际间比赛、省级比赛及大学生全国赛；举办各项目体育文化讲座活动，以一种更系统、更全面的角度，给大学生提供了解体育文化的途径，丰富大学生思想道德内涵，真正发挥大学体育文化独特的育人功能。

基于SPOC理念的金属有机化学教学模式探索与实践

简亚军*　张伟强**　高子伟***　高玲香****　张国防*****

摘要：依托Blackboard（以下简称BB）教学平台，建立了陕西师范大学化学化工学院金属有机化学（SPOC小规模在线私密课程）系统，设计线上线下有机结合的混合式课堂，实现老师与学生全方位互动，改变原课堂单一评价体系，采用多维评价体系，实现由结果性评价走向发展性评价的转变，有效地对金属有机化学进行了教学模式改革。通过化学化工学院2018级化学和应用化学专业学生实践表明，新教学模式基本能实现从传统的"以教师教为中心"向"以学生学为中心"的转变，激发了学生学习的主观能动性，全面提升了教学质量，学生反映效果较好。

关键词：金属有机化学　SPOC理念　Blackboard平台　混合教学模式　发展性评价

一、项目研究的理论基础及实施方法

1. 项目研究的理论基础

进入20世纪后，伴随着现代科学技术成果的快速发展，以及教学信息化不断深入发展，新型教育模式层出不穷。在这个发展浪潮中，MOOC（massive open online courses，大型开放式网络课程，译为慕课）横空出世，肇始于2008年加拿大阿萨巴斯卡大学的关联主义和关联知识课程。随后MOOC迅速发展，课程数量和访问量在2012年出现爆发性增长，《纽约时报》把这一年称为MOOC元年。中国的大学自2013年初开始加入MOOC建设实践中。2013年5月21日，清华大学、北京大学、香港大学、香港科技大学四所大学成为美国在线教育平台edX首批亚洲成员。上海交通大学和复旦大学也与著名共享课平台Coursera签订协议，正式加入MOOC大家族。2014年5月8日，中国

---

①陕西师范大学教师教学模式创新与实践研究专项基金2019年项目。
*简亚军，博士，陕西师范大学化学化工学院副教授，研究方向为金属有机化学。
**张伟强，陕西师范大学化学化工学院副教授。
***高子伟，陕西师范大学化学化工学院教授。
****高玲香，陕西师范大学化学化工学院教授。
*****张国防，陕西师范大学化学化工学院教授。

大学MOOC正式上线。MOOC之火在教育界大有燎原之势。有人预言，MOOC是一种全新的知识传播和学习方式，必将引发全球高等教育的一场变革。

与先期出现的精品课程和网络公开课相比，MOOC保持了传统教学模式不具备的开放性特点，同时出现了即时性和社群性等新的鲜明的特点。MOOC开放的不只是资源，如提供免费的优质课程视频资源及教材文本资料，更重要的是提供完整的学习体验，实现了教学课程的全程参与。MOOC平台上提供了各种交互性论坛，强调和鼓励学生与学生之间，以及学生与老师之间的互动；学习者可以通过软件进行学习、分享观点、做作业、参加考试、得到分数、拿到证书，其平台囊括学习的全过程。

虽然MOOC受到教育界广泛关注和爱好者的欢迎，但MOOC建设的过程中还有许多需要完善和改进的地方：（1）单一的教学模式。由于对学生数量、学习水平不做严格的准入制度，制约了师生之间，学生之间的有效交流和互动。（2）高额的运营成本。（3）固定的学习方式。MOOC的学习终端以个人电脑为主，这显然与日益发达的互联网时代不符，难以开展个性化学习。（4）MOOC受众的完成率都很低，KatyJordan对29个MOOC平台的研究，MOOC的平均完成率不到7%。

众多关于MOOC的实践表明，线上方式可以充分利用当前互联网技术的优势，具有传统教学无法比拟的优势，但是线下教学所具备的良好互动和教学控制等独特价值则是纯线上教学难以达到的。因此，线上和线下的融合极有可能是目前更好的选择，可以促进形成完整的教育模式。

SPOC（small private online course）正是在MOOC不断地发展实践中产生的。2013年，加州大学伯克利分校的MOOC Lab的负责人Armando Fox，认为可以将优质MOOC资源与课堂面对面教学有机结合起来，借以翻转课堂教学、变革教学结构提高教学质量。

SPOC又被译为"私播课"。它的受众与MOOC的"零准入"不同，对学员的基础进行综合评价进而筛选合适的受众，主要来源是围墙内的大学生和严格选取的在线学生。严格的准入制度也为课程的良好效果打下了良好的开端。SPOC的应用多为与实体课堂的结合，因此也比其他形式更为偏向于形成比较完整的教育模式。其流程是：课前教师把MOOC视频材料当作家庭作业布置给学生，再通过在线测试或课堂讨论了解学生的知识点掌握情况；课堂内则组织学生就疑难问题进行分组讨论，处理作业或者其他任务。这样一来，教师可以根据课程的需求和学生的掌握情况，即时调控教学进程，包括课程的进度、节奏和评分系统。正因为线上和线下的有机融合，MOOC平台存在的课程完成率问题和学习质量问题，能得到比较好的解决。

SPOC模式的应用，在国内也得到了全方位的发展。清华大学率先打造SPOC平台——智学苑，开启了SPOC模式在中国的应用。智学苑首批试用高校为清华大学、中国地质大学、西南交通大学等数十所高校，相继推出物理学、计算机与信息科学、工商管理学等多个热门学科SPOC教学平台。平台以教材为原点，以知识点体系为支撑，在资源组织方式、数据分析模型、教学管理模块、内容呈现形式、学习过程支持等几个方面独具特色，赢得了高度评价。正如哈佛大学在线教育学术委员会主席Rob Lue所说，我们处于一个后MOOC时代，当前的在线教育应该是几种模式并存的。MOOC的目标是教育公平，优质教育资源的传播带来的社会影响将继续扩大，而成本、机构信誉和优质学习体验的缺乏等问题带来的高辍学率也亟待解决；SOOC开放的选择性一定程度上减轻了在线教学平台的负担；而SPOC则更有利于全面实践混合式教学理论，灵活、高质量稳步推进教学改革。

从MOOC和SPOC发展的轨迹我们不难看出，SPOC是在MOOC的基础上发展起来的，是对MOOC的继承、完善和超越，能较好地解决MOOC的不足。因此加强SPOC在传统教学中的探索和实践具有极好的前景。

过去十年来，MOOC及后MOOC时代的SOOC、SPOC等模式的飞速发展不断冲击着传统课堂教学，化学教学如果不迅速改革，很有可能在新一轮教学革命的浪潮中被边缘化甚至淘汰；我们的化学教师如果没有意识到责任和危机，不能及时提高信息化素质，同样可能被信息化浪潮所淹没；更令人感到可怕的是，我们化学专业的学生，如果没有在专业知识的课堂里得到信息处理和知识创新能力的培养，那么处在信息化新时代则有可能在将来的职业发展中受到极大的制约乃至被淘汰。

化学，是创造新分子和构建新物质的根本途径，是与其他学科密切交叉和相互渗透的中心学科。如何让化学学科更好地造福人类、影响其他学科，没有什么比利用现代化信息技术武装化学课堂，武装化学继承人——学生更加高效。利用SPOC等优秀新技术武装化学课堂的过程中需要稳步进行，既不能影响学生完整基础知识框架的建立，又让其可以体会到现代新教育技术带来的丰硕成果。因此，选择何种课程来进行探索和实践是值得深思的。我们认为相较于传统的四大化学——无机化学、分析化学、有机化学和物理化学，一些重要的专业方向课是进行探索和实践更合适的选择。

利用金属有机化学进行SPOC平台的探索和实践主要基于以下几个方面的考虑：
（1）金属有机化学是化学前沿学科之一，对医药、农药和材料等各个行业都做出了卓越的贡献，仅在2000年之后，诺贝尔化学奖授予金属有机化学领域的研究就有三次之多就是最好的证明。（2）金属有机化学的教学目前还主要以PPT教学为主，学生参与度较低；课程学时较少，内容多，如何高效地进行师生之间，学生之间的交流和互动显得尤为重要。（3）作为一门理论和实验并重的学科，由于没有专门安排实验课程，非常重要的技术和操作，如Schlenck系列技术学生很难真正理解和掌握，这显然对将来从事教学和科研工作不利。然而，通过SPOC平台的介入进行积极而有效的探索和尝试显然是有可能解决金属有机化学教学所面临的困境。

当然任何一门课程信息化的建立都不是一蹴而就的，在后MOOC的进程中积极参与不仅利于教师个人自我成长，也利于大幅提高学生对本专业知识的获取以及处理大量信息的能力的培养。通过对MOOC及SPOC的总结和分析，针对陕西师范大学的现状，本项目将采用SPOC逐步对现有金属有机化学课程进行改革，促进教学模式多样化探索，促进这一理念及互联网相关技术与教育的融合。

2. 项目实施方法

探索用于混合课堂模式的教学软件和平台；构建适合SPOC平台的知识结构系统；设计线上线下有机结合的混合式课堂，科学互动和评价；引进优质教育资源。

二、项目完成的主要任务及落实情况

（1）依托Blackboard（以下简称BB）教学平台，建立了陕西师范大学化学化工学院金属有机化学SPOC（小规模在线私密课程）系统。具体流程如下：

①对金属有机化学课程中的学习内容进行了梳理，进行了分块化处理，以适于构建便于传播的金属有机化学课程知识系统。将金属有机化学课程的内容分成如下模块：金属有机化学背景知识介绍；18电子规则；四大基元反应；金属有机催化反应；Schlenck无水无氧技术；金属有机化学研究物理方法。对于每一个模块的学习内容可进一步进行分解，以Schlenck系列技术为例，将其内容分为：无水无氧技术的重要意义，基本原理，分类（Schlenck技术，手套箱技术和高真空线技术），Schlenck技术的原理，基本仪器装置，常见操作等。知识点之间的顺序可以根据逻辑关联进行灵活安排。

②制作教学相关内容的微视频，包括双排管的搭建，无水无氧条件下如何完成一个化学反应，并将其上传至BB平台，供学生在线使用，缩短了教学用时，提高了教学效率，可视化的教学手段使得学生学习掌握程度大大提高。

③依托Blackboard（以下简称BB）教学平台，建立了陕西师范大学化学化工学院金属有机化学SPOC（小规模在线私密课程）系统。

建立的BB教学平台包括共用模块（主页、教师信息、教学大纲、教学进度），学习模块（教学课件、教学视频、小测验、作业、补充材料），交流互动模块（讨论），见图1。

在具体操作过程中，我们提前将讲义、微视频和与课程相关的资料，上传至学习模块，供学生们课前预习，课后拓展学习视野；利用小测验功能对学生预习情况进行检测，得分并入总成绩，提高其预习积极性和预习效率；利用小测验功能和作业功能对学生课堂所学情况进行评价，并适时对教学进度进行调整；讨论区的建设对于课程难点的理解非常重要，一方面教师可以发布一些话题，学生可以自由发表自己的看法，教师作为裁判参与整个互动过程，另一方面学生可以提出自己的问题，教师和其他学生均可以参与整个过程，对于整个问题解决思路更加清楚。

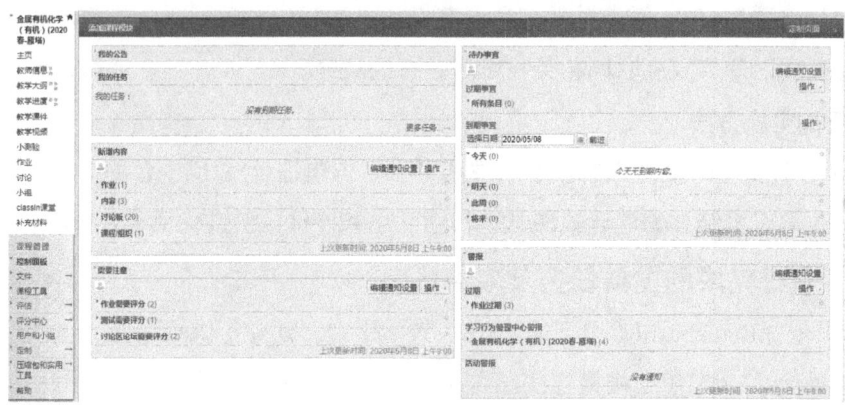

图1　BB教学平台首页

（2）设计线上线下有机结合的混合式课堂，科学互动和评价。

基于SPOC理念的教学平台创立的主要目的之一在于通过有机结合线上资源，高质量地完成有限的线下即课堂上的教学效率，极大地丰富课程容量，实现"以学生学为中心"的目标，全方位提升学生的综合素质。而科学合理的教学设计是实现上述目标的不二选择。通过对Schlenck技术课程进行合理分割的基础上，生成微课件和微视频，并上传到BB学习平台，供学生课前进行预习，课后进行查阅复习，作为线下课堂的延伸。

以Schlenck系列技术讲解为例，由于学生课前进行了相关课件和微视频的学习，对于其有了一定的理解，大大缩短了课堂讲解时间。课堂的主要内容通过以下问题驱动方式进行：①为什么要发展无水无氧操作技术？通过讨论得出结论，因为水和氧气极易导致C–M的断裂，因此需要在操作过程中避免与水和氧气接触（进一步提问，水和氧气导致C–M断裂的可能途径？），在这个环节，融入课堂小测验环节，既考察了学生对以往知识的理解程度，又导出无水无氧操作技术产生的原因。②讲解完整的无水无氧操作技术。涵盖基本原理、分类（包括Schlenck技术、手套箱技术和高真空线技术），Schlenck技术的原理、基本仪器，溶剂处理技术、液体和固体转移技术等常规操作。③课堂讨论——设计无水无氧柱层析方案。课前安排学生提供初步方案，然后课堂学生对该方案进行剖析，找出不合理的地方，最后学生在老师的帮助下得到较为完善的方案。

（3）学生学习评价改革。

改变原课堂单一评价体系，采用多维评价体系，实现由结果性评价走向发展性评价的转变。课程成绩由期末考试（30%）、在线测试（20%）、课堂活动参与（20%）、在线交流讨论（20%）、考勤（10%）组成。期末考试重点考察学生综合运用知识解决实际问题和创新思维的能力。

三、项目研究的教学创新性成果

1. 教学创新性

打造了以BB平台为基地，有机融合线上直播课（因疫情原因由线下课改为直播课），实现线上—线下无缝衔接的混合式课堂，贯穿课前、课中和课后全教学环节，教学互动不再受时空限制；预习环节在BB平台设置了小测验环节、微课（微视频）等可视化资料，既提高了学生的预习积极性，又提高了学生的预习效率；课堂上对重要知识点进行现场测试，既掌握了学生对于知识点的理解程度，也提高了学生上课的积极性；讨论设计实验方案环节，既提高了学生的参与度，也加深了学生对于知识点的理解。

2. 应用实效

本项目经化学化工学院2018级化学专业和应用化学专业学生实践取得了较好的教学成效，在课程还有1/3未结束的情况下，63.33%的学生认为通过课前预习、课堂讲解与讨论、课后作业与讲解、讨论区讨论等诸多教学环，完全或基本掌握了课程内容。具体表现在以下三个方面：

（1）教学互动性增强，不受时空约束地延伸。有81.66%的学生认为课前预习小测试，基本可以调动预习积极性、提高预习效率；65%的学生喜欢微视频的方式，认为方便观看回看，可以根据自己的掌握情况调节进度，有利于针对性地理解一个知识点；83.33%的学生认为课堂小测试可以提高学生的学习积极性；63.33%的学生认为通过布置具体的学习任务、学生设计初步方案，课堂讨论方案，最后得到较完善的装置，有助于掌握该知识点；53.34%的学生认为在BB平台上开设讨论区，能够解决对学习内容的疑惑。

（2）教师角色的转变促进教师价值得到释放。网络平台的介入能节约反复进行基础讲解的时间，使得教师从单向知识传播的桎梏中解放出来，可以有精力和时间准备教学材料，改进教学内容及方式，组织教学活动，根据即时教学效果控制教学进程。以卡宾配体的学习为例，该知识点是第二章的一个难点，通过BB平台讨论区学生和教师参与该问题的讨论（共有17人次发表26个帖子），同学们对于该知识点的理解非常透彻，更重要的是其他未参与发帖的同学可以观看整个讨论过程，完成对该知识点的掌握。教师角色的转变带来课堂功能的变化，课堂的价值和效益将得到了提高。

（3）实现学生个性化教学。由于教师有更多的精力组织教学活动，可以宏观监控整个教学过程，动态评价学生学习情况，可以真正做到因材施教。而学生可以借助平台优势，根据自己的情况和时间进行个性化和自主化的学习加入整个教学过程，从而保证教学质量。以无水无氧操作技术学习为例，微视频方式的介入，学生可以随时安排自己的学习时间，可以多次自主的安排学习进度，最终都顺利得实现了对该部分内容的掌握。

四、项目研究中存在的问题及今后的研究和实践设想

1. 调动学生学习积极性方面仍然不足

根据问卷调查结果显示，65%的同学认为增加补充材料，提高学习兴趣非常有必要。后期的教学过程中将会引入最新反映课程前沿的内容，以及学科发展史中有趣的内容提高学生学习的兴趣。

2. 微课数量需要增加

根据项目实践结果，65%的同学认为微课有助于理解学习内容。然而由于时间紧，课程微课的数量偏少，不能满足同学们的学习需求，今后仍需要不断增加微课的数量。

3. 课堂互动性仍然有待提高

预习小测试、课堂讨论问题方案这些互动手段得到了学生的认可，但是量和形式还值得进一步丰富。可以通过设置一些开放性的学习任务，增加学生表达、展示和活动的机会。

4. 本项目研究的结果尚未发表

在已有的实践基础上，希望能将现有的研究成果进行凝练、提升，达到发表的程度，促进金属有机化学教学质量的不断提升。

基于CDIO工程教育理念的电工学课程教学改革与实践

宋树杰*　黄小丽**　刘玉芳***

摘要：电工学是非电类食品科学与工程专业的基础核心课程，也是"新工科"教育背景下，学科间知识的继承与创新、交叉与融合、协调与共享的关键课程。本项目从"新工科"的视角基于CDIO工程教育理念重构食品科学与工程专业电工学课程，与本专业进行有机结合，突出专业特色与基础性，强调实践应用性，注重问题驱动，强调思想和方法，培养学生创新思维和创新能力，适应"新工科"的发展要求，为学生的全面发展奠定基础。

关键词：电工学　新工科　工程教育　CDIO

教育部于2017年2月20日发布了《高等教育司关于开展"新工科"研究与实践的通知》，拉开了各高校开展"新工科"的研究实践与探索。与传统工科相比，"新工科"更加强调学科的实用性、交叉性与综合性。尤其重视电子控制、人工智能与传统工业技术的有机结合与发展。因此，非电类工科专业，如食品科学与工程专业更加需要加强电工类课程的学习，加强电工实践能力与本专业的有机结合，以培养与时俱进的高技能人才。

本项目从"新工科"的视角基于CDIO工程教育理念重构食品科学与工程专业电工学课程，与本专业进行有机结合，突出专业特色与基础性，强调实践应用性，注重问题驱动，强调思想和方法，培养学生创新思维和创新能力，适应"新工科"的发展要求，为学生的全面发展奠定基础。

---

①陕西师范大学教学模式创新与实践研究基金2019年度项目。
*宋树杰，博士，陕西师范大学食品工程与营养科学学院讲师，研究方向为农产品（食品）加工新技术与装备。
**黄小丽，陕西师范大学食品工程与营养科学学院教师。
***刘玉芳，陕西师范大学食品工程与营养科学学院教师。

一、项目的理论基础

1. 非电类工科专业电动学的课程特点与存在问题

电工学是非电类工科专业必修的基础核心课程，也是理论与实践结合，应用非常广泛的一门课程。当前工学教学实践的问题是理论分析学时过多，过分注重单学科课程的理论性和知识的系统性。而培养学生工程综合能力的课程、训练学生的直观判断力、工程经验和工程意识的教学环节少。尽管也有相关工程实践和工程能力培养的课程，但都以"知识点"的形式串接在各相关理论课程单元间，学生不可能将所学的理论知识与生产实际相结合。另一方面，教学手段与反馈存在问题。对电工学课程不太重视，导致教师的教学手段单一、陈旧，使得教学课程沉闷无趣，学生缺乏学习的积极性。同时，大部分电工学课程的考试仅是单一的笔试测验，一方面忽略了对学生实践操作技能的检验，另一方面单一的考试形式无法使教师更全面具体的了解学生学习情况及问题，进而无法进行针对性的教学。

2. CDIO工程教育理念

CDIO模式是美国麻省理工学院和瑞典皇家工学院等大学经过多年研究而创立的一种新型工程教育模式，CDIO代表构思（conceive）、设计（design）、实现（implement）和运作（operate）。该教育模式以工程项目从研发到运行的生命周期为载体，让学生以主动、实践、课程之间有机联系的方式学习工程，培养学生的工程能力、职业道德、学术知识、运用知识解决问题的能力、终生学习能力、团队协作能力、交流能力和大系统掌控能力，从而培养既有过硬的专业技能，又有良好的职业道德的国际化工程师。CDIO教学模式的核心理念是"基于项目的教育和学习"和"做中学"。自2000年起，CDIO模式在全世界以MIT为首的几十所大学实施以来，已取得了卓越的成效。目前，汕头大学、北京科技大学等我国的39所高校已被批准成为CDIO试点高校。在非电类工科专业——食品科学与工程的电工学教学中采用CDIO教学模式，对培养"新工科"背景下高素质、创新型食品科学人才具有重要意义。

3. CDIO工程教育理念下课堂教学改革的基本思路

以学生为中心，增强学生的工程实践能力和创新能力，训练学生的直观判断力、工程经验和工程意识，适应"新工科"的发展要求，为学生的全面发展奠定基础，探索"新工科"背景下食品工程与营养科学专业电工学课程教学改革方法，为提高课程教学效果提供新思路。在分析目前电工学教学存在问题和不足的基础上，将CDIO工程教学模式引入电工学课程教学中，探讨课程的构思、设计、实现和运作，以充分发挥学生学习的主观能动性,提高学生分析和解决工程设计及生产操作中各类实际问题的能力,提高实验教学效果。

二、项目的实施方案

1. 应用CDIO,围绕专业特色,调整教学内容

按照CDIO教育理念结合食品科学与工程专业培养方案、实际教学情况和专业应用情况,精选教学内容并进行创新和调整。项目组把较少学时(36个学时)的电工学课程的作用和教学任务重点放在引导学生学习兴趣和学习方法上,改变面面俱到的教学模式,加强对学生工程实践意识地培养。讲义与大纲要完成的教学要求变化不大,主要做了两点调整:由于授课学时限制和学生对象以生物化学为主,因此省略了电机及控制部分的教学;讲义内容安排不再是以理论知识为主线,而以器件应用为主线贯穿教学内容,强调工程测量和工程实际应用,因此在教学中可以灵活掌控器件及电路内部原理性的知识讲解和学时分配,以此激发学生的学习兴趣,带动他们主动学习。

在教学内容组织安排上,不再拘泥于以往的理论知识,以器件及应用划分单元教学,在每个单元教学内容组织安排上,也不再以理论知识讲解和分析为主线,而以元器件介绍为切入点,以元器件的特性及应用为主线讲解,精心选择应用实例,引发学生思考和学习,从繁到简分析讲解,同时结合工程应用实例及EDA仿真实例,以此激发学生学习兴趣,引导学生的学习方向和方法,培养学生的工程实验实践意识。

2. 应用CDIO改进教学手段

CDIO工程教育理念是以项目设计为载体,将学习、实践、能力培养等各个环节有机结合起来,促使学生自主的、实践的进行学习工程。在电工学教学中精心选择实际生活或工程电路,以此引入教学内容,提高学生学习兴趣,引导学生主动分析和学习。同时,利用现代化的教学设备,制作吸引人的课件,多利用动态图片表达电路的变化过程,增强学生的理解与掌握,降低电工学的学习难度。采用PBL教学法与翻转课堂结合学生的生活学习实际,增加学生的学习积极性,进而改善教学气氛,提升教学效果。比如第一单元电路元件,直接以微机远程控制色选机为例,导出电路模型和电路元件,再结合工程实际应用说明元件标称值和应用特性,首先调动学生学习的兴趣和积极性,在后续教学中能起到事半功倍的作用。

3. 加强实践环节,提高主观能动性

电动学的实践环节主要包括实验教学,其在加深和巩固基础理论知识的同时,也可以培养锻炼学生的创新思维、分析问题及电工动手能力。由于学生的重视程度不

高，在电工学的实践教学中，其课时往往很少，有的专业甚至没有开设相关实验课。为了满足"新工科"对学生的要求，项目组主要从以下几个方面，加强非电工科类专业学生的实践教学环节。①增加电类实验基础操作教学。非电类工科专业的学生其电类实验操作能力较差，对此类实验操作感觉到陌生。教师可以根据学生的基础能力，增加实验操作基础内容的教学，先在课堂中引导学生进行实践，鼓励学生将所学知识与实践相结合，既可以提高学生对知识的掌握，又可以提高学生的学习兴趣；②设计与专业相关的电类实验项目。"新工科"背景下的学科交叉与融合，在实验项目设计时即可体现。以食品类专业为例，可以设计继电器控制牛奶搅拌机转向的电路，使学生感觉到学习电工学对于专业的价值，增强课程自信。③改善实验评估。电工学试验作为理论课程的重要补充，教师需要重点观察学生的操作能力，对电学仪器的熟悉程度，面对问题分析及解决的方法及态度等，可以根据不同学生的学习水平制定不同的实验项目，实施针对性教学；④实行开放实验项目。鼓励非电类工科专业学生积极参加开放实验项目，提高自身电学知识及实践能力。开放实验项目需教师与学生共同设计，创新性与基础性并存，且与本专业相结合，解决实际问题。学生得到学以致用的锻炼。

4. 改革考核方式，综合评价教学效果

全面了解学生的电工学学习情况，单一试卷考试的弊端较多，需要改革考核方式。教师需要打通教与学的反馈通道，丰富考核方式。教师可以从以下几个方面入手：①考试形式多元化。增加实验成绩与平时测验成绩为主，结合最终考试。使考核形式能够准确、有效、全面的评价学生学习质量，促进学生的主动性学习。②增加实验考核及开放实验附加成绩。教师需要重点观察学生的操作能力，对电学仪器的熟悉程度，面对问题分析及解决的方法及态度等，合理的给出各个学生的试验考核成绩。同时，鼓励非电类工科专业学生积极参加开放实验项目，提高自身电学知识及实践能力。并以此类项目作为鼓励成绩，提高学生的参与度。③打通教与学的反馈通道。利用微信小程序"问卷星"，实现小课间实时教学反馈，掌握学生的学习效果，及时调整课堂进程及教学方法。

三、项目的主要任务与落实情况

1. 课程内容重构

选用高等教育出版社秦曾煌主编的《电工学简明教材》作为参考教材，重新组织教学内容，结合专业特点，增加自编教学讲义，突破固定的教材教学模式，打破电类基础课程的单元教学模块，以器件特性和应用为主线设置教学问题和应用实例，引发学生思考和学习,以此解决学时与教学要求、教学内容与学生能力培养之间的矛盾,完成教学任务并保证教学质量和教学效果。

2. PBL教学法与翻转课堂的应用

项目主持人于2019—2020学年第一学期的电工学教学中对食品科学与工程专业18级1和2班进行了PBL教学及翻转课堂实践。图1为PBL教学课程PPT,以此引出需要学习的内容,图2为翻转课堂教学现场情况。通过翻转课堂的实践,学生的语言表达,自学探究、逻辑思维、团队配合和课堂组织等能力得到了锻炼和提高。

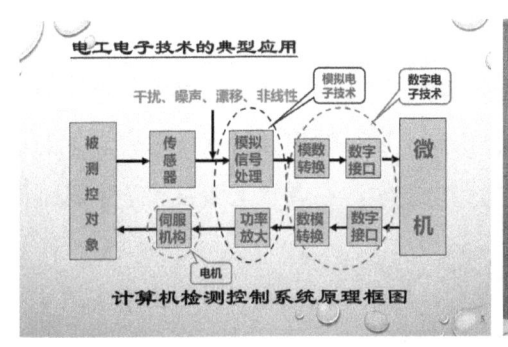
图1　PBL教学课程PPT

图2　翻转课堂教学现场

3. 增加实践环节

增加了与食品类专业相关的4个开放性试验项目,分别为继电器控制牛奶搅拌机转向的电路设计、远程采集啤酒酿造温度的电路设计、控制微波干燥箱温度的电路设计及采集苹果汁浓缩前管道中流量电路。通过与自身专业相关的电路设计,使学生感觉到学习电工学对于专业的价值,增强课程自信及兴趣。当然,也存在一些突出的问题,需要在后期的实践环节进行改进和调整。

4. 教学研究论文

完成了一篇教学研究论文《"新工科"背景下食品科学与工程专业"电工学"课程教学体系改革的探索》。本文基于目前的教育状况分析了教学中出现的新问题,从共性问题和个性问题两方面深入探究,指出问题的症结所在。结合课程的特点,从课堂教学内容、课堂教学模式、课下交流方式和课程考核体系四个方面提出了解决问题的整体思路和对策。

四、项目研究成果及应用

（1）完成一篇教学研究论文《"新工科"背景下食品科学与工程专业"电工学"课程教学体系改革的探索》。

（2）参加教学研究沙龙4次。

（3）项目主持人荣获2019年第三届课堂教学创新大赛三等奖。

五、项目的现存问题与研究展望

1. 现存问题

（1）调整教学内容环节，由于内容繁复分散且课时量有限，仍然无法完成主要内容的教学，需要进一步研究和解决。

（2）改进教学方法阶段，特别是翻转课堂环节，非主讲小组表现并不积极且教学活动未达到预期效果。如何建立有效学习监督机制，加强学生参与度及掌握学生的学习动态和课堂教学效果？如何开展混合模式的课堂教学，在课堂上激发起学生思维的火花，这些需要深入思考。

（3）实践教学环节，由于学生为非电类专业，导致有的试验设计超出学生的学习内容范围，学生无法完成，后期需要继续完善试验内容。

2. 研究展望

（1）进一步优化教学内容，以问题驱动为导向，以促进学生高效学习为目的，采用启发式教学方法，加强基于问题驱动的思维训练，推动发挥教师主导作用，学生主体地位的混合式课堂教学的展开，提升学生"新工科"创新思维和能力。

（2）加强机制设计，为学生制定分解的学习目标和任务，明确具体的学习路径，强化练习与监督检测。

（3）优化完善课程实践中的探索类试验项目，提高学生解决实际问题的能力。

微项目学习翻转课堂创新与实践①
——以地理教学论为例

董瑞杰*

摘要： 本项目主要围绕微项目学习翻转课堂创新进行理论和实践的探索。建立基于微项目学习的翻转课堂设计框架，分析微项目学习翻转课堂教学模式的教学效果，提出微项目学习翻转课堂的优化实施策略，以达到最优化的教学效果。

关键词： 微项目学习　翻转课堂　地理教学论

主要围绕应用微项目进行翻转课堂实践应用研究。对地理教学论教学内容进行教学设计和实施，探索微项目学习翻转课堂教学模式在培养学生的研究能力、专业发展能力等方面的教学效益。提高微项目学习的教学效果，对地理教学论翻转课堂教学改革与创新具有重要的推动作用。

一、项目实施的过程

第一阶段（2019年3月至2019年4月）：理论系统了解，整理查找资料，提出初步的研究方案。

第二阶段（2019年5月至2019年8月）：调查地理教学论的教学现状，找出地理教学论翻转课堂的现实问题，构建优化创新教学原则和技术。

第三阶段（2019年9月至2019年12月）：分析微项目学习翻转课堂优化设计方案，进行教学实践案例分析。

第四阶段（2019年11月至2020年2月）：对教学实践效果进行测评和科学总结，提出基于微项目学习翻转课堂对创新思维培养的优化实施策略。

---

①陕西师范大学教师教学模式创新与实践研究专项基金2019年项目。
*董瑞杰，博士，陕西师范大学地理科学与旅游学院讲师，研究方向为水土保持与荒漠化防治、地理课程与教学论。

第五阶段（2020年3月）：课题汇报。

二、项目完成的主要任务及落实情况

1. 参加的研讨活动

通过收集和整理资料，进行微项目学习与翻转课堂结合的教学模式理论构建，加强地理教学论微项目学习理论与实践研究，详细分析相关教学案例，建立系统的理论体系。

参加教师发展中心组织的教学研究论坛会，关注微项目学习、信息化教学和课程思政研讨，为开展教学模式创新与实践提供新视角。参加2019年全国地理教学年会，关注微项目学习的效果分析，提出优化策略。

2. 项目的实施情况

（1）小组讨论交流。围绕师范生教学技能训练的创新情况进行深入分析。以陕西师范大学旅游与环境学院2016级免费师范生为研究对象，通过问卷、访谈等研究方法探索目前地理教学论在教学中存在的问题。

（2）教学模式设计与实践。以师范生教学技能训练为例，进行微项目学习翻转课堂创新与实践研究，初步建立微项目学习课堂教学设计框架。对地理教学论翻转课堂教学内容主要是关于讲解地理实验教学技能训练的内容方面进行了实践。

（3）教学中的模式变化与创新方面。引导学生积极思维的方法，突出学生学习思维方式的转变。以翻转课堂教学模式为依托，积极开展微项目学习教学应用研究，围绕解决策略进行深入分析，对实践效果进行科学总结。

三、课题研究成果的呈现

1. 教学模式构建与案例设计

在微项目学习中，通过提出问题、分析问题、解决问题、总结规律、运用规律等环节不断发展学生的高阶思维，有益于促进学生高层次认知水平和实践能力的发展。

把微项目学习应用于地理实验教学设计中，其核心是通过自主探究具体的微观问题，帮助师范生有效达成提升实验能力的专业目标要求，使其具备适应未来职业所需要的核心素养。该模式以师范教育目标为核心，从目标、内容、实施阶段和评估方式进行构建（见图1）。

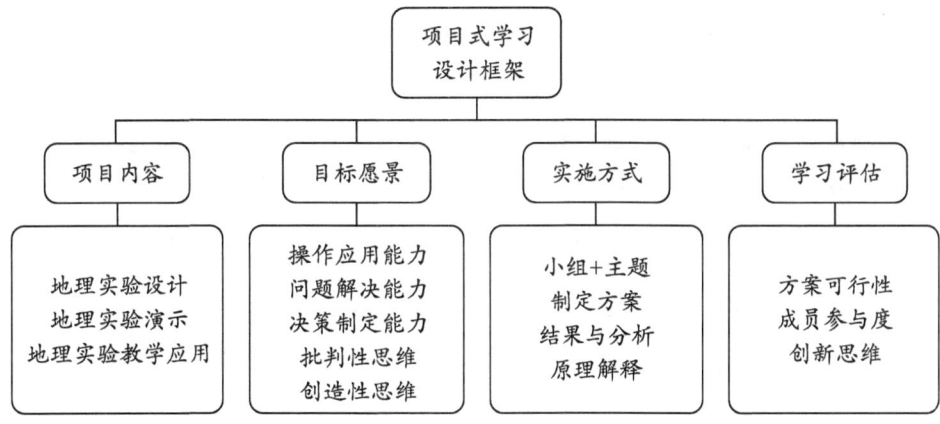

图1 微项目学习的教学设计框架

（1）项目内容：地理实验的教学应用，选择大气运动规律为主要案例。

（2）目标愿景：培养学生的操作应用能力、问题解决能力、决策制定能力、批判性思维、创造性思维。

（3）实施方式："小组+主题"，包括制定方案、结果与分析、原理解释。

（4）学习评估：主要针对学生微项目学习的效果进行客观评价，包括方案可行性、成员参与度、创新思维。

对地理实验教学技能进行微项目学习的教学应用。在教学模式的设计框架上，以激发学生思维的积极主动性、发挥思维的效能、提高课堂教学的效果为目的，突出学生的实践能力，转变学习思维方式。围绕教学问题与解决策略进行深入分析，进一步提出微项目学习翻转课堂教学模式的优化策略。

2. 积极进行微项目学习翻转课堂的探索实践

紧紧围绕师范生教学技能训练，力争强化从实践的视角，对微项目学习应用于翻转课堂展开进一步分析。以"地理实验教学设计"微项目学习为例，分析地理师范生高阶思维培养的效果。结果表明微项目学习有助于达成地理教学论翻转课堂应用效果。

3. 发表论文

（1）《高中地理问题式教学的思路与案例探析》发表于《地理教学》2019年第12期。

（2）《思维型教学原理在高中地理规律知识中的应用》发表于《内蒙古师范大学

学报（教育科学版）》2020年第4期。

四、项目研究中存在的问题及今后研究与实践设想

以微项目学习和深度学习为依托，围绕地理教学论翻转课堂教学问题与解决策略进行深入分析，提出优化的教学实施途径。

（1）微项目学习为提升高阶思维培养提供了很好的实施范例和探索的方向。微项目学习要求基于真实的问题情境，培养解决实际问题能力，使学生能够以独立思考的精神面对问题情境，最终成为学会学习和学会思考的问题解决者和具有批判性思维的创新者。

（2）理清地理实验教学内容体系及培育效果的因素。开发相关教学设计案例，积极开展翻转课堂教学应用研究，测评效果。

（3）构建微项目学习进阶模式。在高阶思维能力方面，微项目学习还存在自主学习的主动性、小组合作的协调性、效果不显著等问题，需要在后续研究中进一步深化和完善。

基于OBE教育理念下的教学模式

基于OBE导向的卓越历史教师教学素养提升研究
——以历史教学论课程为例

蔡 娜*

摘要：OBE导向下的历史教学论线上线下混合式课程主要通过定义学习产出：界定与架构卓越历史教师思维力、创新性、语言表达力、课堂综合呈现力素养要素，并提出若干项课程学习后的具体考核目标；实现学习产出：运用Black board平台教学，创新"以学生学为中心"的课堂教学的方式与方法；评估学习产出：制定科学的课程评估方案，重点考察学生以"教学思维"为核心的历史教研能力与"高中历史新授课说课及片段教学能力"；使用学习产出：实现课程成果转化四个步骤达成课程目标。依托Blackboard教学平台建成历史教育教学自主学习系统、优化课程教学内容、创新课堂授课方式、完善课程课业评价则是该研究的重点。

关键词：OBE理念 Blackboard平台 历史教师素养 提升

一、项目研究的理论基础及实施方法

近年来，依托"国家教师教育985优势学科创新平台"支撑，我校教师教学发展中心以先进的教育教学理念与教师教学发展理论及方式方法为指导，以教学学术为导向，在"有效教与有效学""互联网+教学""思维型教学""PBL、SCL教学"等领域为各学科课程教学模式的创新、实践与研究提供了广阔的舞台。

据不完全统计，我校教师教学发展中心近三年立项各类教学创新项目约计180多项。每年度中心指导项目主持人通过开展理论学习、专题沙龙、专家点评等活动，全流程对课程教学创新进行指导，最终以论文集的形式分门别类对各学科课程教学模式的创新成果加以总结、分享与推广，充分发挥了国家级教学中心的教学示范与引领作

---

①陕西师范大学教学模式创新与实践研究基金2019年度项目。
*蔡娜，陕西师范大学历史文化学院副教授、历史教育研究中心研究员，研究方向为历史课程与教学论。

用。以2018年度为例，中心围绕"思维型教学""非师范类教学""教师教育（师范）人才培养"三种类型的教学模式创新与实践探索共立项61项，其中基于"教师教育课程"领域的研究有10项（如：化学化工学院严文法教授的"思维型教学理论在化学教学设计与微格训练教学中的应用研究"项目等）；基于历史学教学创新研究的项目有3项，分别是历史文化学院徐赐成主持的"运用尝试教学理论培养免费师范生教学实践能力研究"项目、张寅主持的秦汉考古课程思维型教学模式的构建项目及苏争艳主持的"基于TPCK的历史师范生培养模式创新与实践研究"项目。此外，历年还有郭海文教授主持的"历史文献学教学模式创新与实践探索"项目等，为历史教师教育与教学的深入研究提供了厚实的基础。

1. 研究理论基础

"以生为本"的OBE历史教育评价理念。

OBE中文译为"以成果为导向的教育"或是"以产出为本的教育"。20世纪80年代，该教育模式在美国兴起。人们开始关注学生在学校学到了什么以及学习效果如何等问题。1994年，美国学者斯派蒂撰写《基于产出的教育模式》一书，认为OBE实现了教育范式的转换，将OBE定义为"清晰地聚焦和组织教育系统，使之围绕确保学生获得在未来生活中获得实质性成功的经验"。西澳大利亚教育部门把OBE定义为："基于实现学生特定学习产出的教育过程。教育结构和课程被视为手段而非目的。如果它们无法为培养学生特定能力作出贡献，它们就要被重建"。OBE的教育理念适应了社会对人才的需求，即学生的技能与能力应以可观察的、可测量的以及可应用的模式呈现。此后，这一模式在澳大利亚、英国、加拿大、南非、新西兰等国家得到广泛运用。2013年，我国成为《华盛顿协议》的第21个签约成员国，OBE模式在推动工程教育改革，提高工程人才培养质量方面具有重要的作用，已成为国内地方工科院校广泛关注的焦点。2017年11月，麦迪思国际职教研究与评估中心撰文《OBE教育模式导读》，对OBE教育模式进行了简明扼要的介绍。文章认为OBE是一种"以生为本"的教育理念，一切教育活动、教育过程和课程设计都是围绕实现预期的学习结果。

2. 项目实施方法

（1）历史教学论课程实施OBE教育模式主要采取的四个步骤：

第一，定义学习的产出。界定与架构卓越历史教师核心素养要素。如思维力要素、创新性要素、表达力要素、呈现力要素等，并提出若干项课程学习后的具体考核目标；

第二，实现学习产出。运用Blackboard平台教学，创新"以学生学为中心"的课堂教学的方式与方法；

第三，评估学习产出。制定科学的课程评估方案，重点考察学生以"教学思维"为核心的历史教研能力与高中历史新授课说课及片段教学能力；课程评估主要通过可观察的、可测量的和可应用的历史说课设计案+片段教学实践+教研论文撰写来评估学生学习效果。

第四，使用学习产出：实现课程成果转化，鼓励学生参与各级别历史学科教学竞赛，并及时进行历史教育教学总结与分享。

（2）历史教学论课程建设采用的技术路线（见图1）。

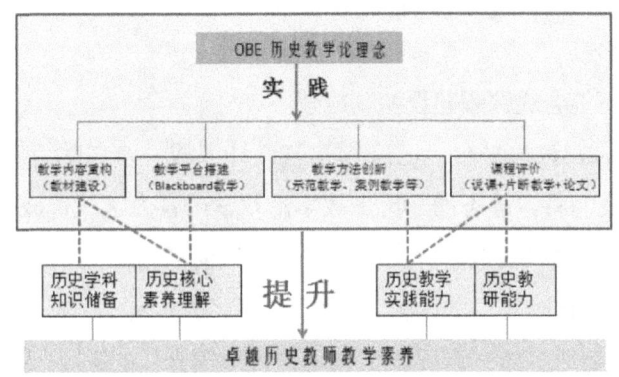

图1 历史教学论课程建设技术路线图

二、项目完成的主要任务及落实情况

1.完成的主要任务

（1）创新历史教学论课程教学模式：运用OBE教育模式，重建课程结构，采用线上线下混合式教学，强调学习的结果。

主要依托Blackboard教学平台，建成历史教育教学的自主学习系统。充分利用现代教育技术平台、数字化教学资源、历史学科学习逻辑、学习栏目设计、学习资源梳理等举措，因课制宜，探索线上个性化教学方案输出。主要积极引导学生自我管理、主动学习，满足学生线上课前的理论、理念、概念等"清障式"、课后重难点课程内容的深化、消化"反刍式"学习需求，来提升学生的学习效率及自主学习能力。

（2）优化历史教学论课程教学内容、授课方式、课业评价。

第一，梳理教学内容；教学内容应紧密结合教师教育发展需要和历史学科教学前沿，及时更新、调整、重组教学内容，优化教学设计，编写新版教学大纲和教案。明确课程教学目标,能够很好地支撑历史学师范专业的相关毕业要求(如卓越历史入职教师拥有的教研与教学实践能力)。

第二,创新教学方法;按照课程教学大纲要求,从学生实际出发,以学生为中心,实施教学活动,充分运用"自主、合作、讨论与探究"的多元教学方法,引导学生自觉地观察、发现、思考、探索和掌握知识,调动学生学习主动性和积极性,让学生真正成为课堂的主人。

第三,完善课程评价;加强课程考核管理,严格过程考核,加大过程考核成绩在课程总成绩中的比重,强化平时成绩的科学性管理。探索实施学生学习过程监测、评估与反馈。科学设计课程考核内容和方式,探索综合应用试讲与课程论文考试等多种形式,全面考核学生对本课程的掌握和运用。

2. 项目落实情况

(1)线上线下混合式课程建设初具成效。

①基于Blackboard教学平台,已经构建与设计完成一套较为完整的线上自主学习系统(见图2)。我们将"静态的"历史教学论教学内容力求改造成"易获取、自适应和可交互"的结构化数字教学素材,以满足学生课前"清障式预习"、课后"反刍式吸收"及"零空间、长时效"的师生、生生互动研讨的学习需求。线上教学资源主要包括:三大系列16类别。如:课程导学系列:教师简介(1套)、课程介绍(1套)、课程公告(若干)、教学大纲(1套)、电子教案(1套)、考核评价(2套)、教学学术资讯(若干)、学生作业(6项)。

图2 课程Blackboard平台教学设计(主页图样)

②优化课程内容,已经立项《历史教学理论与实践》教材建设项目。新时代、宽视域、重思政、强素养的教科书建设正在启动中。

③创新教学方法。线下课堂教学过程与活动落实"以生为本"的教育理念,一切教育活动与教学设计都围绕实现预期的学习结果来开展。

[具体案例1]:灵活运用讲述法:对复杂教学内容辅以图示化与形象化解释,可以将复杂的问题简单化。

[具体案例2]:引导学生举一反三,强化思考,采用示例法指向学生分析、解决实际问题的能力。

④评估学习产出(见表1)。制定出科学的课程评估方案,完善课程评价,探索综合应用试讲与课程论文考试等多种形式,全面考核学生对本课程的掌握和运用。

表1 基于OBE评价理念的课程评价表

OBE目标	批向内容	评价依据	成绩评定
目标1	需要记忆与了解的学科基本理论、理念、概念性知识、程序性知识及教学技能基本方法、教学设计与教学实施的基本流程及中学历史课程标准内容等	考勤、课堂表现、期末考试	说明:过程性评价与终结性评价相结合。最终以分数呈现课程的学期总成绩。具体实施方法:总成绩=平时成绩30%+期末考试成绩70%;平时成绩=考勤30%+课堂表现与实践30%+平时作业40%
目标2	需要理解与具备中学历史教学知识整合、史料运用、课堂呈现与教学表达等全课设计能力和10分钟全课说课能力及基本问题、分析问题、解决问题的能力	平时作业、实践教学、期末考试	
目标3	运用科学的历史观与正确的文化价值理念,依据历史课程标准的要求,初步达到历史教师教育入职考核标准	平时作业、课堂表现、实践教学、期末考试	

三、项目研究中存在的问题及今后的研究与实践设想

(1)历史教学论课程教材内容急需优化。陕西师范大学历史文化学院公费师范生教师教育课程多年以来选用的是由赵克礼老师2008年主编的《历史教学论》,该教材的教学内容明显滞后于新时代历史教育改革的步伐。我们应该吸纳最新的学科研究成果与课程教学理念,并对课程教材进行重编。

(2)历史教学论课程课堂教学急需新的教学模式。历史教学论的教学应遵循基于OBE导向的教育理念与模式,积极探索以"学生学习为中心"的各种创新教学方法与手段,实现线上线下混合式教学的无缝对接与最终课程目标的落实。

（3）本项目只是本科历史教师教育课程体系构建中历史教学论课程建设的一环，就历史教学论课程建设而言，如何提升课程教学效率与课程学习效果，最终提升学习者历史教师教育素养，成长为卓越历史教师是专业教师的职业信仰。在该课程建设中，遇到不少困难与一些瓶颈问题，如指向OBE理念的历史教学论课程大纲优化与教科书建设、基于OBE评价理念的学习者个性化教学诊断实践探索、"一流"课程线上线下混合式学习优化研究等。在研究与实践过程中解决相关重点与难点问题成为我们下一步工作的起点。

基于OBE教育理念下的自动控制原理课程教学改革

陈春娥*

摘要：对于大多数院校的电子信息类专业，"自动控制原理"课程都是本科阶段一门非常重要的专业基础课程，也是一门实践性很强的课程。针对当前自控控制原理课程教学中存在的问题，将OBE教育理念引入到教学过程中，探讨该课程的教学模式改革，激发学生的学习兴趣和学习积极性，提高学生的实践动手能力和分析解决实际工程问题的能力。

关键词：OBE 自动控制原理 教学改革

一、项目研究的理论基础

成果导向教育又名结果导向教育、产出导向教育。绝大多数文献认为，成果导向教育一词首先由美国学者斯派蒂提出，斯派蒂在其著作中认为，成果导向教育的重点不在于学生的成绩，而在于学习过程结束后学生真正拥有的能力。成果导向教育强调成果导向，重视学生学习成效，明确学生能力目标。

OBE实质是以学生为中心，重点关注学生"获得了什么"，而不是社会、学校、教师为教学"投入了什么"或者"讲授了什么"，强调专业与课程的建设要从学生的获得结果出发，进行反向设计，认为只要学生努力都能获得学习成功。

OBE教学理念具有如下特点：

（1）清晰。OBE聚焦于产出，使得学生对课程结束时需要完成的目标有了明确的认识，也使得教师对课程的教学内容有了明确界定。

（2）灵活。OBE并不指定满足学生需求需要采用何种教学方法，只要能达成教学

---

①陕西师范大学教学模式创新与实践研究基金2019年度项目。
*陈春娥，陕西师范大学物理学与信息技术学院讲师，研究方向为控制理论及其应用。

目标，教师可以灵活采用多种教学手段。

（3）可比。OBE可以对一门课程在不同教学机构中的教学效果进行比较，这种比较基于学生已经拥有的技能和知识。

（4）参与。OBE的关键是学生在课程中的参与，通过增加学生的参与机会，让学生意识到学生才是真正的责任者。

随着科技的迅猛发展，自动控制技术在我国各领域及人们的日常生活中得到了广泛的应用。对于大多数院校的电子信息类专业，"自动控制原理"课程都是本科阶段一门非常重要的专业基础课程，也是一门实践性很强的课程。通过对本课程的学习，要求学生掌握自动控制的基本理论和概念，并具备对自控控制系统进行分析、设计、计算和实验的初步能力，为后续参加控制工程实践提供必要的理论基础。因此，自动控制原理是一门理论与实践并重的课程。

在自动控制原理课程教学的过程中以及和学生的交流中发现目前课程存在以下的问题：数学推导和计算过多，不能很好地激发学生的学习兴趣；课程理论性强，公式较多，抽象难懂，学生没有将抽象的理论和实际系统和应用有机结合起来；现有的实验设备能完成的综合性实验数量有限，学生缺乏主动思考，使得实验效果不是很理想。根据OBE教育理念可知，对于"自动控制原理"课程的教学改革的关键在于学生的学习产出即学生学完该门课程能做什么，也就是说通过教学改革提高学生综合设计能力和工程理论知识应用能力，激发学生的学习兴趣和学习积极性，使得学生能灵活地应用已有知识和能力解决实际问题。

二、项目实施方法

引入OBE教育理念，针对上述"自动控制原理"课程教学过程中存在的问题，探讨课程教学模式改革，提高学生的学习积极性，提高学生的实践动手能力和分析解决实际工程问题的能力，以最终学习成果为起点开展教学活动是自动控制原理课程改革的目标。课程改革的具体实施规划和过程如图1所示。

基于OBE的自动控制原理课程改革具体方法包括以下几个方面：

（1）教学内容方面。改变传统的"原理分析—例题讲解—练习题"的教学模式，课程采用"提出问题—讲解原理—实例分析"的教学架构，知识点的讲解从提出问题入手，接着融入十分精简的原理讲解，引导学生一步步解决问题，吸引学生的注意力，从而达到提高学生对原理的理解和实践应用能力。在具体的授课过程中，精讲自动控制原理的基本概念、基本理论和基本方法，减少不必要的理论推导，弱化计算，

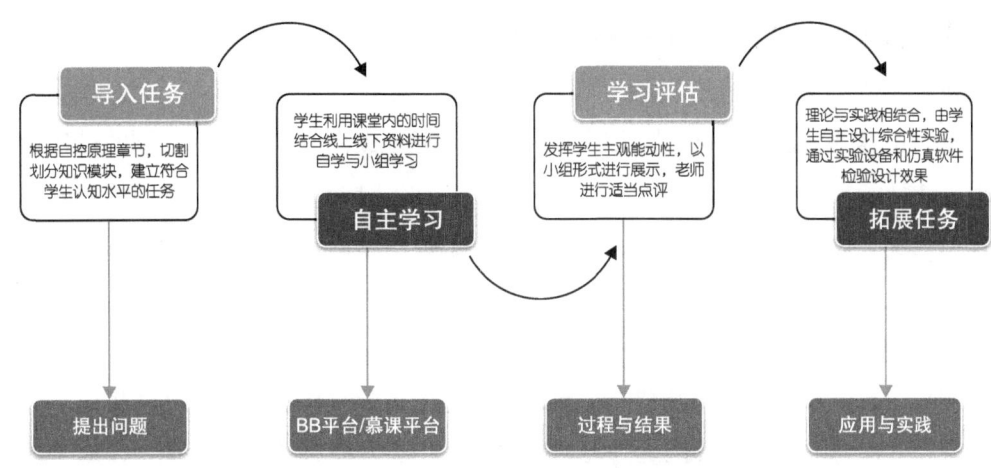

图1　基于OBE的自动控制原理课程改革实施方案

结合MATLAB，通过引入实例分析以系统建模→系统分析→系统设计为主线索，以时域法→根轨迹法→频域法为子线索进行授课，使得学生具备对简单系统进行定性分析、定量估算、系统校正和仿真的能力。

在教学过程中，除了提出问题让学生带着问题学以外，还要注重对前面所学内容的提问、讨论和总结，同时也要注意与单片机、传感器原理与应用、信号与系统等课程的融合，引导学生关注控制领域的新动向。

（2）教学手段方面。在教学过程中，除了使用多媒体与板书相结合的方式外，充分利用MATLAB/Simulink这一仿真工具，将弱化的计算通过仿真来进行体现，比如分析参数变化时二阶系统的稳定性、动态性能和稳态精度的变化就可以通过仿真来进行对比分析，不需要再进行详细的计算，同样根轨迹、Bode图和Nyquist图等都可以通过仿真软件绘制出来直接进行系统分析。

在学习关于一些基本概念、易懂的知识点时，学生可以借助网络资源进行自学；在一些易错的知识点可以通过板书进行理论推导；在课程的重点、难点部分通过预设问题安排学生进行课前预习，课堂上进行分组报告，由老师进行点评。同时老师也通过随机提问、各类测试、课后作业等方式检验学习效果。通过这些方式达到以学生为主的课堂教学，提高学生的学习兴趣和主动性。

（3）注重理论联系实际，活学活用。在教学过程中强调工程概念，将工程的分析、设计实现方法渗入到课程的教学中，如PID参数的整定，进行理论分析和实例讲解后，根据学生的学习程度让学生自行设计PID校正电路作为综合性实验，在设计的过程中可以让学生充分发挥想象力，利用以前所学的理论知识去完成设计，不限方法，设计完成后借用实验设备和仿真软件检验设计的效果，提高学生的设计和实际动手能力，并通过对一些分析方法的验证来让学生觉得学有所用。

在以上具体方法的基础上，结合实例分析，通过提出问题、解决问题的过程，弱化理论计算，提高学生的学习兴趣，加深和提高学生对控制理论知识的理解和应用能力，知道学了什么和能干什么，了解相关的先进控制理论，能与其他专业课程有机地结合起来。

三、项目完成情况和创新性成果

本项目自立项以来，团队成员围绕以提高学生的学习积极性、提高学生的实践动手能力和分析解决实际工程问题的能力的目标，积极开展各项教学活动，完成了优化课程内容、多媒体课件的修改和matlab系统仿真应用等，在教学过程中明确课程主线，通过划分知识点优化课程内容，并将matlab/simulink仿真引入到教学过程中直观的对系统进行分析和设计，取得了较满意的教学效果，具体教学内容如图2所示。

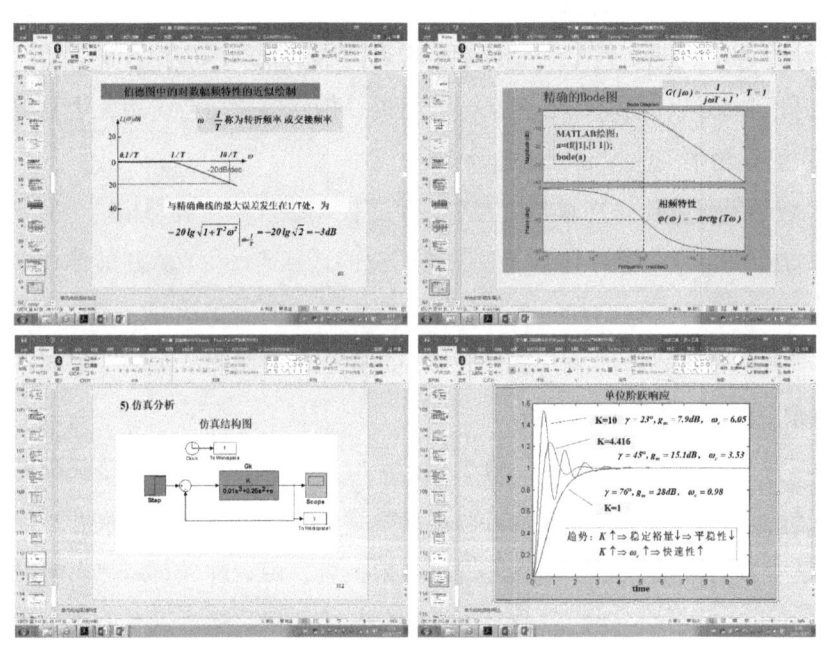

图2　matlab仿真的教学内容展示

同时在我校的BB平台上启动了自动控制原理的信息化课程建设，并已完成了各类资源的导入、作业发布提交、针对预习情况的在线测试、单元测试、实验内容发布提交等。

引入OBE理念在教学改革过程中的创新点主要体现在以下几个方面：

（1）教学内容方面。确立以系统分析、系统建模、系统综合为课程主线，构建了由时域分析、复域分析、频域分析、系统校正4个模块的知识体系，围绕稳定性、快速性和准确性这三个方面展开教学，有助于学生将零散的知识点有效组织起来并加深对各种分析方法的理解。同时在教学过程中以电机调速系统为工程实例进行系统建模和理论分析，结合目标转速和性能指标，要求学生借助MATLAB设计合适的控制器，并在实验室通过实验装置验证设计，直观的感受调速的过程，这样可以大大激发学生的学习兴趣，感受控制理论的魅力。

（2）教学方法方面。在教学过程中，根据不同的内容可以采取不同的教学方法。在绘制根轨迹图、奈氏曲线及分析零极点变化对系统性能影响这类需要理想和直观的曲线图时，借助MATLAB可以提高教学效果。在关于一些基本概念、易懂的知识点时，学生可以通过BlackBoard平台发布的预习任务、课件和视频等网络资源进行自学；在一些易错的知识点通过板书进行理论推导；在课程的重点、难点部分通过预设问题安排学生进行课前预习，课堂上进行分组报告，由老师进行点评。同时教师也通过随机提问、预习时的在线测试、单元测试、课后作业等方式检验学习效果。通过这些方式达到以学生为主的课堂教学，提高学生的学习兴趣和主动性。

（3）能力培养方面。给学生建立起了该课程的知识框架，使得学生能将该课程的知识点与其他课程的知识点进行有机融合。在分组报告过程中，锻炼了学生的资料收集、整理能力和协作精神，课堂参与度也得到了提高。在综合实验设计过程中，要求学生自行设计并借助实验设备和仿真软件检验设计的效果，培养了学生的实际应用能力和创新精神，同时也为大四毕业设计做准备。

课后反馈结果显示，基于OBE理念的教学改革，教学目标明确，重点突出，分组展示课堂气氛活跃，注重理论联系实际，能够提高学生的学习兴趣和学习主动性，有助于培养学生的实际应用能力、创新精神和合作意识，使得学生在学习过程中由"学会"变成"会学"。经过一个学期的教学实践，2016级电信专业同学全部通过了自动控制原理期末考试顺利拿到了该门课程的学分，由此可以看出，本项目取得了一定的教学效果。

四、研究中存在的问题与改进措施

（1）学生学习方面。大学三年级的同学专业课课程安排紧密，学生学习时间相对紧张。而教学环节设计中部分内容需要学生自学和预习并完成在线测试，在课堂教学过程中默认学生完成了所布置的自学任务，课堂通常只关注重点、难点问题，因此没有按时完成自学和预习任务的同学就可能存在跟不上进度的问题，教学改革就难以达到预期的效果，因此需要科学合理的设置课程任务，并将学生的学习时间一并考虑进去。

（2）分组展示方面。分组的具体方法有待改进，例如以宿舍为单位，在分组展示过程中充分调动每一位组员的积极性以及增强组员之间交流和协作。

（3）综合实践方面。上课教师根据课程安排，在综合实验设计过程中要求学生自主设计，由于学生的基础、学习主动性等方面的差异，部分同学无法完成设计任务。因此在后续的教学中如何安排符合学生实际情况的实践内容，也是需要进一步探究。

基于OBE教学理念的改革后的自动控制原理课程，使得学生的工程实践能力得到了锻炼和提高，取得了一定的效果。然而在教学过程中，还需要进一步考虑学生的实际情况，进行差异化教学，设定"难、中、易"三个层次来加深学生对理论知识的理解和对学生个人能力的培养，充分利用BlackBoard平台组织开展教学活动，真正做到以学生为中心，培养工程应用型人才。

基于OBE理念的体育专业英语课程教学实践研究

杨 竞*

摘要：项目研究基于OBE理念，坚持"以学生学为中心，以学习成果为导向"，在体育学院2017年新设体育教育创新实践班新开课程体育专业英语的教学中进行实践探索。研究对标专业培养目标、课程教学目标与学生学习目标进行反向设计，规划教学内容与学习路线，提升教学效果，激活课堂，赋能学生，提升教学效果，推动学习成果产出。

关键词：OBE 体育专业英语 课程教学

一、理论基础与实践背景

（一）OBE理念

随着世界高等教育发展的不断深入，高等教育质量保障体系应运而生。20世纪80年代，在工程教育领域的美国学者率先提出OBE理念，并在美国、加拿大、英国等地工程教育专业认证中使用，强调明确的学习成果与毕业要求，按照毕业要求组织教学活动和评价毕业要求的达成情况，随后OBE推广至更多国家多学科专业认证领域。近年来，伴随我国专业评估与认证工作的发展，OBE理念的借鉴意义和重要性得到突显。

OBE即"基于成果产出的教育""基于成效的教育"，以学生学习成果和需求为导向，构建培养方案、课程体系与具体课程；要求在课程教学中，明确课程学习对学生培养成效的贡献度，并以此为依据构建教学模式、设计教学方案。

基于OBE理的教学设计遵循反向设计的原则，即从需求出发，从顶峰成果（培养目标）出发，反向设计教学活动以保证目标与结果的一致性。OBE理念下的课程教学要求坚持以学生学为中心，设计保障学习目标得以实现的教学方法策略，并进行全面

---

①陕西师范大学教学模式创新与实践研究基金2019年度项目。
*杨竞，博士，陕西师范大学体育学院副教授，研究方向为体育人文社会学等。

的教学评价，考察教学方法策略的有效性；要求实现教学目标、教学策略、教学评价的持续改进，为学习成果产出服务。

（二）ARCS模型

ARCS是attention（注意）、relevance（适切，又译关联）、confidence（信心）和satisfaction（满足）的缩写。ARCS模型是美国学者凯勒提出的以调动激发学生学习的兴趣与动机的教学设计模型。在教学设计中，"注意"动机关注教学活动对学生学习兴趣与注意力的激发与维持，"适切"动机关注教学活动与学生个人经历、个体需求、个性发展的关联与适应程度，"信心"动机关注学生对实现学习目标的信念与获得成功的渴望；"满足"动机关注学习成果产出的积极影响力。ARCS模型对学生学习路径中"成果"因素的关注对本研究的学习评估提供了启发。

（三）信息化学习环境下的教学活动

在万物互联的时代，以教育技术的革新为标志的教育信息化浪潮，在全球高等教育领域催生了人才培养理念的创新与教学模式的探索，要求教育者对"独白式"课堂进行重构，对"灌输式"角色进行调整，树立以学生为主体、重视学习过程的理念。《2020地平线报告——教与学版》指出，数字学习环境的是影响全球高等教育教学发展的重要因素之一，正深刻影响教育机构为学生与教师构建学习生态系统的方式；信息化技术的应用为学生提供了更为灵活的学习体验，促进师生关系与教学方式的优化。

信息化学习环境下"学会学习"核心素养要求学生学会调整学习策略、方法，顺应"互联网"等社会信息化发展趋势；同时要求教师改进和创新教学模式与方法，倡导探究式、参与式教学，营造独立思考、自由探索、勇于创新的学习环境，促进学习成果产出。在此背景下，本研究以陕西师范大学体育学院为首届体育教育创新实验班新设立体育专业英语课程中开展的OBE理念指导下的教学实践为对象，积极借助信息化平台提升教学成效，努力构建"以学生学习为中心，以学习成果产出为导向"的课程教学。

二、基于OBE理念的体育专业英语课程教学实践

（一）反向设计，坚持成果导向

1. 社会需求与专业培养目标

以专业培养方案中"知识整合""自主学习""国际视野""交流合作"等毕业要求为导向。

（1）知识整合，在学生两学年大学英语通识必修课学习的基础上，将夯实英语基础与提升体育专业英语能力相结合，沟通通识教育与专业教育。

（2）自主学习：促进学生学习兴趣提升，拓展教学时空，以多样化的教学活动及信息化教学平台辅助学生自主学习与探索。

（3）国际视野：突出课程双语、跨文化的内容属性，通过教学内容帮助学生构建国际视野，深化对体育全球化和跨文化交流的理解。

（4）交流合作：通过教学设计，构建具有开放性、互动性的课堂和师生关系，提升学生语言交流能力和构建学习共同体。

2. 专业特色与课程教学目标

体育专业英语是专门为创新实验班新开设的专业必修课，体现出专业英语学习的重要性。体育教育创新实验班具有非师范专业性质，培养方式更具实验性和创新性。与师范专业学生相比，创新班学生毕业后的就业选择更为多样，学生完成本科学习后获得继续深造的机会更大，也对学生本科阶段综合素质、核心素养和尤其是国际化视野和跨文化交流能力提升提出了高要求。

专业英语课程在三年级第一学期开设（2学分，36学时），是大学英语课程的延续和英语学习的专业化发展。结合英语学科专业对语言能力、思维品质、文化意识、学习能力的要求和体育学科的特色，课程三维教学目标概括为:增进体育专业英语知识和体育文史背景知识，提升听、说、读、写、译能力，深化对体育国际化与跨文化对话的理解。

3. 学生需求与个人学习目标

以课前学生问卷为依据，在教学设计中充分考虑学生英语学习基础，尊重个体差异，引导学生树立并实现自身学习目标。

（二）正向实施，提升教学成效

1. 目标意识引领学习路线

设计课前水平测试及学习目标问卷，问卷的构成：①听力、翻译与写作测试；②设定自我学习目标；③对课程教学的建议。

通过课前问卷和大学英语四六级分数基本把握了学生的英语基础及学生个人学习目标。学生学习目标主要集中于"学习专业英语词汇"和"提升四六级考试成绩"，也包括"提升英语言技能""更自信""流利表达""为研究生阶段的GRE考试奠定基础"等个性化目标。借由课前问卷帮助学生制订个人学习目标，以"目标感"促进学习规划与产出。

设计课后教学反馈问卷，在"课堂派"在线平台发放与回收。问卷以从"目标达成""学习兴趣""能力发展""成绩变化""学习感悟"五个考察点出发，评估学生的学习成果。同时，首尾呼应，引导学生进行自我学习评估，结课后继续制定学习计划，巩固学习成果。

2. 学习小组促进合作互助

根据课前水平测试和前期英语考试成绩，在尊重学生自我组合意愿的基础上，将30名学生分为6个学习小组，每组均包含前测中优、中、弱3个水平段的学生，每组英语基础最优的同学任组长。

在课程教学中，以OBE理念为指导，基本保持每2课时布置一次小组学习任务的频率，小组学习任务包括主题对话练习、课堂听写组内纠错、课堂小报告展示等强化知识的理解运用，以组内传帮带互助和组间互评促进小组合作与互助学习，以组间竞争机制激活课堂，培养学生的团队意识与合作精神（见图1）。

图1 小组代表做课堂小报告

3. 模块设计关注难点热点

将教学内容整合为"综合性运动会专题"（奥林匹克运动会为主）、"体育项目专题"（足球、田径等学生所练习的专项为主）、"体育明星专题"三大课程内容模块，并根据学生需求于大学英语四六级考试前增设"考前特训"模块，贴合学生学习需求。

在重点词汇攻破的基础上，坚持"课上开口说，课后动笔写"的基本要求，帮助学生攻破英语输出——口语与写作两大难点。同时，设置"体育新闻翻译"这一课堂固定环节，以抢答与必答相结合的方式达成全员参与英译汉口头翻译练习，翻译完成后进行篇内重点词汇、语法讲解。在体育新闻的选择上，以《中国日报》（China

Daily）体育版新闻为素材，根据课程教学需要进行选编。课上选择了"武汉军运会""郑州民运会""北京冬奥吉祥物发布""足球世界俱乐部杯落户中国""体育强国建设纲要""基普乔格全马破2"等主题新闻，帮助学生了解体育热点话题的英语表达。

4. 在线平台助力成果评估

借助"课堂派"在线教学平台构建"云班级""云小组"和线上资料库，增进学生与教师、学生与学生的交流，拓展"教"与"学"的时空，使得课程学习轻量、智能、立体。

通过"课堂派"平台的作业、测试、课堂表现赋分等功能。利用"课堂派"中的"课堂表现"（见图2）记录功能追踪了全员180次课堂表现，为30名学生加星鼓励220颗（每参与一次课堂互动，根据任务难度为小组或个人加星1—3颗）。借助信息化工具详细记录学生的学习活动和课堂贡献，提升课程过程性评价的科学性和学习成果评价的全面性，促进学生学习成就满足的提升。

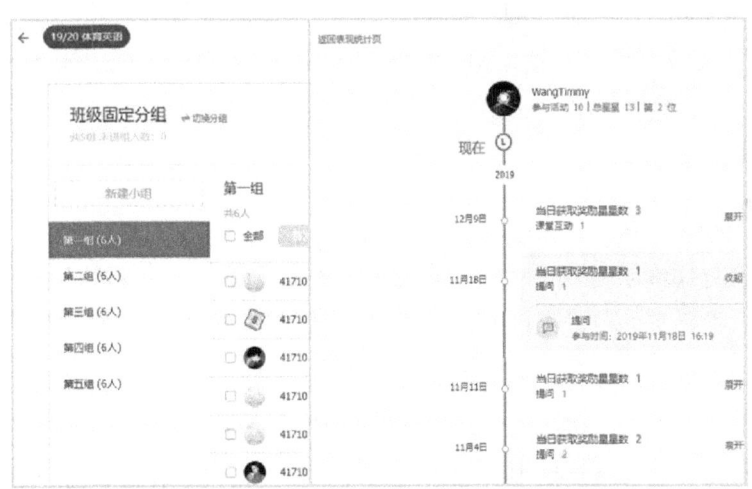

图2 "课堂派"云班级分组及学生个人课堂表现记录一例

三、基于OBE理念的体育专业英语课程教学反馈

项目在OBE理念的指导下，反向设计、正向实施，促进学习成果产出。依据课后教学反馈问卷，30名学生中20人表示部分或全部达成了课程初始阶段设立的学习目标。学生的主要学习产出主要包括：

（一）英语学习兴趣与满足感显著提升

学生表示课程"大大增进了我的英语学习兴趣"或"课程内容十分有趣，而且难度安排正好让我有一种跃跃欲试的想法"；部分学生从课前问卷建议部分中表达出的

"个人对英语无从下手""感到迷茫""也不知道要怎么去学"等畏难情绪,转变课后问卷学习感悟中表达的 "体育英语让我用另一个视角了解体育,让我知道体育是世界的,也增加了对英语学习的渴望""课堂气氛活活跃,体育英语很有意思""在学习中没有向从前一样产生抵触情绪""紧张感减少""对英语学习重新有了信心""敢于张口说,不再怕出错""看(英文)电影逐渐不需要字幕",还有学生提出了希望延长教学课时等。

(二)学科素养有所提升

主要表现与学生提及的于英语口语与写作能力提升、专业英语词汇量增长、获得体育文化知识、了解国际体育新闻、了解英语学习方法、拓宽视野等;其中,在听、说、读、写、译五项能力提升的问题上,"说"与"写"最多被提及,与努力解决英语"输出"这一难点吻合。

(三)助力英语考试成绩提升

学生在课程进行期间参与的大学英语四六级考试成绩有所提升,其中两人提升了六级成绩,7人提升了四级成绩(20—85分不等)。课外英语考试成绩受到诸多因素的影响,但学生普遍认可课堂"考前特训",尤其是针对四六级考试的听力与写作练习对考试成绩的积极影响。

四、反思与延展

项目研究以OBE理念为导向,"课堂派"平台支撑,教学理念革新与教学手段创新结合探索,推进了学习成果的产出。教学过程中教师与学生都有较为明确的目标意识,促进了教学效果的优化。课后的教学反馈与学习成果评估对调整教学计划和学习路径有一定帮助,有利于提升课程学习的延展性。项目研究的一大遗憾是,"结合2021年全运会陕西体育博物馆提升文化服务水平的新需求,在课程教学基础上,组织学生在陕西体育博物馆进行英文解说实践,丰富学习成果层次"的研究计划未能实施。同时,如何将"学习成果"的评估细化但不刻板化,如何处理课堂外因素对成果评估的影响等,依然值得深入思考。今后计划在2021年的体育专业英语课程教学中继续坚持OBE导向开展教学活动,并与本项目发现进行对比,深化教学研究。

基于信息技术及OBE教育模式下的大学体育教学模式创新与实践研究

陈丽霞*

摘要：研究基于OBE教学的理念和模式，将信息技术融入教学之中，探索大学体育的成果导向教育方法及教育效果。运用文献资料法、问卷调查法、教学实验法、数理统计法等研究方法。在网络平台的环境下，构建了OBE教育模式下的大学体育教学模式并将其应用于教学实践之中。实验结果的分析得出此教学模式获得了学生的认同和喜爱，学生的学习兴趣、学习能力以及参与教学活动的积极性与主动性等到了提升；教学改革实践培养了学生沟通与交流协作，发现问题、分析问题以及解决问题的能力，促进了学生综合素质的发展。

关键词：信息技术　OBE模式　创新　教学

一、项目研究的理论基础及实施方法

（一）项目研究的理论基础

1.OBE教育理念

OBE即成果导向教育或结果导向教育，是20世纪90年代初由美国学者提出的一种教学理念目前已具有一定的影响力。OBE是围绕着让学生在完成其学习经历后都能获得成功这一根本目标，通过对教育成果的明确了解，进而组织课程的教学内容和相应的课程指导与评估，最终确保获得期望的教学成果。OBE教育模式主张以学生为中心，注重学生的学习成果，教学的一切活动以学习成果为核心开展，依据学习成果制定人才培养目标和课程体系，改进教学内容与方法等，形成教育良性循环。OBE强调如下4个问题：我们想让学生取得的学习成果是什么？为什么要让学生取的这样的学习

---

①陕西师范大学教师教学模式创新与实践研究基金2019年度项目。
*陈丽霞，陕西师范大学体育学院副教授，研究方向为体育人文社会学及健身操舞教学与训练。

成果？如何有效的帮助学生取得这些学习成果？如何知道自己的学生已经取得了这些学习成果？由需求决定培养目标，由培养目标决定毕业要求，再由毕业要求决定课程体系。

2. 人本主义学习理论

人本主义心理学是20世纪五六十年代在美国兴起的一种心理学思潮，其主要代表人物是马斯洛和罗杰斯。人本主义主要理论有马斯洛根据动机和需要提出的"需要层次论"和罗杰斯"以学生为中心"的教学思想。人本主义提出教学的目标在于促进学习，主张以学生为中心组织教学，促进学生的自我学习、自我实现，培养学生的自主性、独立性和创造性。人本主义学习理论重视学习者的内心世界，重视对学生在教学过程中的认知、情感、兴趣、动机、潜在智能等内部心理世界的研究，主张设身处地为学生着想，使学生感受到学习的乐趣、激动，从而全身心地投入学习。提倡有意义学习，即使个体的行为、态度、个性以及在未来选择行动方针时发生重大变化的学习。强调情意教学，转变"教师"这一角色，代之以"学习的促进者"，创造丰富多彩的教学情景，促进学生的身心全面发展。

（二）项目研究的实施方法

1. 变"教师教"为"学生学"

以"学"为中心开展课堂教学，遵循"先学后教、以学定教、以学促教、能学不教"的基本原则，使学生学得主动、愉快，实现教与学方式的转变，实现从"教师教"为中心到"学生学"为中心教学范式的转变。

2. 变"教什么"为"学什么"

以大学体育培养目标、体育精神培养目标和啦啦操课程目标作为学生大学体育啦啦操选项课的最终目标，反向进行教学内容、活动及组织教学方法等的设计，使学生在每一节课的学习活动中一步步实现学习目标。

3. 变"怎么教"为"怎么学"

在教学中不断构建学习资源，对学习情境进行创设，教师努力构建不同以往的学习环境。通过设计与引导使学生学习方式、学习过程发生实质的改变。

二、项目的实践情况

1. 教学平台的建设

信息化教学平台对大学体育啦啦操教学在课堂管理、交流互动、教学评价和教学资源的共享方面具有很好的辅助作用。把现代信息技术与OBE教学理念相融合，运用网络教学平台的功能，对课程教学平台的菜单、课程内容学习模块、课程互动交流、课程考核管理等模块进行设计。打造一个以"学生学"为中心的自主、合作、探究型课堂。图1为教学平台截图。

图1 教学平台截图

2. 学习内容的选取

学生是学习的主人，教师在选择学习内容时需要从学生的学习出发去思考以下几个问题：第一，学生为什么要学这个内容，学了有什么用。第二，学生学习这个内容的基础是什么、这个内容是否符合学生身心发展的需要。因此，要选择适合学生学习的啦啦操课程内容，一方面要求教师必须全面了解课程内容的特征，能够准确解读把握教学内容，但更加重要的是教师要了解学生的学习情况，依据学生的身心发展需要和学习基础选择适合学生学情的课程内容（见表1、表2）。

社会的发展变化要求人们德、智、体、美、劳的全面发展，这就决定了当代大学生不仅要专业过硬，还要拥有强健的体魄。当代大学生身心发展逐渐成熟，他们敢于挑战，喜欢新鲜的事物，正处于身体活动的繁盛时期。基于社会对于人才的需要以及学生身心发展的特点，本研究中的啦啦操课程选择大学组爵士啦啦操为主要教学内容。

表1 课程培养目标 OBE 指标选取表

一级指标	二级指标	三级指标
大学体育培养目标	运动参与	积极参加各种体育活动，养成锻炼的习惯，形成终身体育意识
	运动技能	熟练掌握健身运动的基本技术和能力，通过科学的体育锻炼提升自身的运动能力，能够处理常见的运动损伤
	身体健康	清楚自己的体质健康状况，学会增强身体素质、发展体能的知识和方法，形成良好的行为习惯，养成健康的生活方式，拥有健康的体魄
	心理健康	合理设置学习目标，通过体育运动养成自信、乐观、积极向上的心态，在运动中体验成功的喜悦和运动的乐趣
	社会适应	具有良好的道德修养，具有团结协作精神，能够正确处理同学之间的关系
体育精神培养目标	拼搏精神	在学习和锻炼中讲求实效，形成积极的竞争意识和竞争能力
	超越、征服精神	培养自强心、自信心及自我实现意识，不断超越自我、超越同伴、超越对手
	勇敢无畏	培养不惧风险、勇于开拓的进取精神，培养意志顽强、善斗不屈的精神品质和大无畏的英雄气概
	勇于接受艰难困苦	磨练抵抗各种恶劣环境与困难的自觉性、自制性、果断性，培养坚韧不拔的意志品质
	公平竞争	激发忠实坦诚、顺性率真的品格，不投机取巧，不弄虚作假
	高尚的体育道德	通过遵守规则、尊重教师、尊重裁判、尊重对手和同伴，培养积极乐观的情操，形成良好的体育道德和行为规范
	敢于胜利	培养正确的胜负观，既能正确地享受成功的喜悦和荣誉，也能正确地承受挫折与失败，不骄不馁，不屈不挠，勇于进取
	团结协作	培养合作意识和团结能力，在运动中增加凝聚力，提高团队意识，培养集体主义精神和爱国主义精神
	友谊精神	建立良好的人际关系和社会适应能力，促进个体之间、个体与群体、个体与社会的交流与联系
	参与精神	激发参与意识，将体育作为一种人生体验，从中享受奋斗的乐趣，建立正确的体育观和人生观
啦啦操课程培养目标	身体发展目标	形成正确的身体姿态，动作的协调性和灵敏性得到提高，同时，提高身体素质
	技能发展目标	参加啦啦操的运动能力，熟悉并掌握啦啦操的基本动作方法、专项练习方法和身体素质练习方法；掌握啦啦操成套动作，了解啦啦操的竞赛规则和竞赛方法
	认知发展目标	掌握啦啦操的基本概念、术语，并能应用；熟悉和了解啦啦操的动作特点、表现形式及活动规律；了解啦啦操与身体健康之间的关系
	情感发展目标	培养团队协作精神，培养不怕吃苦，持之以恒的体育精神；培养学习啦啦操，参与啦啦操训练、比赛，长期关注啦啦操发展的主动精神和参与热情

表2 学习目标设置

周次	内容	学习目标	最终目标
1	走进啦啦操	了解啦啦操起源及发展；知道啦啦操分类及特点；了解啦啦操文化；了解比赛规则及竞赛方法；探究啦啦操与身体健康的关系；身体素质测试	认知发展目标；身体健康；参与精神
2	形体基础	掌握啦啦操基本姿态；学习手型、手位和腿型、脚位，掌握芭蕾手位组合、擦地组合以及半蹲组合	运动技能；身体发展目标；认知发展目标；技能发展目标
3	形体基础	学习吸腿、后踢腿和小跳；掌握小踢腿及小弹腿组合；熟悉并掌握《光年之外》芭蕾组合	运动技能；身体发展目标；认知发展目标；技能发展目标
4	形体基础	了解躯干的构成；掌握胸腰、大腰的基本动作及练习方法；明白上、下肢与躯干的动作连接技巧	运动技能 身体发展目标 认知发展目标 技能发展目标
5	第1-4八拍	重点：后点步，肢体力量的延伸 难点：上下肢协调，音乐节奏的把握 素质练习：基本手位及步伐练习	运动参与；运动技能；身体健康；心理健康；社会适应；身体、技能、认知、情感发展目标
6	第5-8八拍	重点：后控腿，两点转，侧交叉步，双人组合 难点：肌肉控制力，肢体的舒展；手臂爆发力 素质练习：压腿、控腿、踢腿练习	运动参与；运动技能；身体健康；心理健康；社会适应；身体、技能、认知、情感发展目标
7	第9-10八拍	重点：足尖步，前踢腿 难点：手臂控制力、爆发力及发力顺序 素质练习：手位组合练习，提踵练习，勾绷脚练习	运动参与；运动技能；身体健康；心理健康；社会适应；身体、技能、认知、情感发展目标
8	第11-12八拍	重点：展胸摆臂 难点：节奏的把握，身体的控制力，动作表现力	运动参与；运动技能；身体健康；心理健康；社会适应；身体、技能、认知、情感发展目标
9	第13-14八拍	重点：巴塞提踵，并步跨跳 难点：上下肢协调配合，节奏的把握 素质练习：下肢力量练习	运动参与；运动技能；身体健康；心理健康；社会适应；身体、技能、认知、情感发展目标

表2　续表

周次	内容	学习目标	最终目标
10	第15-16八拍	重点：抖肩，双人组合 难点：上下肢协调配合，双人配合 素质练习：腰腹力量练习	运动参与；运动技能；身体健康；心理健康；社会适应；身体、技能、认知、情感发展目标
11	第17-18八拍	重点：后撤步控腿，手臂绕环 难点：后撤步控腿，上下肢协调，动作表现力 素质练习：控腿组合练习	运动参与；运动技能；身体健康；心理健康；社会适应；身体、技能、认知、情感发展目标
12	复习，队形编排理论基础	复习整套动作；梳理重、难点动作；了解队形及队形变化的概念；了解队形变化的作用、类型、方式、路线、理念、注意事项及其在评分规则中的地位	认知发展目标；技能发展目标；勇于接受艰难困苦
13	分组创编队形	要求每组人数不少于六人，队形变化不少于5次	运动参与；社会适应；勇敢无畏；团结合作；友谊精神；情感发展目标
14	分组创编队形	要求每组人数不少于六人，队形变化不少于5次	运动参与；社会适应；勇敢无畏；团结合作；友谊精神；情感发展目标
15	身体素质考核	立定跳远、坐位体前屈、1分钟仰卧起坐	身体健康；超越、征服精神；公平竞争
16	个人技能考核	4人一组进行个人整套动作的展示	拼搏精神；超越、征服精神；公平竞争；高尚的体育道德
17	团队编排考核	小组根据抽签决定考核顺序，依次进行队形编排结果展示	拼搏精神；超越、征服精神；公平竞争；高尚的体育道德；敢于胜利；团结协作

3. 学习情境的创设

（1）问题情境的创设。

在教学中有目的、有意识地去创设一种设疑启问的教学情境，促进学生主动思考的意识。这部分步骤为设置问题情境、引导学生拟定解决问题的方案、执行计划、总结与评价。根据每节课的教学内容所设计的问题，在课堂导入环节提出问题，旨在激发学生的学习兴趣，引发学生思考；学生带着问题在小组合作学练的过程中通过实践分析、探讨并寻找解决问题的对策，最后在总结评价环节回答问题，相互分享。通过问题情境的创设培养学生在学习过程中发现问题、分析问题以及解决问题的能力。

（2）音乐情境的创设。

音乐是动作的灵魂，音乐与动作的完美结合可以让练习者产生内心的共鸣，能够较好地激发练习者的练习动机。在音乐的伴奏下，更有利于学生集中精力学习动作技能，教师根据教学内容选择合适的音乐。轻松、舒适、优美的音乐旋律让学生产生愉快地心情，动感、激情的音乐节奏让学生产生兴奋的情绪。在热身实践中会选择Poker Face、Domino等节奏鲜明、动感、欢快的音乐来唤醒学生的身体，吸引学生的注意力；在压腿、踢腿部分会选择特定的芭蕾舞蹈音乐；在放松活动时会选择一些钢琴曲等舒缓、优美的音乐，使学生身心得到放松。

（3）比赛情境的创设。

除了以上两种途径，教学改革实践还采用了比赛情境教学法。所谓比赛情境是指教师通过比赛来调动课堂气氛，快速集中学生的注意力的方法。将学生分成小组，每小组按照教师的要求在规定的时间内完成练习，然后进行团队展示，教师会根据展示结果进行评价打分，获得第一名的团队会有相应的奖励。比赛情境教学隐性的带给学生一种紧张感，这种气氛更能促进学生之间公平竞争，在展现优点的同时吸取不足之处。对于啦啦操课来说比赛情境教学更能激发学生学习知识技能的热情，增加信心，获取成就感。

4. 学习过程的建构

课程教学的操作实施主要分为课前、课中和课后三个环节（见图2），包含了线上教学和线下教学两个部分。线上教学活动：教师负责发布课程公告、管理教学内容、布置和批改作业，学生需要完成学习任务，还可以在平台上与教师或同学之间进行交流互动，随时随地通过观看教学资源进行学习；线下课堂教学：主要组织引导学生进行自主、合作学习，尝试采用角色扮演、提问等方式创设学习情境，激发学生的学习热情、调动学生的学习积极性、提高学生的学习参与度。

5. 学习方式的引导

（1）自主学习。

以"学生学"为中心的啦啦操教学模式主要采用"先学后教、以学定教"的教学

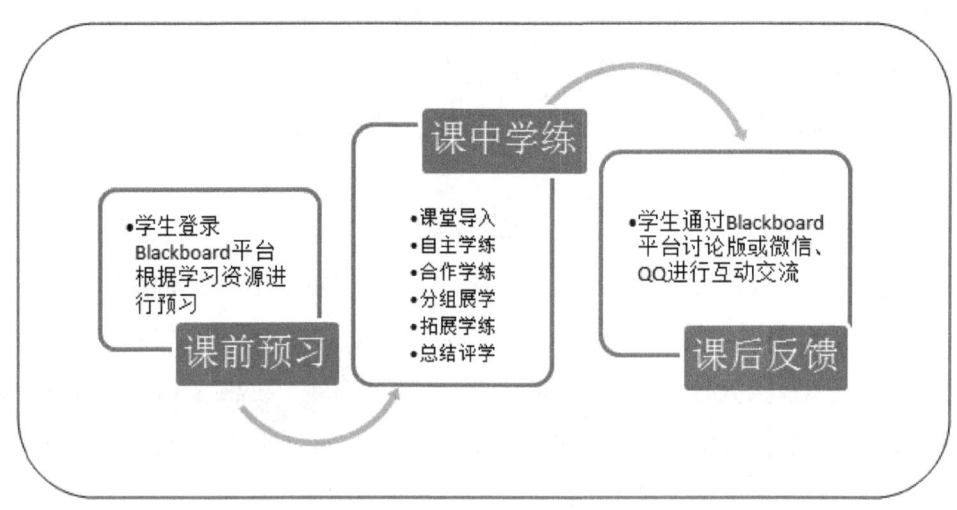

图2 教学流程图

方法，因此，自主学习是以"学生学"为中心教学模式的核心内容，自主学习的成果是整个教学过程的前提和基础。学生能自己确定学习目标、制定学习进度、设计评价指标；具有自主学习能力，在解决问题中学习；学生对教学过程充满兴趣，有情感投入；学生对参与学习过程中的认识活动能进行监控，并对认识策略作出调整。

（2）合作学习。

合作学习是一种为了完成某种认知任务，由多个学生协作完成某个给定学习目标的教学组织形式。其核心是让一群学习者"共同"去完成某项学习任务，合作学习是以小组活动为主要方式的学习活动；合作学习是同伴之间互帮互助的学习活动；合作学习是在强调小组的总成绩的同时也重视个体成绩的学习活动；合作学习是以达成某种目标而全面展开的学习活动；合作学习是在教师的指导下分配和指定学习任务，学生主要参与完成的学习活动。在合作学习过程中，学习者之间保持融洽的关系，相互合作，共享信息和资源，共同担负学习责任，完成学习任务。与个别化学习相比，合作学习有利于促进学生认知能力的发展，培养学习者的团队意识和责任感，并有利于学习者健康情感的形成。

（3）基于网络平台的互动学习。

基于网络的互动学习能够激发学生的学习动机，消除在线学习的孤独感，增强在线学习的学习气氛。通过交流互动，学习者在此过程中学习到的协作沟通的技巧和能力不仅能够帮助学习者学到更多的知识，而且对于他们在社会上与他人相处，及未来的个人发展都有很大的帮助。教师可以登录Blackboard教学平台，在讨论版中围绕课程中的某一节课或某一问题创建论坛，也可以针对整个课程创建论坛。教师必须首先创建一个或多个论坛，然后学生用户才可以进入论坛发起话题讨论。论坛是参与者讨论一个主题或一组相关主题的地方。在论坛中，教师可以创建话题、对论坛贡献进行评分、收集话题和搜索内容，也可以对学生的话题讨论进行回复，与学生进行交流互动（见图3）。

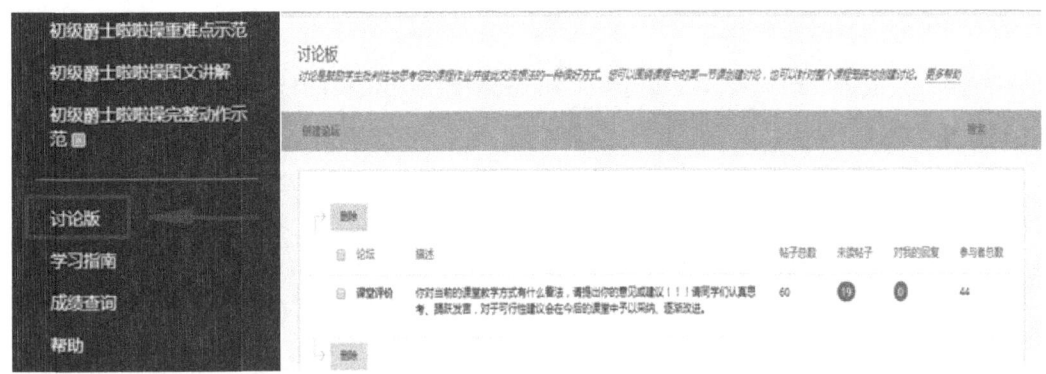

图3 学习版块截屏

6. 评价维度与指标选取

综合学生的各种学习行为设计的课程考核评价包括在线考核评价、线下考核评价和成效考核三个维度，每个维度下又包括多个考核指标。在线考核评价包括在线讨论、在线作业；线下考核包括自学成果、考勤、课堂表现、课堂展示；考核成效包括期末考核、素质考核（见表3）。

表3 评价指标

评价维度	总权重	评价指标	权重	指标内涵
在线考核	20%	①在线讨论	10%	由学生提交的在线作业形成考核结果
		②在线作业	10%	由学生话题讨论的参与度形成考核结果
线下考核	30%	①预学成果	10%	由学生的课前预习效果形成考核结果
		②课堂表现	10%	由学生的出勤情况、课堂学习行为表现形成考核结果
		③课堂展示	10%	由课堂比赛或游戏实践形成考核结果
考核成效	50%	①个人技能	20%	个人对于整套动作的掌握情况
		②团队编排	20%	团队编排、服装、动作整齐度、动作完成度
		③身体素质	5%	坐位体前屈、立定跳远

三、项目研究的教学创新性成果和应用实效

（一）创新性成果

（1）2019年校级教学成果二等奖。

（2）2019年全国大学体育课程建设经验交流研讨会三等奖。

（3）建立并维护课程微信公众平台"陕师大啦啦操微课堂"，在Blackboard学习平台建立课程，课程点击量位居全校前十位。

（4）参加教学沙龙2次。

（5）完成教学研究论文《基于Blackboard平台下PBL和TBL法在啦啦操教学中的建设与应用》。

（二）应用实效

通过教学实践结果检测，基于信息技术及OBE教育模式下的大学体育教学模式创新与实践可以提高大学生啦啦操技能水平；提高学习效率和学习效果；能够提高学生发现、分析及解决问题的能力；可以提高大学生体育学习兴趣、体育自主学习和体育合作学习能力水平；提高学生学习的积极性和主动性，使学生在学习过程中体验运动带来的乐趣。

大多数学生课堂教学、教学模式以及学习效果都表示满意和认可。教学模式创新与实践形成了融洽的师生、生生关系和轻松愉悦的教学环境。信息平台上的学习资源、自主学习、合作学习以及小组展示等在大学体育啦啦操教学中对学生的学习有很大帮助。

四、项目研究中存在的问题及今后的研究与实践设想

（一）项目研究中存在的问题

在教学实践中，对于OBE教学模式在体育教学中的应用，以及具体教学目标与学习内容的细化线与设定还需要不断探索，对于教学环节的创新还需要加强。另外通过问卷调查和实际运用反映学生和教师在使用平台时存在许多阻碍因素，表现在：①网络学习条件不够便捷，网络会卡，导致学生提交作业、课前学习会花费较多时间。②大多数教师反应BB教学平台系统操作复杂。针对体育实践类课程来说，单以教师检查作业这一个环节的工作量就远远超出正常工作量，通常教师以实践类题目为主，不同于理论题目，没有标准答案，学生提交上来的作业不是视频就是图片，教师必须逐一进行检查。

（二）今后的研究与实践设想

1. 加强对信息化教学手段的学习与应用

Blackboard教学平台系统自身在不断地完善中，它可以实现教学环节所需要的各项应用与服务。同时，目前学生喜爱的微信公众平台、微信小程序以及在线课堂平台等等，都在不断地挑战教学水平与技术，为了不断地对教学研究实施与完善，需要课改教师对各种信息化教学手段进行不断地学习与应用。

2. 不断探索OBE教学在体育领域中的应用

今后，需要对OBE教学在体育领域中进行不断地应用与实践研究。不断探索以学生的学习成果为出发点和落脚点设计组织教学的各种活动和各个环节，以"产出"为导向选择教学内容，设计教学目标，组织教学活动，搭建教学平台。让学生在自主、合作、探究的学习过程中学习知识与技能、启发思维、养育人格、提升智慧，能够通过获得成果激发学生的学习兴趣与积极性，让学生体会到收获的成就感。

基于核心素养发展OBE导向的公费师范生中学化学实验教学模式研究[①]

严文法* 李彦花**

摘要： 化学实验是化学学科的重要知识组成，是研究化学知识的有效方法和途径之一。《普通高中化学课程标准（2017年版）》提出重视开展"素养为本"的教学，明确了学生必做实验。因此，为提升职前化学教师的实验教学技能，陕西师范大学化学化工学院面向公费师范生开设了中学化学实验教学课程。在基于核心素养发展OBE导向下，探讨了中学化学实验教学课程的教学模式，选取了在中学化学中占据重要地位，且对培养学生的实验能力起着关键性作用的实验作为研究内容，以课前预习实验、课上实施教学、课后撰写报告为主线，采取"自主探究、合作学习""实践交流、评价总结""观看录像、反思教学"的培养策略，并结合相应的评价量表对学生的实验教学技能进行了等级认定。

关键词： 核心素养 OBE导向 公费师范生 中学化学实验教学

一、研究背景

我国对师范生所需的实验教学能力培养起步较晚，20世纪80年代初，我国开始从国外引进微格教学，并迅速将微格教学广泛地运用到教学研究和实验中，也将这一方式运用到师范生以及在职教师的能力培训方面。具体到化学实验方面，我国自20世纪80年代起开始关注化学实验改革，但由于受各个地区经济和教育发展水平的不同，各个地区化学实验教学水平存在较大差异。除了实验资源等客观因素的存在，教师和学生对化学实验的认识也是化学实验教学水平存在差异的主要原因之一。自20世纪80

---

①陕西师范大学教学模式创新与实践研究基金2019年度项目。
*严文法，博士，陕西师范大学化学化工学院副教授、北京师范大学中国基础教育质量监测协同创新中心陕西师范大学分中心兼职教师、陕西师范大学教师专业能力发展研究中心兼职教师，研究方向为化学教育、科学与技术教育、教师教育。
**李彦花，博士，陕西师范大学远程教育学院讲师。

年代起，我国受到国外化学实验教学改革的影响，很多教师开始注重化学实验在教学中的研究，主要包括实验的改进、化学实验教学模式的改进、教学策略等方面的研究，研究的层次逐渐增多，深度也逐渐加强。

有学者对高等师范院校中化学实验教学研究这门课程的现状进行了调查研究，并提出了改革措施：（1）加强高师院校师资队伍的建设，努力建成一只水平高、业务能力强的教师队伍；（2）重视"化学实验教学研究"课程的设置，重视实验在化学教学中的重要地位，独立设课增加课时；（3）改革实验教学方法，转变以往传统的讲授式的教学方法，尽量采取灵活多变的教学方法，让学生充分参与进来，调动其积极性，也可利用现代化的教学手段；（4）增强实验内容的探究性；（5）增设实验改进和实验设计的内容；（6）实施促进学生全面发展的多种评价方式，不仅注重学生学业成绩，同时也包括学生其他方面的潜能，采用的评价方式不仅局限为教师评价、生生互评、自我反思等方式。有学者从提高师范生实验教学能力出发，提出以提高从教技能为目标的实验—教学相结合的三阶段实验教学模式，并在实施后提出意见：（1）加强课程联系，着眼化学基础实验；（2）渗透新课程理念，深化实验教学改革；（3）注重及时评价，确保评价方式多元化。并且做了问卷调查，问卷从实验操作能力、实验讲解能力、实验研究能力、实验设计能力、实验评价能力对免费师范生化学实验教学能力现状进行调查分析，调查发现：免费师范生职前化学实验教学能力薄弱的环节主要体现在实验操作、实验教学设计及实验讲解这3个方面。

李远蓉教授对化学实验教学能力进行了概念界定，并对化学实验教学能力的构成要素及其结构进行了研究。她认为化学实验教学能力可以分为实验基本素养、实验基本能力、实验教学能力和实验教学研究能力四个要素。这四个构成要素从实验基本素养、实验基本能力、实验教学能力到实验教学研究能力，从下往上排列，下位要素是上位要素的基础，上位要素是下位要素的发展。它们相互依存、彼此促进。并提出了化学师范生"实验教学能力"评价体系的构建原则和构建思路，并以此为指导，从平时考查(包括预习报告、实验过程、实验报告)和期末考查(包括实验演示试讲、笔试)几个方面重新构建了高校化学师范生化学实验教学能力的评价体系。雷宇选取免费师范生作为研究对象，在化学实验教学能力培养上构建了免费师范生中学化学实验教学模式。

2018年3月教育部等五部门印发的《教师教育振兴行动计划（2018—2022年）》指

出：教师教育是提升教育质量的源泉；经过5年左右努力，办好一批高水平、有特色的教师教育院校和师范类专业，教师培养培训体系基本健全，为我国教师教育的长期可持续发展奠定坚实基础。高等师范院校是培养教师的摇篮，这就要求高师院校培养具有高素质、专业化、创新型，能主动适应教育现代化的职前教师。

2018年1月16日颁布的《普通高中化学课程标准（2017年版）》（以下简称2017年版课标）相比2003年版一个很重要的变化是增加了学生必做实验，明确了必修课程和选择性必修课程中18个学生必做实验并给出了相应的教学策略、学习活动建议、情境素材建议及学业要求。

2017年版课标提出了"宏观辨识与微观探析""变化观念与平衡思想""证据推理与模型认知""科学探究与创新意识""科学态度与社会责任"5个方面的化学学科核心素养。化学实验是进行科学探究的一种重要方法，有助于学生灵活掌握化学知识和基本技能，有利于启迪学生的科学思维、培养学生运用科学方法解决问题的能力，强化学生的社会责任意识。对全面落实中学化学课程目标和全面发展学生的化学学科核心素养有着极为重要的作用。

在此背景之下，探讨如何培养独立从事中学实验教学工作、进行中学实验教学研究、通过实验教学发展学生的学科核心素养、实施创新教育的高素质的化学职前教师，是高师院校面临的急需解决的重要问题。

二、研究目标

2014年3月30日，教育部发布了《深化课程改革 落实立德树人根本任务的意见》，提出了着力推进的十大关键领域和主要环节改革，第一条是研究制订学生发展核心素养体系和学业质量标准，第三条是编写、修订高校和中小学相关学科教材。2016年9月13日教育部发布了《中国学生发展核心素养框架》，2018年1月16日，教育部颁布了《普通高中课程方案》和各个学科的课程标准。在各学科课程标准中，各学科基于核心素养框架研制了学科核心素养，其中《普通高中化学课程标准（2017年版）》研制的化学学科核心素养包括：宏观辨识与微观探析、变化观念与平衡思想、证据推理与模型认知、实验探究与创新意识、科学精神与社会责任，并且在课程内容中增加了17个学生必做实验。2018年，教育部将免费师范生改称公费师范生。因应这些变化，本研究的目标如下：

①探索公费师范生中学化学实验教学课程的创新教学模式;

②与现行中学化学实验教学教学内容相结合,尝试发展公费师范生的化学学科核心素养;

③结合《普通高中化学课程标准(2017年版)》纠正了《普通高中化学课程标准(实验稿)》模糊化学生实验和演示实验的区别、模糊化验证性实验和探索性实验的区别的不良导向,重新明确学生必做实验的实际,结合具体的实验内容要求,更新中学化学实验教学的课程内容。

三、中学化学实验教学实践的规划和具体措施设计

以化学师范专业的本科生为教学对象,每次安排24人(每4人为一个小组)在中学化学教学研究实验室进行实验教学研究。每个实验教学研究活动均包含课前预习实验、文献检索,进行自主研究、合作学习;课上实施教学,即实践交流、评价总结;课后撰写报告,通过观看录像来反思教学三个阶段。在每个阶段,学生要根据相应的评价量表进行等级认定。具体培养策略如图1所示。

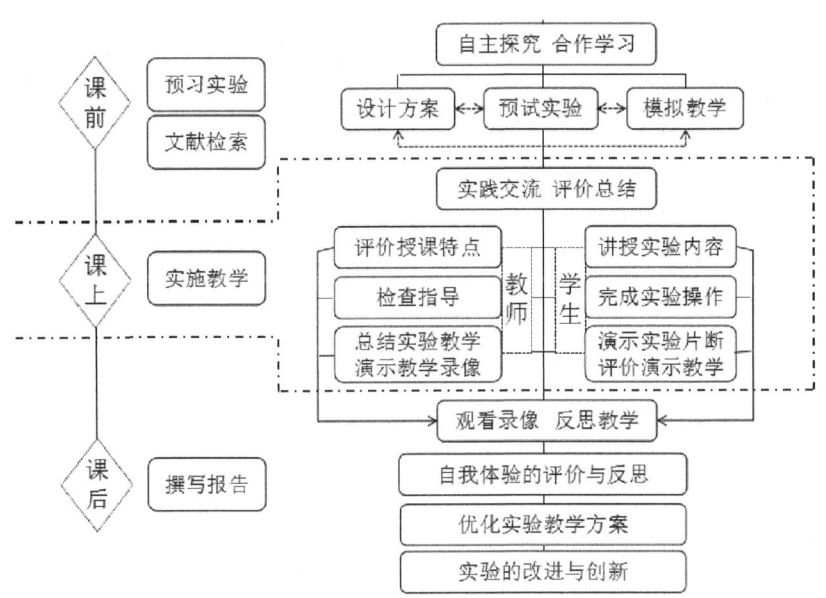

图1 职前化学教师实验教学技能培养策略

1. 预习实验文献检索

学生在进行每一个实验教学研究前均需预习,明确本次实验教学研究的目标、理解实验原理,熟悉实验操作。还需检索文献,掌握相关实验的改进方案、了解实验原

理等知识在生活中的应用。同时结合实验内容、原理与目标，思考如何在本实验中发展化学核心素养。最后，对照预习评定等级量表（略）中的基于核心素养发展的教学目标逐项检查，结合"评价标准"栏目，为自己的预习程度评定等级。凡是未达到要求的项目，需重新预习，直到达到要求。

2. 自主探究合作学习

每个人的知识水平、教学能力和创新意识均有不同，通过自我建构与合作学习的方式整合新的教学技能和策略以发展职前化学教师的实验教学能力。因此，应在自主探究的前提下加强与同伴的合作学习，有助于职前化学教师将理论知识转化为教学实践。故每个小组在正式开展实验教学研究之前都有一周的时间来设计教学方案、预试实验并模拟实验教学。

3. 实践交流评价总结

建构主义学习理论认为学习是在一定的情境和社会文化背景下，通过人际间的协作活动而实现的意义建构过程。学习过程始终发生在师生之间、生生之间、学生与媒体之间，而教学是教师引导学生从原有经验出发，生长新的知识经验过程。每次实验教学研究活动的实践交流评价总结阶段均由包含意义建构和社会互动的3个环节组成，分别为：①1位小组成员讲授实验内容、实验课教师进行讲评；②全体小组进行实验操作、教师巡回检查指导；③3位小组成员讲演实验教学片断、同学评价、教师评价。

环节1 学生讲授实验内容，教师讲评授课特点；环节2 学生完成实验操作，教师检查指导；环节3 学生演示实验教学，教师评议总结。

由指定的实验者分别登台演示本次实验中指定的片段，其余观摩者根据课堂实践量表（略）中的基于学科核心素养的目标项目进行记录并在演示结束时，指导教师引领全体实验者对演示者的化学实验教学进行评价。

实验者在进行演示实验时，不仅要像专业基础课程实验操作那样流畅、规范，现象明显，安全环保，而且要在整个过程体现出它的教学性。观摩者根据自己对本次演示实验的实践情况并结合课堂实践量表中的内容，对演示者的实验教学进行评价。最后，实验指导教师归纳总结观摩者提出的建议，并作出相应的补充。实验指导教师对整个过程录像。并请实验者反思本实验所承载的学科核心素养的达成情况。

4. 撰写报告

（1）观看录像反思教学。

课程结束后，实验指导教师将录像反馈给演示者本人。参与本次实验教学的所有演示者在课后观看录像，反思教学。

（2）化学实验报告的撰写。

化学实验报告不仅是对实验教学过程的总结，更是基于信息技术和一定写作规范的个人素养水平的衡量。化学实验报告包含实验教学目标、实验原理、实验用品、实验内容、文献综述和实验安全与实验体会六个内容。每个内容的具体要求见化学实验报告课后评价量表（略）。化学实验报告要求用计算机撰写并排版，在实验体会部分，要求学生反思学科核心素养的目标达成水平。

四、实施效果

通过课堂观察和文本分析（实验报告）以及课程论文写作，学生能够在深入理解化学学科核心素养的内涵，能够深入理解化学是一门基于观察和实验的学科，能够熟练进行中学化学实验操作并进行实验教学，能够深入理解化学实验在发展学生核心素养中的价值。学生的核心素养水平获得了发展。

教育信息化条件下食品工程原理课程教学改革与实践①

赵武奇*　高贵田**　张清安***　李小平****　黄小丽*****

摘要： 食品工程原理是一门实践性、工程性极强的课程，是学生从基础课程转向专业课程学习的桥梁与纽带。本文在分析目前食品工程原理教学中存在问题和不足的基础上，探索教育信息化条件下食品工程原理课程的教学改革，建立了课程Blackboard教学管理平台，实践了翻转课堂教学模式和CDIO工程教学模式在食品工程原理教学中的应用，以充分发挥学生学习的主观能动性，提高学生分析和解决工程设计及生产操作中各类实际问题的能力，提高实验教学效果。研究对培养高素质、创新型食品工程人才具有重要意义。

关键词： 教育信息化　食品工程原理　教学改革

21世纪，人类已经步入以计算机、多媒体和互联网络为标志的信息时代。信息技术的普遍应用有力地推动着全球经济社会的深层变革，深刻地改变着人们的生活、学习和工作方式，对教育改革和人才培养提出了全新挑战，为教育创新和跨越式发展提供了崭新空间，教育信息化已成为我国教育应对知识经济挑战、实现教育现代化的必由之路，对推进教育事业均衡发展、促进优质教学资源共享、保障教育公平、促进学生的全面发展都有十分重要的意义。国家中长期教育改革和发展规划纲要（2010—2020年）中已明确将教育信息化纳入国家信息化发展整体战略。高等教育作为我国教育信息化的创新前沿，其发展任务是推动信息技术与高等教育的深度融合，创新人才培养模式，提高教师利用信息技术改革教学模式的能力。当前MOOC、SPOCs、翻转课

---

①陕西师范大学教学模式创新与实践研究基金2019年度项目。
*赵武奇，博士，陕西师范大学食品工程与营养科学学院学副教授，研究方向为食品加工新技术。
**高贵田，陕西师范大学食品工程与营养科学学院副教授。
***张清安，陕西师范大学食品工程与营养科学学院教授。
****李小平，陕西师范大学食品工程与营养科学学院副教授。
*****黄小丽，陕西师范大学食品工程与营养科学学院讲师。

堂、微课及可汗学院等信息化教学模式已掀起教育变革的新浪潮。教育信息化的浪潮推动着高校教师掌握并运用信息技术改革教育教学模式。

一、食品工程原理课程教学改革的必要性

食品科学与工程专业是一个集理、工、农等学科相关知识为一体，边缘性和应用性极强的交叉学科，包括从众多可食性资源的开发利用到各种工业化食品加工生产的全过程，以及食品的功能性、安全性、包装装潢、美学、市场营销及商品学等多方面系统的研究。随着人们生活水平的提高，随着食品科学技术的发展和计算机技术的广泛应用，食品的功能已经不能仅仅局限于满足人体对营养和能量的需求，还要满足人类对色、香、味、形、器等方面的感官和精神文化需要，以及满足人类调节人体生理机能、预防疾病、抗衰老、益智、美容等健康需求，食品工程领域发生了巨大变化，对食品专业学生提出了更高的要求。当前企业需要的是基本理论扎实，基本操作规范，动手能力强，熟悉工程实际，掌握科学研究基本方法，具有创新精神，具备提出问题、分析问题和解决问题能力的应用型高级工程技术人才，而现有的知识传授式教育，无论在传递信息知识的质与量方面，还是在培养学生主动自学、创新思维及解除疑惑能力方面，均不能满足社会要求。因此，亟待改进教学方式以提高教学质量，培养具有自主学习能力的创新人才，满足社会需要。

食品工程原理是食品科学与工程专业必修的一门技术基础课程，在专业人才培养方面起着非常重要的作用。学习本课程，培养学生用自然科学的原理来考察、理解和处理工程实际问题，提高分析问题与解决问题的能力。该课程具有内容多，涉及的知识面广，实践性和应用性强，单元操作抽象、习题量多，数据繁杂及计算量大等特点，加之食品工程原理的教学目的之一，是培养学生在实际工作中能更好地应用食品工程原理的设计技能。传统的教学方法由于将学生置于被动地位，阻碍了学生的主观能动性，教学效果低，也难以教会学生设计技能，食品工程原理教学改革势在必行。

二、食品工程原理课程教学改革与实践

（一）建立课程Blackboard 教学管理平台

为了大力推进本科信息化课程建设，陕西师范大学2013年引进了Blackboard教学管理平台，利用Blackboard教学管理平台，我们已初步完成了食品工程原理信息化示范课程的建设。该Blackboard学习平台包括用模块（公告、课程简介、教材、教学内容、资料下载、教学团队、授课计划、成绩）、学习模块（教学视频、学习指导、教学课

件、电子教案、教学动画、在线自测、网站链接）及交流互动模块（帮助、讨论、小组、在线交流、交流论坛、博客、任务），该平台是一种新型的数字化教学模式，集网络教与学相结合的环境，教师可以在平台上开设并管理网络课程，设计个性化的教学模块；学生可以依照自己的学习进度学习课程内容，实现自主和探究式学习；特别是其独特的交流区可供学生之间、师生之间围绕课程内容进行探讨和交流；充分体现资源共享、方便操作、跨越时空等特点。Blackboard平台的建设给学生提供了一个良好的网络自主学习环境，充分发挥学生的自主精神，让他们能够更有效地利用网络资源，激发他们自主学习的热情，调动其学习积极性、主动性和创造性，培养其自主学习能力。

（二）基于OBE理念的食品工程原理课程教学改革

成果导向教育是由美国学者斯派蒂在1981年提出的一种先进的教育理念，目前已成为各国工程教育改革的主流理念，被视为一项重要的质量准则。OBE注重的不是课程的讲授内容，而是学生通过课程的学习后真正拥有的知识、能力和素质。基于OBE教育理念的课程教学核心思想是以学生为中心，以学生学习后获得的成果为目标，教师作为学生学习的指导者，引领学生自主学习，掌握知识，提高能力，最终提高课堂教学质量。OBE理念与以新技术、新业态、新产业为特点的新经济时代的工程教育的要求相适合，目前，以OBE理念指导工程教育改革，探讨其提高人才培养质量的具体方法，成为国内地方工科院校广泛关注的焦点。

近年来，随着食品工业的快速发展，食品加工生产及销售领域对专业人才的需求急剧增加，据统计，截至2016年，我国已有287所高等院校开设了食品科学与工程专业；而与之相反的是，从市场和企业用人单位反馈情况来看，目前我国培养的食工专业大学生缺乏工程的观点，在解决实际生产过程中遇到的问题时多从理论上的正确性和技术上的可行性来判断，而对食品加工过程中操作的安全性和经济的合理性并不太关心，虽然掌握了食品加工的基本理论知识，但遇到实际工程问题还是无从下手，这些反映出高等院校人才培养目标和课程教学内容设置与社会需求相脱节，满足不了社会的需求。随着OBE教育理念在我国高等教育中的不断深入和高等教育对食品科学与工程专业创新型人才培养要求的不断提高，随着工程教育进入了快速和根本性变革时期，为了提高人才培养质量，本文以食品工程原理课程为例，研究基于OBE教育理念的课程教学目标、教学内容、教学方法及考核方式等教学改革，取得了一定的成效。

1. 基于OBE理念的食品工程原理课程体系构建思路

目前关于OBE理念的教育模式改革的研究论文较多，虽然不同的文章中定义不同，但其主要的思想及核心内容大致相同，即：定义教学产出、实现教学产出、评估教学产出、使用教学产出。基于以上思路，根据食品科学与工程专业的培养目标及毕业要求，结合食品工程原理课程教学特点，基于OBE理念的食品工程原理课程体系构建思路是首先定义教学产出；然后根据教学产出的目标和任务，反向设计生成教学内容及教学方法，构建基于OBE理念的课程体系结构，保证学生达到这些预期目标；然后针对教学目标达成度与教学任务完成度评估教学产出，最后使用教学产出达到对这一教育模式进行持续改进，不断优化课程内容，改进教学方法和完善考核方式等。

2. 基于OBE理念的食品工程原理课程改革方案实施

（1）教学目标的重新设置。

课程原有的教学目标只注重学生对课程单元操作基础理论知识的学习，而OBE理念的教学目标是通过学生毕业时取得的学习产出成果来实现的，具体要求其教学目标与学生毕业要求和专业培养目标存在内在联系，明确课程教学目标在专业培养方案中的作用和在毕业要求达成方面所作的贡献。我校食品科学与工程专业的培养目标（毕业要求）是培养满足国家建设需要的高级食品工程技术人才，经过分析，建立了食品工程原理课程与食品科学与工程专业毕业要求的对应支撑矩阵。根据支撑矩阵确定了课程教学目标。

（2）课堂教学内容改进。

食品工程原理是以三大传递理论和工程研究方法为主线，以食品加工中的主要单元操作为内容，讲授各个单元操作的基本规律、典型设备的设计方法和操作原理的一门课。课程原有的教学内容以单元操作知识为主，注重理论知识的学习。按照OBE的教育理念，教学内容和教学环节要体现对课程教学目标的支撑，因此，本次改革在保留原有核心教学内容的同时，结合食品学科前沿知识，贴近食品工业化生产热点问题，增加食品加工的前沿新技术，丰富课程的教学内容，加强学生对食品工程基础知识应用能力和分析解决问题的能力，培养学生的创新能力。根据食品工程原理各章节内容的特点，教学内容可分为动量传递、热量传递、质量传递三个模块。

（3）教学方法改革。

教学方法对教学目标的达成具有重要的作用。原有的食品工程原理课程教学方法存在教学方法单调、课堂气氛不够活跃、学生学习兴趣和热情不高,学习动力明显不足等缺点,严重影响学生综合能力的提升,也与OBE提倡的教学理念不一致。本次改革优化教学内容及方法,改革评价体系,以充分调动学生学习主观能动性、提高学习者课堂教学参与度、促进学生的思维,强化学生对食品工业化生产中单元操作问题的理解,培养学生科学研究能力、创新能力,提升学生综合素质。

(4) 考核方式改革。

原先的食品工程原理课程评价以知识获得多少为评价标准,缺乏对学生综合素质能力的考核,不符合OBE教学理念。基于OBE理念的食品工程原理课程评价体系主要应考核学生对教学目标的达成度及教学任务的掌握程度,在评价中也应关注学生的工程素养能力及运用知识点来解决工程实际问题的综合能力,将能力和态度、学习过程和学习成果同等对待。因此,食工原理课程的考核标准不应是标准答案,而是由多个模块得出的综合成绩。总成绩由期末成绩、实验成绩、作业成绩、能力与素质、学习态度等组成,分别占50%、20%、5%、15%和10%,其中前三项主要考查学生对食工单元操作的基本概念、理论、设备选型与计算等方面的学习效果,后二项评价学生设备操作及管理能力、项目开发能力、团队合作能力、沟通能力、学习态度等方面,该评价体系能充分反映学生学习的各个环节和学习效果,达到全面、客观、科学、合理地评价学生的综合素质及对毕业要求的达成度。

(5) 改进和提高。

OBE理念的一个重要原则就是使用教学产出评价,经常思考,不断优化以达到持续改进完善课程改革。在完成上述的工作流程后,根据学生对预期成果目标的完成情况,反思前期在教学目标制定、教学内容、教学方法及考核方法等部分是否存在不合理的地方,并分析发生的原因,提出对应的切实可行的改革措施,形成一个不断循环改进、——提高的"闭合回路",完善课程体系,调整教学内容方法和考核方式。在使用教学产出评价时发现,教师是否具有良好的工程实践背景对学生工程思维培养的影响较大,为此我们一方面积极与企业合作,建立校企共建基地培养学生的工程技术素养,另一方面积极邀请具有丰富食品工业生产及管理经验的企业家参与教学活动。

(三)理论课教学中采用翻转课堂教学模式

翻转课堂教学模式是一种创新型的教学模式,它正是以学生为主体的教学理念借助当今发达的网络信息技术在教学过程当中的实际应用,它的出现颠覆了传统的以教师讲授为主的教学模式，是在现代网络信息技术高度发展的条件下教育教学改革的重大突破。它借助先进的网络平台，共享优质的教学视频，让学习者自主地学习，实现了学习方式的变革，使学生成为学习的主人。在翻转课堂教学模式中，教师借助网络信息平台可以有效监控学生的学习过程，能够及时了解到学生在学习过程中的所有学习行为，及时与学生沟通，快速地进行教学反馈，从而最大限度地激发学习者的学习动机并维持起有效的学习行为。在提高学习效率方面，翻转课堂教学模式具有突出的优势。它最基本的理念就是教育者给予学习者更多的学习自由，把知识传授过程的重点放在教室外，让学生选择最适合自己的方式接受新的知识。我们利用Blackboard平台上开展了"翻转课堂"教学模式的探索，具体分三个阶段。

1. 课前学习

该阶段学生主要通过食品工程原理BB教学平台进行学习，具体学习过程如下：

（1）建立问题情境，形成主题问题。

教师根据课程的教学内容、教学目标、学生学情，设计相关问题情境，形成主题问题。

（2）确立需要解决的学习问题。

针对主题问题，学生将进一步分析提出解决这个主题问题时会面对的一系列子问题，根据这些子问题与教学内容和教学目标、学生原有知识经验和认知水平的相关度，教师引导学生确定子问题中可能指向关键性概念的问题、能够达到教学目标的问题作为学习问题，并且对所确定学习问题进行分析，激活学生已有的和学习问题相关的知识。

（3）收集资料，探究解决问题。

学生上课前用业余时间利用教材、文献和互联网等媒介工具各自分头查找资料，先获取相关知识，小组内部成员之间、小组与小组之间在学习过程中可以相互交流已有资源，共同分享、沟通。最后对所收集到的信息进行整理、分析，解决问题并将研究成果制作成课件。

2. 课堂交互教学

教师组织课堂讨论，随机抽取每一小组代表发言，讲述完后，大家针对该小组的讲述提出问题并进行讨论，教师对学生讨论中有争议或疑问的地方给予评议和指点。

教师对学生的学习情况进行评价和总结，补充完善学生的认知结构，使其掌握的知识系统化。解答学生学习中遇到的问题。

3. 课后巩固拓展

（1）布置作业，进行网上提交。

（2）在线互动讨论，作业辅导。

（3）学习效果评价。

（四）实验课程中引入CDIO教学模式

CDIO模式是美国麻省理工学院和瑞典皇家工学院等大学经过多年研究而创立的一种新型工程教育模式。该教育模式以工程项目从研发到运行的生命周期为载体，让学生以主动的、实践的、课程之间有机联系的方式学习工程，培养学生的工程能力、职业道德、学术知识、运用知识解决问题的能力、终生学习能力、团队协作能力、交流能力和大系统掌控能力，从而培养既有过硬的专业技能，又有良好的职业道德的国际化工程师。

食品工程原理实验是以食品工程单元操作原理和设备为主要内容的实践性课程，实验过程中会遇到许多工程实际问题，实验内容紧密联系生产实际，对应于食品工业生产过程中涉及的"单元操作"，具有典型的工程特点。因此，可以将食品工程原理实验当作一个工程项目来处理，具体实施过程如下。

1. 构思阶段

根据给出的实验要求，学生通过市场调研、发散思维、多出创意，小组讨论后确定干燥的物料，确定实验题目、实验目标。该阶段培养学生分析问题的能力、运用基础理论知识的能力以及发散性思维的能力，调动学生学习的积极性。

2. 设计阶段

学生结合理论知识学习、食工基础实验和构思阶段的既定目标三方面，在深入查阅资料的基础上进行设计，制定实验的内容、方案、方法、步骤及技术路线，分析技术难点及所需的数据处理方法。学生边学习边设计，小组成员要经常在一起讨论，老师可以帮助分析方案的可行性。这一阶段可培养学生理论联系实际的能力及缜密思维的能力和解决问题的能力。

3. 实施阶段

实施是将设计转化为最终产品的过程。学生根据上面确定的实验步骤、方法及技术路线完成实验并对数据进行处理，在实验过程中遇到问题，要及时寻求解决办法。

这一阶段，学生可以将课本上别人的知识转化为自己的知识，可以将感性知识上升到一定的理论高度，同时达到对学生实际动手操作能力及团队协作能力及用理论知识解决实际问题等能力的培养。

4. 运作阶段

对产品进行营养指标、感官指标、质构指标及色泽等指标测定及显微组织观察，如果品质未达到要求，分析原因，调整实验，直至产品合格，最后学生综合分析实验结果，并根据已有的基础知识解释观察到的现象，撰写实验报告。通过运作阶段，学生综合分析与解决问题的能力得到提升，同时也强化了专业能力，即把微观组织与宏观性能相联系的跨越式思维的能力以及总结归纳能力。

三、教育信息化条件下食品工程原理课程教学中应注意的问题

1. 教师要不断提升自己的工程能力

在食品工程原理教学中采用翻转课堂教学和CDIO工程教学模式时，教师不再按部就班地将教材中的知识灌输给学生，而是要巧妙地创设食品工程问题情境，将食品工程问题与生活实际相联系，激活学生的已有经验，使学生在已有经验的基础上主动建构知识框架，同时还要引导学生自主学习，这就要求教师自身不仅专业基础知识扎实，掌握学术前沿，而且具有组织和管理领导学生的能力，教师工程能力的达标和提高是实施教学改革的关键。因此，教师要不断地积累自己的工程经验，通过与企业合作开发项目、参与企业的产品开发工作，参加行业内的培训项目等方式不断提高自身素质和能力，在实践中深化对理论的认识，提升自己的工程能力，这样才能在教学中为学生提供恰当的工程实例，指导学生。

2. 在学习过程中应充分发挥学生的主观能动性

翻转课堂教学模式和CDIO工程教学模式是一种能充分发挥以学生为中心、学生自主实践、合作学习的教学模式，学生是主动的学习知识而不是被动地接受知识。因此教师在实施过程中，要注意把握尺度，有效引导学生，既不能完全"教"学生，也不能放任学生，应将自己的指导与鼓励学生自主设计、主动实践有机结合起来。提倡"自主设计、自己动手、自由探索"，提高学生分析、解决问题的能力还要鼓励学生积极参与项目小组活动，将个人职业技能与小组协作能力紧密结合，不断提升工程能力。

3. 教学平台的建设

采用翻转课堂教学模式和CDIO工程教学模式后需要学生查阅大量的资料、并积极主动思考，还要同其他学生交流讨论，为了提高学习效率，要不断地完善Blackboard教学管理平台的功能，及时更新资源。

4. 加强校企合作，注重工学结合

实施项目来源于企业的生产实际，解决生产实际问题，有明确具体的生产背景、工程要求与应用价值。因此需要加强校企合作，建立联系通道，满足学生了解企业实际、体验企业文化的需求，真正做到工学结合。

四、结语

教育信息化创新了教学方式与学习方式，必将促进人才培养模式的创新，颠覆传统的教学结构和教育方式，实现一种充分调动学生学习积极性，以学生为主体的培养新型创新人才教学模式。开展教育信息化条件下食品工程原理教学模式的改革与实践，这对于促进信息技术与食品学科课程的融合，改变传统的教与学方式，培养高素质的创新型人才、提高教育质量具有积极而深远的意义。

美术与艺术类课程教学模式

创新篇

隶书教学模式创新与实践研究
——基于OBE教育理念的隶书教学模式探索[①]

黄耀明*

摘要： 根据课前调查、教学大纲、OBE教学理念设计了隶书鉴赏临摹教学新模式，经过4个班106名学生一学期的实践，取得了预期成果，探索出了新的课程体系，理论与实践均衡结合，均为18课时。理论课丰富有趣包括隶书发展史、典型风格、学习方法、临摹方法、鉴赏等方面，课中穿插书法故事，并利用网络资源和教具丰富教学；实践课技法全面，手把手示范包括笔法（46种）、字法（35种）、章法等方面的技法系统。并引进"不厌书法"APP辅助临帖和训练。学生普遍认为该课程有趣，收获很大。

关键词： 隶书教学　教学模式　OBE教学理念

目前的各个大学书法临摹课堂教学大多是在课堂内开设的"以教师为中心"的传统教学模式，教师教什么，学生学什么；一套教案用到底；教师主动，学生被动；教学效果难以达到预期目标；教学互动性弱；课堂大多封闭。从而导致学生学习动力不足，学生学到的技能有限，影响了书法教育事业的发展。

本研究旨在采用OBE教育理念尝试对隶书书法课堂教学进行改革。

一、隶书教学模式探索的理论基础与改革趋势

成果导向教育亦称能力导向教育、目标导向教育或需求导向教育，作为一种先进的教育理念，1981年由美国学者斯派蒂提出，得到了人们的重视与认可。并已成为美国、英国、加拿大等国家教育改革的主流理念。

该教育理念主张以学生为本，以学生学习为中心，聚焦学生在受教育后可以获得

[①] 陕西师范大学教学模式创新与实践研究基金2019年度项目。
*黄耀明，博士，陕西师范大学美术学院讲师，研究方向为书法学、汉字学、训诂学。

的能力。一切教育活动、教育过程和课程设计都是围绕实现预期的学习成果的。这个教育理念符合当下的高等教育培养目标，就全国而言是一个先进的教学理念，已经使很多高校学生受益。

目前，采用该理念是我国教学改革的大势所在。我国各高校各学科正在推行以OBE教育理念为导向的教学课堂改革，并取得了不少成绩和较好的教学效果。已经有高校教师把该理念引入艺术教育领域，从中国知网论文看，已经有4篇成果，即张莹莹《OBE教育理念下艺术设计专业教学改革探究》、魏琼《基于OBE教育理念的环境设计专业设计色彩与材料表现课程改革》、沈后庆《基于OBE理念的地方高校戏剧专业应用型人才培养模式研究》、左义林《针对OBE教育理念的环境设计手绘表达课程教学目标研制》。相关专著也有出版，如巩建闽《高校课程体系设计研究——兼论OBE课程设计》。我们的书法教学也应该顺应潮流，本课题拟率先把该教育理念引入书法教学改革。就全国而言，目前还没有见到有关书法课程的OBE教育理念改革文章。

二、隶书教学模式创新的实施方案

本研究的目标是构建一个新的课程模式，让学生通过该课程的学习达到能全面掌握隶书技法，会创作隶书作品，能鉴赏隶书书法的目的。

《美术学院2019版培养方案》对"书法（二）"这门课的介绍是："学生通过对'书法（一）'楷书课程的训练，即进入了第二阶段的训练，本课主要以汉代的隶书为主，通过对书法的学习，了解汉代隶书的起源，发展的历史，通过老师的具体辅导，掌握隶书的基本书写技法，提高对书法的认识。并能够进行简单的书法创作。"

为了达到这个目标，我们制定了实施计划。我们实施该项目的思路是：首先调查学生的课前情况和学生心中理想的隶书课堂。然后，根据学生的情况和需求、教学大纲、OBE教学理念来设计教学内容。最后，通过隶书创作检验学习成果。以学生学习为中心、以成果为导向，打造学生喜爱的课堂、产出优秀成果的课堂。

该研究的最初计划如下：

①提前购买历代墨迹图书、历代出土书法作品实物图书及复制品，并提取有代表性的作品进行讲解和临摹示范。

②用约18课时的时间，进行书法鉴赏学习。拿历代有代表性的不同风格的书法作品，包括各类碑刻实物、拓本，各种墨迹，各类出土书法作品实物图片等等，进行笔法、字法、章法的分析，形成鉴赏模式，让学生自己形成欣赏思路。在讲课过程中，

做到每堂课均与学生互动,根据学生的认知水平备课和讲解,抓住学生关心的问题、书法的核心技法进行互动问答,每讲解一种作品,即拿同种或同类作品让学生当堂分析鉴赏。对正确的、优秀的临摹行为进行鼓励,对错误的、拙劣的临摹行为及时纠正。

③用10课时的时间,临摹各种风格作品的笔法、字法,边讲边练,老师每讲完一种笔法或字法,都及时让每一位学生练一练,等学生都练完再进行下个技法的讲解,保证切实掌握,做到有切实的技法体会,扎实提高书写能力。

④用约8课时进行现场鉴赏和临摹。去西安碑林等有书法碑刻的地方参观临摹。让学生现场分任务鉴赏并实时录音,把鉴赏录音作为作业提交。然后现场临摹一幅作品。最后提交两个作业:实地鉴赏录音、现场临摹作品。

三、本研究的主要任务及落实情况

1. 主要任务

我们的目的是探索基于OBE教育理念的书法教学模式,主要任务包括两个方面,一是带领学生了解隶书的历史、鉴赏隶书作品。二是使学生掌握隶书技法,并能进行简单的隶书创作。

2. 落实情况

为了达到这个目标,我们进行了课前小调查,即利用两课时对学生了解隶书的情况和心目中理想的隶书课堂进行问卷调查。其中,第一课时先让学生写出自己对隶书的认知情况及学习隶书的情况,具体是每位学生把自己对隶书的书家、名帖、特点、技法等方面的了解和学习隶书的情况写下来。让较有经验的学生讲讲他学习隶书的经过。然后,每人写一幅20字左右的隶书临摹作品以记录他们课前的隶书水平(这个作品存档并与最终学习成果进行对比)。第二课时介绍OBE教学理念,并调查他们心目中的隶书课堂怎么组织,包括作业布置、讲解内容、学习期望等方面。

调查显示,在对隶书的认知方面,4个本科班学生(2018级美术学三班,美术学类一班、二班、五班,共106人)已经学过楷书(书法一),但绝大部分学生都没学过隶书,对隶书仅有字形特点的了解,对其著名字帖也大多不了解,少数了解的也局限于知道《曹全碑》《封龙山碑》《张迁碑》等3方名碑。对隶书名家的了解极少,只是知道金农、邓石如、蔡邕等几人。对于如何上这门课,多数学生认为每周的两课时应该这样分配:一节课讲理论,一节课实践。并希望老师多讲解隶书知识和有关故事。关于字帖，一半人认为应该自选字帖，一半人认为应统一字帖。课程作业应该一周一次，一次1至2张28格的毛边纸；都认为应该批改作业，但批改方式有分歧，一半人认为应当堂点评，另一半人认为应课后勾画出问题所在。

结合课前调查，参考培养方案和教学大纲，我们制定了本课程的目标：根据OBE教学理念设计隶书教学课程并检验教学成果。教学内容要形成完整的课程体系（知识方面包括隶书名家介绍、名作简介、发展历史、各种风格特点等等；能力方面选择最普遍的名碑《曹全碑》作为学习对象，系统讲解隶书的笔法、字法和章法，最后进行隶书作品的创作实践），提高学生的书法临摹能力，写出形神兼备的临创作品。力求使课程内容丰富全面，激发学生学习兴趣。基本按学生喜欢的方式布置作业和批改作业。

整个教学体系分为两大模块：鉴赏和临帖。鉴赏和临摹密不可分，鉴赏是临摹的基础，临摹是鉴赏的延伸。无鉴赏则无目标、认识不到位；无临摹则无体会、眼高而手低。关键是如何处理鉴赏和临摹的关系。我们认为应该先鉴赏（包括隶书基本理论知识）、后临帖（习得隶书技法的实践），通过讲解经典书法碑帖提高鉴赏能力；通过临摹实践，提高隶书创作能力。具体做法如下。

（1）用多种手段讲授隶书知识并欣赏作品。

在鉴赏方面，在了解背景和打好基础的前提下打造丰富多彩的课堂，结合活生生的书法碑刻及其拓片、隶书简牍复制品及图片进行欣赏讲解；借助校外网络资源及教具辅助教学（打破了教室内没有多媒体教学设备的局限），以求切实提高学生的学习兴趣、观察能力和欣赏水平。

这方面的特色有二：第一，利用网络资源补充教学。即利用超星名师讲坛数据库的隶书课程视频补充普通课堂的教学。我们在讲解隶书发展史之后学习超星学术视频中虞晓勇的《隶书技法》《隶书研究》的鉴赏部分。第二，利用多样教具直观展示经典隶书的风格。不但采用简帛隶书的复制品现场展示早期隶书样貌，而且利用教育部推荐的隶书教具——《曹全碑》《礼器碑》《史晨碑》《乙瑛碑》来讲解以便让学生直观感受隶书风格的不同。其中简帛隶书复制品是长沙马王堆汉墓出土的帛书《老子》的局部（西汉文帝时期的古隶）和磨嘴子出土的木牍《王杖十简》（西汉晚期的隶书），既可以开阔学生的眼界，还可以使学生真实地感受西汉时期隶书的文字大小、古朴的书风。

具体而言，这部分属于理论课的内容，共用18课时，包括整个隶书发展史、隶书学习方法、选择《曹全碑》的原因、具体临摹《曹全碑》的方法、《曹全碑》的文字内容（含简介）欣赏和讲解。隶书发展史分为魏晋南北朝隶书、隋唐隶书、宋元明隶书、清代隶书、民国隶书等五大阶段讲授，每个阶段又细分为若干阶段，侧重各阶段的隶书代表人物、各自的隶书特点等。隶书学习方法方面，主要介绍了学习隶书的理念、隶书碑帖的选择方法、临帖的方法、临摹能力的培养等内容。在《曹全碑》的文字内容鉴赏中逐一讲解并鉴赏《曹全碑》疑难字字形，如其"户"的字形来源、"閤"的内部不是"合"等等，使学生对隶书的认识更深入，拓宽了传统字形知识面。

在每一节课的讲解过程中均穿插书法家的趣事或学习书法的故事，这样可以培养他们学习书法的兴趣，领悟书法的精神。例如，在介绍三国时期隶书书法家时，顺便讲解钟繇盗墓学书的故事，学生在有趣的故事中学习古人对笔法的执着追求精神。

（2）借助新工具全面详解隶书技法。

在临摹方面，统一字帖为《曹全碑》，作业一周一次，一次1张28格的毛边纸。批改作业结合当堂点评和课后勾画两种方式。

临摹经典作品《曹全碑》时，先讲后临，让学生体会作品的笔法、字法和章法，为提高课堂互动效果，每讲一种笔法（或字法、章法），当堂充分示范，让学生切实体会到怎么写；并让学生趁热打铁地练习各种技法。

这方面的特色有二：第一，利用"不厌书法"APP辅助临帖。这个网络资源提供的文字图片非常清晰，对于学生临帖很有帮助，学生特别喜欢。我每次讲解都会让同学们打开"不厌书法"APP找到范字，给学生分析笔法和字法，学生不但喜欢这种形式，而且学习效果大增。第二，系统地分类详解各类笔画和结构的书写技巧。逐一示范笔法46种、字法35种，让学生清晰地明白隶书《曹全碑》的全部技巧。每一种技法都会先在黑板上用特大号的毛笔在专用书法水写布上示范并讲解，之后，再用学生自己的毛笔为每个学生逐一示范起笔、行笔、收笔的细微变化，使所有的学生都真正看明白、写清楚。

具体而言，这部分属于实践课，共18课时。其内容是分笔法、字法、章法三方面进行讲解和训练：

①笔法。示范并精细讲解点、横、竖、撇、捺、钩、提、折等八大类50种笔画的写法，其中的"点"细分为竖点、平点、撇点、捺点、挑点、横点、横折点、撇折点、外八字点、内八字点、竖三点、横三点、下四点、左右四点等14种，"横"细分为右尖直横、右圆直横、圆头波横、曲头波横等4种，"竖"细分为垂露竖、悬针竖等2种，"撇"细分为短撇、尖头撇、圆尾长撇、尖尾长撇、直撇、弯尾竖撇、横撇等7种，"捺"细分为直捺、波捺等2种，"钩"细分为竖钩、横钩、弯钩、斜钩、卧钩、竖弯钩、横斜钩等7种，"提"细分为斜提、连笔竖提、接笔竖提等3种，"折"细分为圆横折、方横折、断笔横折、接笔横折、接笔横折、斜竖折、撇点折、小撇折、横折钩、横折折撇、竖折折钩等11种。

②字法。示范并讲解一般结构规律、左右结构规律、上下结构规律、包围结构规律、独体结构规律等五大类35种结字方法。其中，一般结构规律细分为横笔等距、竖笔等距、主笔突出、上紧下松、穿插避让、重心偏移、高者勿矮、矮者勿高等8种，左右结构规律细分为左右等宽、左宽右窄、左窄右宽、左长右短、左短右长、左右等长等6种，上下结构规律细分为上宽下窄、上窄下宽、上下等宽、上长下短、上短下长、上下等长、上中下不一等7种，包围结构规律细分为左上包右下、左下包右上、右上包左下、上包下、下包上、外包内、右下包左上等7种，独体结构规律细分为左右对称、下托上、上盖下、支撑、偏斜、穿插、同形求变等7种。

③章法。示范并讲解两种基本隶书章法形式（纵有行、横有列，纵有行、横无列）、隶书作品构成（正文、落款、钤印、留白）、作品形式（横幅、中堂、对联、条幅、条屏、团扇、折扇、斗方等8种）以及折格子的方法。

上述三方面的技法是非常全面的，讲解也细致入微，保证每位同学都能听懂学会。

从课型来说，分理论课和实践课两部分穿插进行教学。每一周的两节课，前一节课是理论课，讲有关隶书的知识和理论，以及临摹方法，碑帖选择等等。后一节课为实践课，是具体临摹《曹全碑》的技法讲解和实践训练。

在作业布置和批改方面，每一小类技法都会让学生写9遍，并用小字在前面注明所写的小类名称，如先写"垂露竖"，再把对应的笔画写九遍（如图1）。

在下次课讲新内容之前，统一讲解作业中普遍出现的问题，并把批改过的发下去。使学生真正认识到自己的问题，有利于在以后的练习中有针对性地改正。

四、本研究的创新性教学实践成果

实施以成果为导向的隶书教学模式的效果如何,最关键的是要看结课时的学习成果。

经在4个2018级本科班共106名学生的应用,课程达到了预期效果,在最后一次的结课考试中,学生都在两个小时内写出了临时命题的28字隶书横幅作品,绝大多数的作品都合格,优秀作品很多。下面以2个同学的课前和课后作品图片进行对比(见图2、图3、图4、图5),从中可见本课程的教学成果。

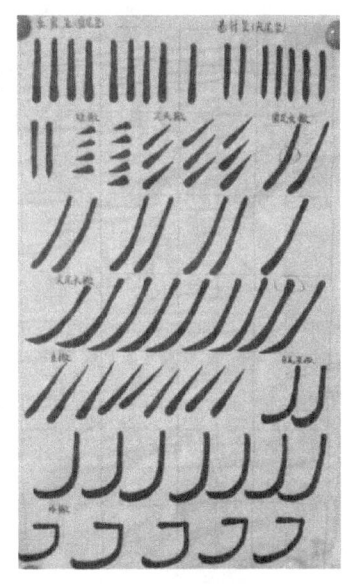

图1 作业完成与批改情况

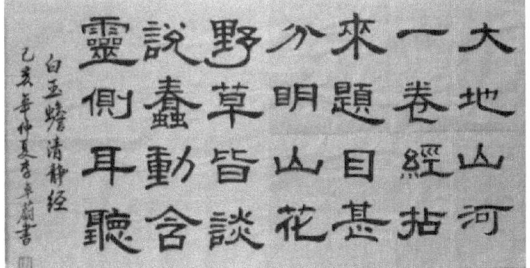

图2 李卓蔚结课作品　　　　图3 李卓蔚课前作品

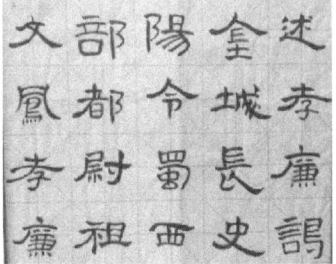

图4 赵文龙结课作品　　　　图5 赵文龙课前作品

由以上对比可以看出学生通过本课的学习进步很大。无论笔法、字法、章法,都今非昔比。这种情况很普遍。

学生课后也反馈说,他们发现自己能写出像样的书法临创作品,都很惊喜,觉得这次系统学习了隶书的笔法、字法和章法，还能创作隶书作品，尤其是可以创作对联，过年时就不愁家里的对联了。看到他们满意的笑容，我顿感欣慰。

五、研究中存在的问题与今后的研究与实践设想

1. 项目研究中存在的问题

因学校财务处限制学生参观门票的报销，教师个人财力有限，所以把鉴赏临摹课搬到课堂之外（在西安碑林）的原计划无法实施。

另外，个别学生课外练习过少，所学技法无法熟练掌握，不能很好地表现在结课作品中。

2. 今后的研究与实践设想

以后，应该继续以成果导向的教育理念为指导，深入全面地修改、充实该课程体系，加强实践课程的比例，从而使学生取得更好的学习成果。此外，申请改普通教室为多媒体教室，优化学生的学习体验；尝试向财务处申请去西安碑林博物馆参观并报销学生门票以使课堂更开放。

美术理论课堂多元式教学创建与实践[①]

高 明[*]

摘要：传统的美术理论课程是单向的教学方式，不利于学生的个性培养和创新思维的形成，忽略了对学生自学能力、思辨能力、问题解决能力、创造能力的构建。美术理论课多元式教学主要体现在教的多元、学的多元和评的多元三个方面，以培养学生各方面能力为基本目标，并在教学中传承和发扬美术文化。

关键词：美术理论课　多元式教学　能力培养

2018年，教育部等五部门关于印发《教师教育振兴行动计划（2018—2022年）》的通知中明确指出："创新教师教育模式，注重协同育人，注重教学基本功训练和实践教学，注重课程内容不断更新，注重信息技术应用能力。"这为美术理论教学指明了方向。随着社会的不断发展，人们对于知识的认识也发生了重大变化。学习知识逐渐被视为一个过程，而不是结果，在这一过程中更注重的反而是学生学习到的各种能力，因而在教学过程中应重视学生各方面能力的培养。多元式教学的实质就是培养具有多层次、多角度思维的人才，培养具有创新型能力的人才，强调的是学生各方面能力是否更加符合社会发展需要。

传统的美术理论课程教育模式过于强调知识的传授，在整个教学过程中以教师的教为主，采取单向的教学方式，严重忽视了学生的主体意识，不利于学生的个性培养和创新思维的形成，尤其是忽略了对学生自学能力、思辨能力、问题解决能力、创造能力的构建。虽然能使知识得到强化巩固，但学生缺乏自主探究，亲身体验的过程，如果在美术理论课堂中融入多元式教学模式，将会对学生构建各方面能力产生有益的影响。

一、相关理论

教学过程是一个复杂的过程，创建多元式教学最为重要的是强调多种教学模式的

[①]陕西师范大学教师教学模式创新与实践研究基金2019年度项目。
[*]高明，博士，陕西师范大学美术学院教授，研究方向为美术教育。

综合运用以提高学习效果和教学质量,将会涉及到多种理论的支撑。

(一)学习理论

学习理论是支持多元式教学的基本理论,主要包括行为主义学习理论、认知主义学习理论和建构主义学习理论。

1. 行为主义学习理论

行为主义理论作为最早的学习理论流派,对于全世界学习理论的研究都具有深远的影响,其基本过程是:动机、反应、强化、反馈。这一发现推动了程序教学等教育界重要的学习方式发展。在多元式教学过程中,其中自学、展示与评价等环节均体现了行为主义理论。

2. 认知主义学习理论

认知主义学习理论的重点是重视学习活动本身带来的强化作用,强调学习这一积极主动的过程。在多元式教学过程中,其分组辩论和展示竞赛环节,实际上也是一种具有情境刺激的完整性结构,通过整体的刺激功能,强调部分的组合作用,在推进多元学习的价值中具有重要意义。

3. 建构主义学习理论

建构主义学习理论核心观点是知识需要融入在一定的情境中,通过建构的方式获取知识。在多元式教学过程中,建构主义学习理论也被广泛应用,如:通过小组合作展示、实景讲述等环节,强化学习者之间交流协作的相互关系,强化学习情境对于学习者学习过程的触动作用。

4. 自我导向学习理论

自我导向理论是指学生自主设立学习目标,选择学习资源,自我激励、自我评价的学习过程。其观点是由塔富在1966年最早提出的,它具有自主性、强调内外结合和批判性思维并且注重小组式学习,在学习的过程中,各成员根据计划学习,并互通有无,评估成果,实现自我价值,这些都可以合理地迁移到多元式教学过程中。多元式教学即是充分发挥个体主观能动性和小组合作联动性,借助或者不借助他人的帮助来制定确定学习计划目标,利用教学资源设计学习方案及学习评价的过程。

(二)有效教学理论

有效教学是指教师通过一段时间的教学之后,使学生获得了具体的进步或进展,也就是说,学生是否进步是教学有效或者无效的指标。"教学的有效性"源于20世纪上半叶西方的教学科学化运动。这一理论在后续研究者的拓展下不断发展。有效教学理论是多元式教学的重要理论支撑，体现在：师生共同参与创作活动；在课程中通过语言能力的训练达成文化素养提升；创设结合生活实际的教学环境，并结合学习者的生活，以使学习有意义；给学生教授复杂的思维技能；通过对话进行教学。

二、教学建构

通过近几年的实践授课，不断摸索经验，结合学生的实际情况，总结出一套较为适宜的教学模式——多元式教学，该模式一改往日单项灌输，而是以"教学"为中心，教师进行引导，通过多元式的教与学，达到激发学生各种能力发展为目的，由"教"的多元、"学"的多元和"评"的多元三部分组成。"教"的多元主要体现在课堂讲授、名师进课堂、实地参观、信息化网课等；"学"的多元主要体现在课堂听讲、网络学习、课外学习、同学互学、教学竞赛等；"评"的多元主要体现在对平时学习过程评点、评比和期末考试评分。

（一）"教"的多元

作为教学的主导，教师应当充分了解现代教育技术和学生的知识需求，针对不同专业、不同特点的学生，变革教学方式，突出"教"的多元，主要体现在课堂讲授、名师进课堂、实地参观、信息化网课等几个方面。

1. 课堂讲授

课堂教授是在课堂上教师通过口头语言向学生描绘情境、叙述事实、解释概念、论证原理和阐明规律的教学方式，是美术理论教学最常使用的教学方法，包括讲解、讲述、讲演等几种形式。在这个环节中，教师起到至关重要的作用，他需要对整个课程有一定的前瞻性和计划性，是课堂讲授的引导者和组织者。

2. 名师进课堂

名师进课堂是邀请国内外知名专家学者莅临教学课堂，与学生们面对面零距离交流，通常会请名师根据自身学术所长，结合课程特点，进行短暂的引导式讲述，例如：邀请北京大学艺术学院李松教授与学生们交流"艺术是什么？"（见图1）；邀请意大利独立学者毕罗博士与学生们交流"中国书法艺术的认知及感受"。

图1　邀请北京大学艺术学院李松教授参与课堂教学

3. 实地参观

实地参观是历史学、人类学与社会学等多学科研究方法融合的产物，也被美术理论教学所采用。主要是使学生们能够身处真切的遗址和博物馆场景中，综合运用所学知识分析面对历史遗留下来的美术遗存。此种形式不仅拓宽了学生们观察美术的视野，而且丰富了他们立体的了解美术的图像来源（见图2）。

图2　实地考察耀州窑博物馆

4. 信息化网课

信息化网课（见图3）是借助信息化网络技术开发教学支持平台所进行的教学，采用"线上自主学习+面授小组活动"混合式教学模式，"美术鉴赏"课程便是基于此种形式开展的，通过实践可见，此种模式更加有利于了解学生相关学习信息，有利于学生合理自觉的安排学习讨论，有利于提供更多的学习资源，有利于师生互动和作业上传，有利于在线自动测评和小组合作。

图3　信息化网课《美术鉴赏》教学页面

（二）"学"的多元

进入21世纪以来，作为教学主体的学生思维意识有了较大提升，不再满足被动学习的程式，教师应因势利导，合理引导学生多元学习，"学"的多元主要体现在课堂听讲、网络学习、课外学习、同学互学、教学竞赛等。

1. 课堂听讲

课堂听讲是学生接受学校教育时的主要学习方式，是以有意学习为主，是要在短时间内接受大容量的理性和感性知识内容，所以，学生的有意接受学习，必须是积极主动的。而要让学生始终保持积极主动的接受学习，就要避免"填鸭式""单项式"灌输教学，需要不断有目的、有步骤的引导、调节与启发，充分调动学生的主观能动性。

2. 网络学习

网络学习主要是通过互联网进行的一种学习活动，采用自主学习和小组合作讨论的方式进行。相对传统学习活动而言，网络学习具有丰富的学习资源、自由灵活的学习形式和突破时空限制等特点。学生通过线上学习相关课程，较大压缩课堂教学时间，拓宽学习的广度和自由度，有效提升学生的主观能动性（图4）。

图4　学生网络学习数据截图

3. 课外学习

课外学习包括课前预习和实地参观学习两部分。课前预习是在教师引导下，围绕教学计划，提前设定好相关讨论课题，学生可按照这些小课题提前在课外进行学习，主要借助于图书馆、互联网等机构和平台查阅相关资料，之后准备相关PPT，为课堂展示做好准备。此种形式是课堂学习的一种延伸和补充，将大大提高课堂学习的有效性。实地参观学习是结合教学内容，组织学生进行实地参观，通过现场的体验，使学习更加生动和感性（见图5）。

4. 同学互学

同学互学是同学之间相互学习的一种形式。包括课堂上和互联网上两种方式，在课堂上同学们依据课外学习准备好的PPT展示相关选题，或进行分组辩论（见图6）；在互联网上同学们借助相关教学支持平台，可以相互留言，交流学习心得和问题。通过此种互动学习，有助于学生们厘清知识重难点，了解彼此关切和认知差异，进一步取长补短。

5. 教学竞赛

教学竞赛（见图7）需要根据实际教学班级和人数进行评估，确定分组、海选、选拔、预赛、决赛的进度、原则和办法。分组通常可以按班级分为大组和以几位同学分成小组。海选是在每位同学根据课题讲解后，进行统一评估。选拔包括自荐和举荐两种形式，将本组成员在课堂教学中综合表现较为突出的同学选出。预赛是在海选之后的再次筛选，是决赛的热身阶段，同学们会在原有讲解内容基础上进行补充和丰富。决赛是课程教学的最后阶段，也是整个教学的高潮阶段，通过预赛之后，各分组的代表将自己最佳表现展示出来。这个环节以课堂教学传授知识为目的，以学生为主体参与教学，采用分组比赛的手段，促进和激发学生自主学习的积极性和主动性。

图5　学生课前自主实地考察

图6　学生课堂主题辩论

图7　教学竞赛现场

(三)"评"的多元

"评"是对学生学习情况的评价考核,而评价考核的目的不仅仅是为了检查学生对知识的掌握情况和教师的教学效果,更重要的是促进学生学习,使学生具备必要的能力,而能力的形成不是仅用理论考试分数就能衡量的。因而,美术理论课程的考核方式也应该是多元的,除了传统的卷面考试、考查外,还有课程教学PPT展示、展览观后感、辩论、竞赛等形式以检验学生对知识的掌握与运用能力,使他们能够将理论与实践紧密结合起来,实现专业的培养目标。"评"的多元主要体现在对平时学习过程评点、评比和期末考试评分。

1. 评点

评点(见图8)贯穿整个教学全过程,是教师针对学生们平时上课的发言、展示等方面有意识的肯定、完善与补充。这个过程需要注意学生表现和展示中正确的方面,并给予积极的肯定;对于不正确的内容将进行引导和补充。无论任何情况下,教师都应该合理认识学生发言和展示,切不可盲目判断,忽视学生在学习过程中的闪光点。

图8 教师点评

2. 评比

评比是通过比较,确定获胜者,也是教学过程评价中的一部分。比较贯穿在每个人的潜意识之中,美术理论教学应该合理运用这种形式,激发学生在学习方面的比较意识,通过小组辩论和分班竞赛的形式,有效地提高学生们的合作学习欲望和为班级争光的集体荣誉感。在实际教学过程中获得一定的认可度和教学效果。

3. 评分

评分是美术理论课学业考试的终极考核,占综合考评的比重较大,是传统理论教学效果优劣评价的重要一环,这也容易形成学生们只重视期末考试,忽视平时学习,造成一种平时松松垮垮,考试紧紧张张的局面,但随着多元式教学的有效开展,加强学生学习过程的控制,调整平时考核与期末考试的评分占比,美术理论课教学评分得到显著提升。

三、实践特点

通过教学实践，总结出该教学模式具有以下特点：

（1）有利于学生自学能力的培养。自学是每个人与生俱来的一种行为能力，体现出较强的主观能动性，教师通过合理的引导，将有效地激发学生的自学能力。将过去被动学习变为主动学习，学生按照教师布置的作业内容，利用课余时间自觉地查阅、检索相关知识。

（2）有利于理论与实践结合。在以往的理论课程教学中，较为注重教师的讲授，忽视学生的参与性，通过该环节的实施，使得逻辑性和操作性的有机联系，便于学生更好地参与学习和掌握理论课程。

（3）有利于学生语言表达能力的提升。学生按照教师指定的作业准备教学PPT，并在课堂上讲解作业内容，讲解要求言简意明、深入浅出、主次分明、生动形象、富有逻辑性和感染力，这些都需要学生具备一定的语言功底。通过试讲锻炼，无疑对学生语言表达的逻辑性、系统性、连贯性以及艺术性的提高都会有所帮助。

（4）有利于学生熟悉多媒体教学。多媒体教学是特指运用多媒体计算机并借助于预先制作的多媒体教学软件来开展的教学活动过程。学生要完成教师布置的作业，需要借助网络学习，制作教学课件，并通过如：计算机、电视、录像、投影、幻灯等电教媒体进行展示。

（5）有利于学生的直观感受。博物馆是征集、典藏、陈列和研究代表自然和人类文化遗产的实物的场所。通过带领学生走进博物馆，能更好地接近人类文化遗存，获得直观的认识和感受，这是对课堂教学有力的补充。

（6）有利于集体荣誉感的培养。通过海选、预赛和决赛的步步深入，以班级或以小组评选出来的选手，在预赛和决赛期间，就是整个班级的代表，能得到本班所有同学的支持，油然而生一种集体荣誉感。

四、结论

美术理论课堂多元式教学是个动态的过程，它伴随着社会的发展，专业的更新和信息化水平教学的不断提升而变化。在这个过程中，美术理论教学应根据不断变化着的现实状况，因材施教，以培养学生的专业素养为出发点，以促进各项能力的建构为最终目的，合理探索出更高效的课堂教学模式，为自身也为学生的发展不断注入新的内涵、新的精神。

高师美术学科思维型教学实践研究

——以绘画实践课程为例[①]

李 丽*

摘要：美术是一门造型艺术，对视觉的依赖与表现，是它区别于其他艺术门类比如音乐（听觉艺术）的根本区别。艺术是一种特殊的语言，它有其自身的规律。视觉艺术是利用点线面黑白灰色彩肌理光线等等造型要素形成可视的但又非真实存在的物象，通过这些物象来表现人类的思想情感、审美体验、艺术观念等等，这是一个视觉和思维相互作用、相互转化的过程。作为美术学科的学生，弄清和掌握这一过程，显得尤为重要。本项目旨在研究高师绘画实践课程中如何进行视觉思维的培养和训练，报告主要汇报2019-2020学年中笔者采用的构成分析视觉思维训练法。这种训练方法可以使学生在相对比较短的课时里洞悉和掌握造型艺术的规律，并能触类旁通，融会贯通艺术大学科。

关键词：美术学科 视觉思维 造型规律

一、项目研究的理论基础及实施方法

（一）理论基础

1. 美术学科的特点

艺术世界是奥妙无穷的世界，艺术经验对丰富人生是不可或缺的要素，艺术与人性中最深层的东西息息相通。一个没有艺术的民族和社会是不可思议的，正如没有艺术的教育是不健全的教育一样。艺术不仅能表达感情，使人的创造性冲动得以最大施展，而且能提高学生的洞察力、理解力、表现力、交流能力和解决实际问题的能力。在艺术世界，学生可以学到在其他学科领域学不到的东西。

美术是一门造型艺术，对视觉的依赖与表现，是它和其他艺术门类比如音乐（听

[①]陕西师范大学教学模式创新与实践研究基金2019年度项目。
*李丽，陕西师范大学美术学院讲师，研究方向为美术教育、美术创作实践、丝绸之路美术研究。

觉艺术）的根本区别。视觉艺术，是有关图形的艺术，它利用点线面黑白灰色彩肌理光线等等造型要素来形成可视的但又是非真实存在的物象，并通过这些物象来表现人类的思想情感、审美体验、艺术观念等等。那么，图形如何产生、如何呈现，其中又有哪些规律可循？说起美术，说起画家，大家脑海里或许就会慨念性地浮现出一个半癫半痴状的人物形象，他拿着画笔凭着感性在画面上胡乱涂抹。这是对美术和从事绘画创作之人的误解。在美术里不仅仅只有感性，它更需要理性做支撑。它也不仅仅是形象，是具象，在形象具象的背后有抽象的支撑。艺术是感性和理性、具象因子和抽象因子的有机统一。

2. 课改要求

高师美术专业本科生的美术实践课，必须紧紧围绕美术学科自身的特点进行。《义务教育美术课程标准（2011年版）》明确指出美术学科以对视觉形象的感知、理解和创造为特征。美术课程凸显视觉性，学生在美术学习中积累视觉、触觉和其他感官的经验，发展感知能力、形象思维能力、表达和交流能力。

3. 教学活动的特性

胡卫平先生在他的《儿童青少年创造力的培养模式》一文中讲到，教学活动是教师教的活动和学生学的活动的有机统一。对于学生学的活动，不论是明确学习目的、感知学习材料、理解所学知识、掌握学科方法、迁移运用知识、反思学习过程，还是提出问题、分析问题、解决问题、师生互动、生生互动等，其核心活动都是思维；而对于教师教的活动，不论是明确教学目标、了解学生基础，还是进行教学设计、创设教学情境、组织教学活动、反思教学过程等，其核心活动也是思维。因此，思维活动是课堂教学中师生的核心活动。在这里，鉴于美术学科固有的特性，笔者认为培养学生成熟的视觉思维是美术学科的立科之本，是高师美术教学的重要内容。绘画实践课程，它不仅仅是美术传统教学中认为的艺术技法的教学，它还应是一个开发智慧的复杂系统工程。

（二）研究思路与方法

1. 研究思路

研究采用了胡卫平先生提出的思维型教学遵循的5个基本原理。第一，动机激发。在教学过程中，创设良好的教学情境，设置适当的问题情境，激发学生主动去研究了解具象的物象背后的抽象的元素，调动学生学习的积极性，使其产生强烈的求知欲，保持积极的学习情感与态度。第二，认知冲突。教师根据课堂教学目标，抓住教学重点，联系已有经验，设计能够使学生产生认知冲突的"两难情境"或者看似与现实生活和已有经验相矛盾的情境，以此激发学生的参与欲望，启发学生积极思维，引导学生在探究问题的过程中领悟方法、学会知识、发展能力，主动完成认知识结构的构建过程。具体做法是，将一幅经典名画与对其进行的构成分析的图画并置，让学生看到一种与平时物象不一样的视觉图式，体会一种与平时完全不一样的视觉经验。第三，自主建构。引导学生逐一分析画面的视觉造型要素、探索造型语言的表现规律，最后到达能自主建构画面的目的。第四，自我监控。这是教师和学生根据学习的实际情况进行积极主动的计划、检查、评价、反馈、控制和调节。第五，应用迁移。它包括两个方面：一是将所学的知识与方法应用迁移到实际情境中去、应用迁移到其他领域中去，解决实际问题；二是学生在学习过程中形成的与同学之间相互促进、相互合作的态度，积极探索、不断创新的精神以及一些行为规范和价值判断以不同形式迁移到日常生活中。

2. 研究方法

（1）文献研究法。通过学校图书馆，在中国知网等学术期刊数据库中查找与研究相关的书籍、论文、期刊等，理清国内外相关的研究现状。

（2）调查法。在课程实施前，和班里同学网上开会讨论，了解学生之前的学习基础，以及他们对即将开始的课程的要求与设想。在教学实施之后，通过教学效果问卷来了解学生对学习内容的掌握情况以及对教学的看法和建议。

（3）实践指导法。在课程实施过程中，主要采用实践指导法。针对不同基础的学生展开不同层次的专业指导；根据各个学生出现的不同问题，教师要给出不同的改进办法和方案。

二、项目完成的主要任务及教学研究的具体过程和主要内容

（一）项目完成的主要任务

1. 以对美术专业学生的视觉思维训练为主要内容，以提升美术专业学生的视觉思维能力为主要目标

在前面理论基础部分笔者已论述过美术学科的特点，这里不再赘述。笔者视具有成熟的视觉思维能力和美术表现能力为美术学科学生的立身之本。作为美术学科的学生，弄清和掌握点线面黑白灰色彩肌理光线等等造型要素形成的可视的但又是非真实存在的物象的这一过程，显得尤为关键。这一过程是一个视觉和思维相互作用、相互转化的过程。本项目的主要任务在于研究高师绘画实践课程中如何对学生进行视觉思

维的训练,并通过这种训练让学生在相对比较短的课时学习里洞悉和掌握造型艺术的规律,并能触类旁通,融会贯通"艺术"的大学科,由"技"入"道"。

2. 注重对艺术规律的探索

任何学习,都要注重对本学科的规律性的知识的学习。美术学科当然不能例外,对艺术规律的掌握,是衡量学生专业水准的重要凭证。高师是为广大中小学培养师资的地方,美术专业的学生如果到毕业时依然不懂艺术的规律,可以设想,他能胜任中小学的美术教学吗?高师课程设置的特点是门数多而时间短,所以更需要教师及时引导学生探索艺术的规律。

3. 注重跨学科和跨艺术方向的学习,融会贯通"艺术"大学科,切实实现学生核心素养的全面提升

关于美术学科的核心素养,尹少淳先生提出了五点,得到了社会的广泛认可,它们分别是图像识读、美术表现、创意实践、审美判断、文化理解。学生艺术表现素养的提高主要依靠专业的教学训练,图像识读、文化理解、审美判断这些素养则需要加强艺术批评、艺术史方面知识的学习,创意实践是一个综合运用所学知识和技能的环节。笔者觉得比较理想的状态是:美术实践的专业教师在对学生进行专业训练的同时,能加入必要的艺术批评、艺术史、艺术创作、艺术教育等内容于实践教学中,在带领学生探索造型艺术规律的同时、在提高手上的表达能力的同时进行审美判断,并启发学生形成自己的艺术个性、正确的艺术观点。通过这样的方式,高师繁多的科目可以被有机地联系起来。艺术虽有不同的门类,但它们都遵循着韵律与节奏、对比与协调、变化与统一等等这样的表现原理和规律。教师在学生掌握了表现规律的基础上,再进一步引导学生举一反三,融会贯通不同艺术门类,努力做到对艺术一通百通,并将这些规律与社会上的事务有机联系起来,将这些规律迁移运用到社会实践上。

(二)教学研究的具体过程和主要内容

2020年春季,由于疫情缘故笔者任教的课程油画基础技法无法像以往一样在美院画室里进行,而是通过网络教学。课程也由以往的写生为主调整为以油画人物临摹为主,通过临摹名画来学习油画的间接画法和直接画法。鉴于间接画法里油画的干燥时间相对较长,笔者在学生等待油画干燥的空当里插入了一个内容:构成分析经典油画作品。让对西方经典油画作品的构成分析与纯粹的油画技法学习一道构成一个相对完备的油画语言的学习体系,可以使学生把作品图式和完成图式的技法联系起来思考,这样的学习比单纯的油画技法学习更有意义和更有深度。下面笔者详细介绍这个构成分析西方经典油画作品的教学环节。

第一步：组织课堂讨论，启发和引导学生思考美术的本质、造型语言表现的规律。

启发学生在形而下的艺术实践的基础上，展开对美术本质的形而上的思考。思想决定方向，学生如果认识到了画画其实是围绕视觉形象、围绕造型而展开的一系列动作，就知道了接下来该在造型语言自身的和表现的规律这一主要的方向上去锤炼和提高自己的能力。这其实也是一个理论紧密联系实际、实践出真知、理论指导实践的过程。这种艺术教育，不仅能帮助学生艺术的感觉，还能帮助他们进行科学的思考。提出的问题有：图像的实质是什么；如何看待不同的图像；绘画是一门与人类的什么方面能力密切相关的艺术；造型艺术与什么有关；造型艺术的语言要素是什么；视觉艺术的共性规律是什么；等等。

第二步：培养和训练学生的视觉思维。

对视觉思维的培养和训练是美术学科的学生必须要接受的专业能力锻炼。本人将这一步又分为两个小步骤来进行：首先，教师带着学生分析一些经典名画中的造型诸要素、诸要素的组合特点，进而总结出造型的表现规律（见图1至图5）。经典名画之所以能成为经典流传下来、能经得起时间的考验，是因为作品本身在诸多方面做到了极致，经得起细细推敲，用它们来作为视觉思维的范本是最合适不过了。引导学生透过具象的物象，看到背后潜藏着的抽象的形，引导学生将这些抽象的形有机地组合起来，并进而探寻组合的规律。这就是解密艺术的过程，探索达·芬奇的密码的过程。在有了构成分析经典名画的一定经验后，再让学生进行独立分析画面的练习。这是学生自己独立探索视觉造型语言的表现规律的中心环节，要让学生自己学会走路，走路

图1　戴珍珠耳环的少女

图2　学生构成分析图

图3　学生构成分析图

走好了，将来他就可以自己跑起来；这是一个需要不断重复练习的过程，是一个考验学生的学习态度、行动力、意志力诸多综合心智的重要环节。很多最后在艺术上小有成就的人，并不是因为他比别人聪明或基础好，而是他坚持。在这个教学过程中，适当给学生补充一些视知觉心理学的知识，笔者给学生特别推荐阅读阿恩海姆著的《艺术与视知觉》和康定斯基的《康定斯基论点线面》。

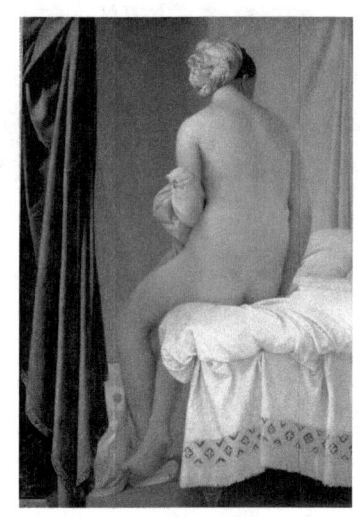

图4　瓦平松的欲女　　　　　图5　学生构成分析图

第三步：引导学生进行知识的运用迁移。

经过反复的构成分析名画的练习，知识逐渐内化为学生的艺术修养和艺术表现能力。美术学科的教学如果仅仅满足于此、止步于此是远远不够的，教师还要引导学生把学到的美术理论（比如整体观察的方法）和美术原理（比如韵律与节奏、对比与协调、变化与统一等）同其他学科、同现实生活联系起来，把知识迁移运用到生活中的方方面面中去，从而实现人的素养、创造能力的全面提升。

第四步：师生讨论，课程总结。

课程结束时，师生一起对课程中采用的学习方法、个人收获与疑惑等等进行总结。每位学生都提交一定字数要求的课程小结，并当众口头表述自己的观点。为了摸清学生对课程中采用的构成分析名画的视觉思维训练法的效果，笔者主要采用了匿名问卷调查的方式来进行。

三、项目研究的教学应用实效

项目的研究随着学院派给的教学任务而展开，笔者主要教授专业实践课，授课对象有本科生和研究生，所以笔者在本科生和研究生的专业课教学里都进行了类似的训练。在研究生中的实施效果比在本科生中要好，但是不管对象是本科生还是研究生，项目研究基本都达到了预期目标。本科生们通过笔者的视觉思维训练后也能比较迅捷地理解美术的本质和掌握造型艺术的表现规律。

笔者在2019—2020学年的第二学期的2018级美术学2班的油画基础技法课程中进行了"构成分析经典油画作品"的视觉思维训练，课程结束后，笔者对班里同学进行了视觉思维训练环节的匿名问卷调查。问卷由班长发给同学，同学答完后，再由班长收回提交给笔者。

经过问卷统计可以看出，学生都喜欢构成分析名画这种培养艺术素养、提升专业能力的视觉思维训练方式，基本都认为有比较好的学习效果。学生从中得到提升的专业能力的大小依次排名如下：对不同种艺术表现方式的认识、绘画技法、对艺术造型规律的理解、审美感受能力、对作品的欣赏鉴赏水平、创作能力、艺术思想。实践证明，笔者的视觉思维训练方式可以实现学生核心素养的全面提升。

四、项目研究中存在的问题及今后的研究与实践设想

（1）没有专门的教材。关于高师美术专业本科生的视觉思维培养和训练业界无专门的教材。作为从教教师，笔者将努力提高理论研究能力，多向他人请教，将来争取出版一本关于这一方面的教材或教学案例集。

（2）部分学生不够配合。有部分学生得过且过，比较懒散，不是很愿意配合教师的教学，所以项目的研究成效在这些学生身上体现得不是很明显。因为新的教学模式、新的教学方法、新的教学理念比传统循规蹈矩的教学更要求学生具有创新精神、试错精神，同时得具备更高更全面的素养和更用功才行。解决办法主要还是晓之以理、动之以情，外加激励法。

（3）美院的教师上课是不同年级和班级交叉进行的，教师不知晓下一次带同一个班级的课程将如何安排，这给研究的连贯性和深入性带来了困难。解决的办法只有向系里提出特别申请，要求继续带这个班的专业课。

在前面学生对课程中的视觉思维训练的反馈中，笔者发现学生认为艺术思想得到提升了的只占42.30%，而对艺术造型规律的理解、绘画技法这两方面选择率分别高达80.77%、84.62%，对不同种艺术表现方式的认识的选择率是100%。从数据上来看，视觉思维训练对专业实践能力的提升成效显著，但在艺术思想、艺术批评方面效果略差，这需要笔者及成员在今后的研究中多补充一些艺术思想、艺术批评板块的知识内容，从而使视觉思维的训练方法更科学合理。

绘画技法类课程开放性教学模式研究
——以水彩技法课程为例[①]

王乔乔*

摘要： 绘画技法类课程是高等美术院校综合性专业实践课，本项目以水彩技法课程为例，将"开放式"的教学模式引入绘画技法类课程中，结合各专业的发展需求优化课程结构。意在打破目前传统模式化的教学，在实际教学课堂上分专业小组针对性示范，鼓励材料创新，培养学生主动表达主体思维的能力。同时，利用信息化平台，互动拓展教学成果，丰富细化评价考核方式，进而建立多元化评价体系，开拓更有效的教育活动，提高学生专业能力，以满足各美术专业的个性化发展需求。

关键词： 绘画技法　开放性　材料探索　信息化互动

一、引言

高校教育理念的持续更新，《国家中长期教育改革和发展规划纲要（2010—2020年）》对高等教育明确提出了"提高教育质量"和"培养创新型人才"的要求。同时，对高等学校教育信息化建设和课程改革发展提出战略部署，要求充分利用已有的优质资源和先进技术，促进教育内容、教学手段和教学方法的信息化、现代化。

传统的高等院校绘画技法类教学，仍采用以教师为主体、"师徒相授"教学模式，教学过程中教师笼统的做示范绘画，无明显的专业针对性，这种无明确引导性的模式化教学会使学生在实践学习中只是从技术角度模仿教师示范作品，单纯理性化的技术描摹导致学生缺乏自主思维能力，想象与创造力方面更是难以得到历练，导致学生的审美品质与感受被遮蔽。最终体现在作品上呈现艺术视野狭窄，技法传统平庸的状态。绘画课程本是开拓性课程，创新绘画技法类课程的教学模式，对于改革高等院校美术课程传统教育的弊端，提升高等美术教育教学质量，具有重要的现实意义。

[①] 陕西师范大学教学模式创新与实践研究基金2019年度项目。
*王乔乔，博士，陕西师范大学美术学院讲师，研究方向为美术学与艺术文化史。

二、绘画技法类课程开放性教学模式的理论基础

（一）高校美术专业绘画技法课程特点

绘画技法类课程是高等美术院校绘画类学生的专业主体课程，技法的探索不仅是对绘画表现形式的延伸与推进，而且直接影响绘画者自身审美的高低。此类课程贯穿于美术学院各专业本科教学的始末，绘画技法类课程教学模式是否符合相关专业特点，考核方式是否能全面考察学生的综合能力等命题将直接影响各美术专业的人才培养质量。

然而，绘画技法类课程具有知识点分散化、感性化以及主观化的特点。为了适应这些特点，在专业技法课程的实际教学中，学生掌握基本的知识点后，主要通过在实践中研习教师示范作品的方式提高表现能力，这种的方法虽然在前期学习中可以较快速的提升学生的绘画技巧，但是未能锻炼学生主动分析画面的能力，更是难以调动学生的绘画感受。在后期的绘画课程提高和深入创作阶段中就会展现出弊端，具体表现为思维僵化和创造能力受限，导致学生作品呈现出简单化、平庸化的态势。开放性教学模式将网络、媒材引入绘画类技法课程中，力图将现有资源有效的流通，并通过更有专业针对性的教学，解决目前学生视野狭窄、思维僵化和审美取向单一的问题。

（二）开放性教学模式在美术学科中的发展现状

开放式教学的雏形是在20世纪60年代末至70年代初形成的，美国教育家科恩创建了以题目为中心的"课堂讨论模型"和"开放课堂模型"的教学理论模型。1992年，美国学者斯皮罗创建了建构主义教学模式，强调教学系统的开放性，即将专业教学系统与其他教学系统的功能紧密结合起来，从而使教学体系稳定、匀质、均衡。20世纪80年代后期，戴立德等人提出的"开放式多元化的教学结构"，注重学生主体性的发挥，同时提倡共同参与的精神，但由于没有形成可参照的教学模式与实践范本，没有得到很好推广。

美术专业涉及开放式教学模式的研究出现的较晚，近年来有学者将开放式教学理论应用在实用美术范畴的实践项目中，主要是通过开放式的教学，让教师与学生置身于艺术实践之中，切实地了解市场，从而不断地调整教学，以适应社会需求。绘画技法类课程与实用美术课程有明显的不同，没有具体的项目可以依附，目前还没有将开放性教学模式引入技法课堂的研究，但笔者认为该教学法的核心是将教师与学生、实践与实验之间进行融合沟通，其目的是提高学生的综合能力，是适应各专业市场需求的先进教学模式，可以运用到绘画技法类课程的教学改革中。

三、项目实施方案

（一）教学步骤

本次课程的实施由线上与线下教学结合完成，按照前期的教学准备，教学先导，教学主体和后期的教学评议四部分相结合，构成完整的教学模式（见图1）。

图1 教学流程模式图

（1）教学准备：建立师生微信交流群——根据调研问卷调整教学方案。

（2）教学先导：根据专业背景分小组——教师引导选题。

（3）教学主体：在网络平台发放图片视频资料（线上）——典型示范与分类讲解（线下）。

（4）教学评议：作业上传平台—师生互评—总结反思。

（二）教学实践

水彩技法课程是针对本校美术学院大学三年级全体学生所开设的专业选修课程，开课之前，先建立师生微信交流群，对选修水彩技法课程的学生进行专业分组与问卷调查，包括不同专业学生对课程预期的意愿性、教学方式的可能性、所期待的教学方法及学习方式，提出问题并且改进教学方案。

学生们按专业背景分组进行选题来开展实践，教师应当关注学生的自主性，引导学生进行适合自己专业的选题。在教学过程中，教师根据不同组别有重点地推进知识点，过程中教师可以深入每个小组，根据出现的比较集中的问题来示范与讲解该项知识点的关键步骤以及出现的难点疑点等。既要推进技法课程的统一进度，又要符合相关专业特点。

要根据不同的人才培养目标和不同的专业特点制定相应的教学模式。同时也应该根据专业发展路径的规律，积极引导学生对知识的认知和理解，充分发掘适合专业发展的艺术表现语言。

（1）油画专业。

油画与水彩画同是西洋画种，此专业的学生对表现对象的体积感、色彩规律和空间关系有良好的背景训练。水性材料带给油画专业学生们较新鲜的作画感受，此组的教学中应重点关注不同媒材带给画面的创新表现，在努力提高学生们绘画能力的同时培养学生们感受不同画种的艺术魅力。最终呈现出色彩和谐、构图完整、技法运用得当的绘画作品，完整性与复杂性有一定的体现。

（2）中国画专业。

因为中国画与水彩画同是以水为作画媒介，国画所使用的毛笔与水彩画笔又同是羊毛质地的软性工具，所以中国水彩画具有极强的东方韵味。此组的教学中适当的突出笔法，强调中国画"气韵生动""骨法用笔"等中国画传统理念在水彩画中的运用，以获得最佳的教学效果。

（3）设计专业。

①动画专业：水彩技法在手绘效果图中有非常广泛的运用，此组的教学引入动态人体等内容，技法重点放在铅笔、钢笔淡彩绘画上，配合课外理论知识的扩充来提高学生的手绘能力。

②视觉传达专业：视觉传达专业的学生擅长平面图形的摆排与穿插，另外，创新思维也是该组的重点方向。在这组的教学中，教师引导学生注重画面设计构成和创新思维，培养学生运用水彩语言构建形式语言更强的画面。

③环境艺术专业：环境艺术设计中多要描绘建筑室内外效果图，水彩材料靓丽透明非常适合于建筑线条的结合。此专业的学生在水彩技法课程选题的时候多选择建筑水彩，教师引导学生着重体会色彩规律与水彩技法如何附加于建筑环境，如何呈现更艺术的效果。除了技法学习，建筑的透视形态与外光下的色彩关系也应作为此专业学生学习的难点，有的放矢，提升专业能力。

四、教学方式

（一）利用微信

利用超星等网络平台整合绘画技法教学资源。由于本课程是美术学院的专业选修课，每周4课时对于术科教学间隔时间过长，连续性的缺乏不利于学生对知识技法的掌握，所以本次课程利用网络平台整合资源，教师可以通过平台发布课程的相关资料，包括课程计划安排、课程的项目任务书、项目参考资料、以往优秀的学生作品、课程教学目等内容。学生可通过平台查阅教师发布的信息资料，也可以将课后在完成作业期间的疑难问题以图片或者视频的形式反馈给教师，教师与同学们在平台上进行互动，这种开放的互动形式不仅让学生能及时了解课程相关的最新资讯，而且图像的直接性也解决了绘画技法问题不利于语言描述解答的难题，开放式的技法教学资源的整合形式，可以帮助教师和学生在课外保持互动与沟通。

(二)示范教学

水彩画的媒介与材料对于学生们来讲是比较陌生的,水的流动性会造成学生们在学习之初的不适应感。传统的示范教学虽然模式单一,但却是学生获取绘画技法的最直观的教学方式。

为了更好地推进课程,本项目从以下各方面改革示范教学:

①精确化示范。对于水彩技法中的重点与难点,如薄层覆盖法、平涂法、缝合法开辟专门的课堂时间精确化示范,通过边示范边讲解的教学方式,解决技术难点。

②多样化示范。教师根据不同专业背景学生的需求,设计更有专业的内在特点和要素的命题示范教学,通过不同侧重的技法示范来引导学生对专业内涵的理解。

③个别化示范。绘画学科的特殊性会造成极大的个体化差异,教师在学生实践的过程中要及时发现并纠正不良的趋势,提供不同于典型示范的专项演示。

在教学互动中要以学生为主体,解决问题时避免直接的回答与示范,应引导学生主动思考,培养其在学习绘画技法的过程中认识事物、理解事物、表现事物以及总结反思的能力。

(三)开放性教学模式探索

1. 实践训练开放性

绘画本身就是具有主客观相结合的创造性劳动,既有实践的一面,也有实验的一面。本项目力图改变传统技法教学中对技法概念的灌输与对媒介材料的局限使用,鼓励学生开放性的使用绘画媒介与材料,并作为该课程学习内容的一大重点,要求学生尽可能多的接触媒材并且进行实验性质的创新使用,发展具有个性的审美感受与多元表达。

《陶罐》这幅作品在画面的背景部分大胆地运用了基底材料,粗糙的背景和主题陶瓷罐形成了肌理的对比,恰当而真实地反映出墙面的质感(见图2)。《残阳》的作者运用了画中画的构图方式向观众展现了一个新颖的视角,穿插的线条延伸了视觉空间,不失为一种实验性的构图(见图3)。

图2 陶罐

图3 残阳

2. 评价体系开放性

开放式课程评价主要包括班内互评、网络评价和专业人士评价三种形式。以往的课程作业完成后，作品主要由教师一人进行讲评与建议，同学们很少参议讨论。这种评价模式还是建立在以教师为主体的教学模式之上，有时也会出现讨论不够全面、个性化讨论无法展开等问题。开放式课程评价可以弥补这些不足，在课程作业完成后，首先以小组讨论的形式组织学生们进行组内自评，接受班级成员和教师的意见。其后学生根据意见修改完善后将作品整理、发表在网络平台上，通过网络拓展评价范围。

3. 考核方式开放性

美术课程多元化考核方式在近些年不断被提及，因其能够更加科学且全面地反映学生对学科知识的掌握情况而被许多高校倡导。绘画技法教学考核长期采用写生的方式来进行成绩评定，这样的考核方式无法考察出学生多元化审美以及相关知识的拓展情况，限制了学生扩展知识的范围，不能准确反映出学生对课程内容的实际掌握情况。本次水彩技法课程以创作稿为最终作品考核，需要综合作品的构图、对技法的系统性掌握程度以及完成度等多方因素进行考核，不仅要考查学生对技能的掌握程度，还要衡量学生对所表达对象的感知能力和审美能力。

五、效果反馈与总结

本次水彩技法课程教学中首次补充了较多线上学习的内容，课后通过问卷调查可以发现，大部分同学对课程设计是认可的，尤其对线上教学的便利性、互动性上给予了肯定。但由于课程有许多实践操作的部分，仍需教师在线上课程中对学生个体指导环节持续完善，以便在今后更好的落实相关的绘画实践教学活动。

总而言之，基于开放性的绘画技法课程首先要求教师在教学过程中要根据不同的人才培养目标和各专业特点制定相应的教学模式。同时，也应该依据美术实践课程的特点与各个专业发展路径的规律，因材施教，因专业施教，以激发和拓展学生的创新思维能力与个性审美为目的，积极引导学生对知识的认知和理解，提升学生自主学习主动性，鼓励实验，大胆创新，充分发掘适合专业发展的艺术表现语言。